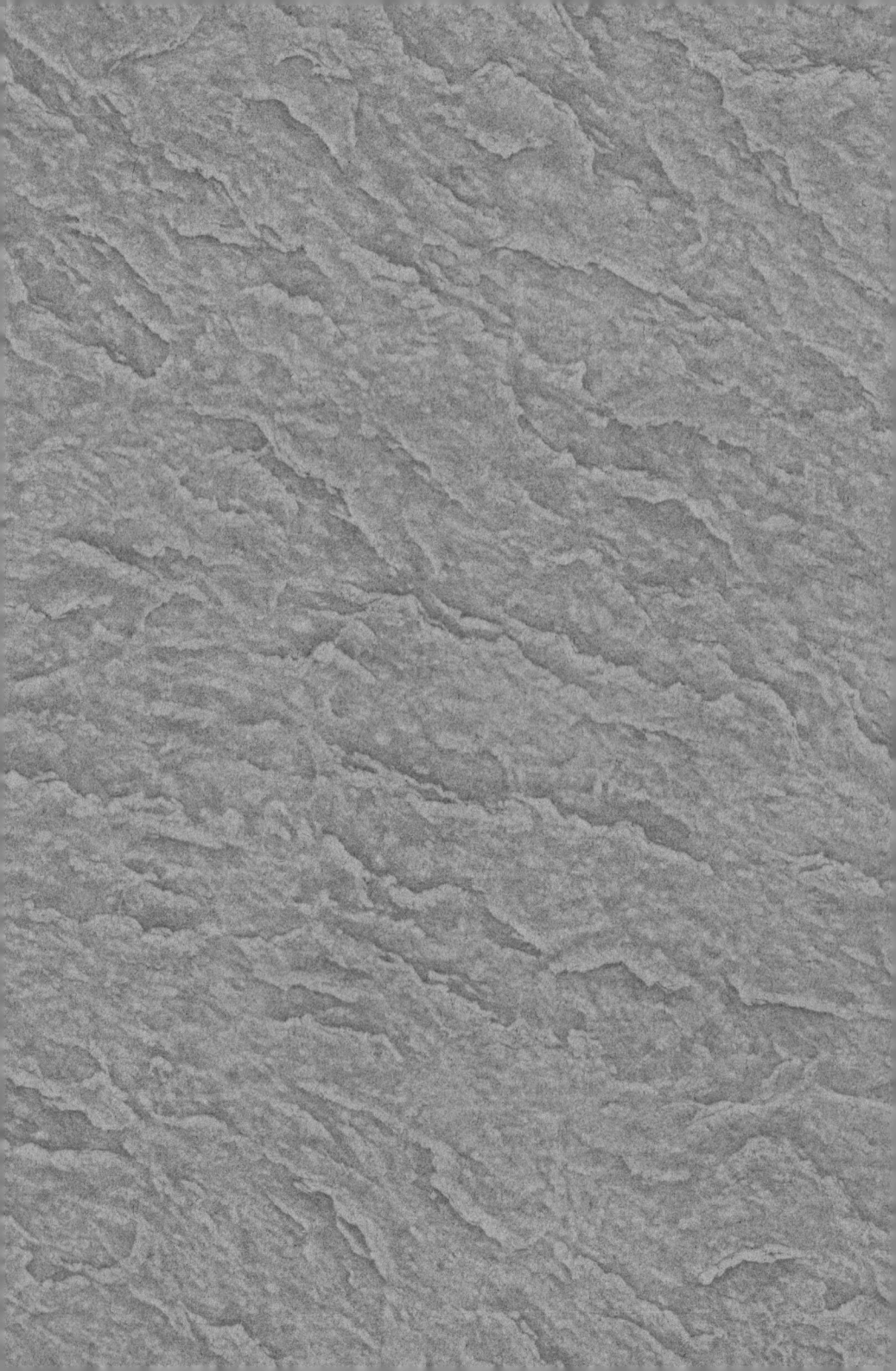

教育工学選書
4

# 教育工学とシステム開発

日本教育工学会 監修
矢野米雄・平嶋 宗 編著

ミネルヴァ書房

## 発刊のことば

　教育工学(Educational Technology)が日本に紹介されたのは1964年であった。Technologyを技術学ではなく工学と訳したことが，多方面な発展をもたらしたとともに，いくつかの誤解も生じさせる原因にもなっていた。工学は，工業や工業製品との連想がつよく，教育工学とは，教育機器を生産する技術やそれを活用するための技術を研究する学問と思われがちであったからである。しかし，我が国での教育工学は，初期の研究者の努力により，その目的や方法についてさまざまな議論を経てその学術的位置づけを明確にしながら発展してきた。現在では，狭い意味の工学だけでなく，教育学，心理学，社会学，生理学，情報科学，建築学などさまざまな分野の研究者たちがそれぞれの研究基盤をもとに協力しながら成果をあげ，問題解決に迫る学際領域になっている。

　1984年には，日本教育工学会が設立され，会員数も2500名を優に超える中規模の学会となってきている。対象とする領域は，認知，メディア，コンピュータ利用，データ解析，ネットワーク，授業研究，教師教育，情報教育，Instructional Design 等(『教育工学事典』実教出版，2000より)と広い。また，科研費の総合領域分野の細目にも「教育工学」があり，毎年数多くの申請書が提出される。近年では，医学教育や企業内教育などの領域にも対象は拡大している。

　このように「教育工学」をキーワードとして，多くの人材が集まる研究領域に育ってきていることは喜ばしいことであるが，学際領域として，共通の知識や技術，研究方法などが共有しにくいという弱点も感じている。教育工学は，学際領域であり，さまざまな研究領域からのアプローチが可能ではあるが，広い意味での「工学」であり，その成果を共有するには，やはりその内容や方法に対する共通の理解が必要だからである。

　そこで，日本教育工学会では，「教育工学がどのような学問なのか」「これまでどのような研究が行われてきたのか」「この領域の面白さはどこにあるのか」「今後この分野に関わる研究者にはどのような知識や技術を身につけておいてほしいのか」等を共有することを願って，設立25周年記念事業として教育工学選書の出版をスタートさせることになった。まずは，はじめの8巻を基盤的で総括的な内容で編成し，その後，個別的な研究の内容や方法を紹介することとしている。

　高度成長を求め優秀ではあるが画一的な人材を育成する時代は過ぎ去り，ひとりひとりが自らの可能性を引き出しながら継続可能な社会を構成しようとする時代に入ろうとしている。教育においても新しい課題が山積みであり，将来を見通した研究開発が求められている。ぜひ多くの開発研究者や教育実践研究者，あるいは，これから教育分野を対象として研究を進めていきたいと考えている若い研究者が，教育工学が求めている考え方や方法論を理解し，研究のコミュニティーに参加してほしいと願っている。

2012年4月
教育工学選書編集委員会代表　永野和男

# 目 次

序　章　教育工学におけるシステム開発の位置づけ …………………… 1
　1　「教育工学におけるシステム」の分類 …………………………… 3
　2　道具と教育・学習 …………………………………………………… 10
　3　情報工学的意義 ……………………………………………………… 13
　4　システム開発の歴史と学習観 ……………………………………… 14
　5　まとめ ………………………………………………………………… 18

## 第Ⅰ部　モデルドリブンなシステム開発

### 第1章　モデルドリブンなシステム開発とは …………………………… 22

### 第2章　学習・教授知識の組織化とシステム開発 …………………… 27
　2.1　学習・教授知識を「知っている」システムの構築に向けて ……… 27
　2.2　学習・教授知識の組織化のためのオントロジー構築 …………… 28
　2.3　OMNIBUSに基づく授業設計支援 ………………………………… 35
　2.4　SMARTIESによる学習指導案の洗練支援 ………………………… 37
　2.5　教師の意図の自動解釈と授業設計支援システムFIMA-Light …… 44
　2.6　OMNIBUSに基づく教育支援の総括と今後の展望 ……………… 51

### 第3章　問題メタデータとシステム開発 ……………………………… 55
　3.1　算数の文章題に対するメタデータ ………………………………… 56
　3.2　問題演習支援 ………………………………………………………… 62
　3.3　問題メタデータの可能性 …………………………………………… 63

i

## 第4章　誤りの可視化モデルとシステム開発 ………… 65
- 4.1　誤りの可視化とは何か ………… 65
- 4.2　誤りからの学習 ………… 66
- 4.3　Error based Simulationによる誤りの可視化 ………… 68
- 4.4　授業実践におけるEBSの効果 ………… 69

## 第5章　Webベースの学習活動のモデル化とシステム開発 ………… 75
- 5.1　学習リソースとしてのWeb ………… 75
- 5.2　Webにおける学習活動モデル ………… 76
- 5.3　学習支援のデザイン ………… 78
- 5.4　自己調整活動のScaffolding ………… 79
- 5.5　学習スキル向上支援 ………… 81
- 5.6　システム事例 ………… 81
- 5.7　今後への期待 ………… 84

## 第6章　創造性のモデルとシステム開発 ………… 86
- 6.1　教育と創造性研究 ………… 86
- 6.2　創造的活動に関する認知モデル ………… 88
- 6.3　作問 ………… 89
- 6.4　システムの設計原則 ………… 90
- 6.5　開発事例 ………… 92

## 第7章　マイクロワールドに基づくシステム開発 ………… 98
- 7.1　マイクロワールドとは ………… 98
- 7.2　発見学習サイクルの支援機能 ………… 99
- 7.3　学習目標に合致した対象世界モデル ………… 101
- 7.4　マイクロワールドにおけるユーザインタフェース ………… 104

## 第8章　学習課題系列モデルに基づくシステム開発 …… 108
- 8.1　教授方略の定量化と系列化法の分類 …… 108
- 8.2　系列化法と系列化法に基づくシステム開発の実例 …… 111
- 8.3　学習課題系列化手法の展望 …… 116

## 第9章　第Ⅰ部まとめ …… 120
- 9.1　学習・教授知識の組織化とシステム開発（第2章） …… 120
- 9.2　問題メタデータとシステム開発（第3章） …… 122
- 9.3　誤りの可視化モデルとシステム開発（第4章） …… 124
- 9.4　Webベースの学習活動のモデル化とシステム開発（第5章） …… 125
- 9.5　創造性のモデルとシステム開発（第6章） …… 127
- 9.6　マイクロワールドに基づくシステム開発（第7章） …… 128
- 9.7　学習課題系列モデルに基づくシステム開発（第8章） …… 129

# 第Ⅱ部　技術ドリブンなシステム開発

## 第1章　技術ドリブンなシステム開発とは …… 134

## 第2章　モバイル・ユビキタス技術を用いたシステム開発 …… 138
- 2.1　背景 …… 138
- 2.2　ユビキタス学習環境 …… 139
- 2.3　ユビキタス・モバイル学習環境を実現する技術 …… 141
- 2.4　CSULの研究事例 …… 143
- 2.5　まとめ …… 145

## 第3章　コラボレーション支援技術を用いたシステム開発 …… 147
- 3.1　協調学習とコラボレーション技術 …… 147
- 3.2　協調学習におけるアウェアネス支援技術 …… 148
- 3.3　「場の共有」意識を提供するアウェアネス・インタフェース …… 149

3.4　学習形態とコラボレーション技術 ……………………………… 155

## 第4章　WEB2.0技術を用いたシステム開発 ……………………… 157
4.1　WEB技術を用いた教育・学習支援 ……………………………… 157
4.2　WEB環境を構成する要素技術 …………………………………… 158
4.3　周辺技術の統合 …………………………………………………… 161
4.4　クラウド時代のWEB技術 ……………………………………… 163
4.5　WEB技術援用学習環境の今後 ………………………………… 166

## 第5章　データマイニング技術を用いたシステム開発 …………… 168
5.1　さまざまなデータマイニング手法 ……………………………… 168
5.2　相関ルール ………………………………………………………… 168
5.3　決定木 ……………………………………………………………… 170
5.4　サポートベクターマシン ………………………………………… 171
5.5　ナイーブベイズ …………………………………………………… 172
5.6　ベイジアン・ネットワーク ……………………………………… 173
5.7　クラスタリング …………………………………………………… 174
5.8　外れ値/異常値検出 ……………………………………………… 176
5.9　情報論的アプローチ ……………………………………………… 176
5.10　テキストマイニング …………………………………………… 177

## 第6章　VR／ARを用いたシステム開発 ………………………… 183
6.1　VR／ARについて ……………………………………………… 184
6.2　学校教育でのVRシステムと制約 ……………………………… 186
6.3　VR／ARと学習支援システム ………………………………… 188
6.4　システム開発例 …………………………………………………… 189

## 第7章　技術標準化とシステム開発 ………………………………… 194
7.1　技術標準化とeラーニング ……………………………………… 194

7.2 技術標準化とは……………………………………………… 194
7.3 eラーニングにおける技術標準規格………………………… 197
7.4 ICT標準化の意義からみた教育工学における技術標準化の今後…… 202

## 第8章　第Ⅱ部まとめ……………………………………………… 205
8.1 モバイル・ユビキタス技術を用いたシステム開発（第2章）…… 205
8.2 コラボレーション支援技術を用いたシステム開発（第3章）…… 206
8.3 WEB2.0技術を用いたシステム開発（第4章）……………… 207
8.4 データマイニング技術を用いたシステム開発（第5章）…… 208
8.5 VR／ARを用いたシステム開発（第6章）………………… 209
8.6 技術標準化とシステム開発（第7章）……………………… 210

あとがき……………………………………………………………… 213

索　引

# 序　章

## 教育工学におけるシステム開発の位置づけ

平嶋　宗・矢野米雄

　「教える」あるいは「学ぶ」という活動が情報のやりとりを中心とした活動であることは疑問の余地がないであろう。一般的な教室授業を想定してみると，教師が生徒に教えるという活動の基本は，教師による生徒に対する情報提供に他ならない。その提供の形態は，一方的な教授から，教師と学習者あるいは学習者同士の意見交換・議論を含む場合や実験の演示など多様なものであるが，いずれも「教える」あるいは「学ぶ」ことを意図した情報の提供が行われているのは明らかである。また，生徒は提供された情報について考え，その価値を認め，それらを理解し自身のものとする活動として学んでいる。生徒による意見表明や質問・疑義は明示的な教師に対する情報提供であり，授業を受ける態度といったものも暗黙的な意味合いが強いとはいえ教師に対する情報提供といっていいであろう。実験やフィールドワークにおいては，生徒は環境とのやりとりによって学んでいくことになるが，ここでも環境との情報のやりとりがその主な活動となる。このような活動においても，教師がどのような環境を設定・選択するかによって，そこでの情報のやりとりは異なったものとなり，学ぶことができることも違ってくる。したがって，提供されている実験やフィールドが教師によって十分に設計・吟味・選択されているものであるならば，そこで生徒が得る情報は間接的ではあるが教師により提供されているものと考えてもよい。教科書を読んでそこから学ぶといった活動も，教科書の作成者によって編集された情報を，生徒が受け取る活動ということになる。情報のやりとりとして教え，学べることこそが，人の学びを多様で豊かなものとしているということができるであろう。

情報が大きな価値をもち，そのやりとりを中心に成り立っている人の集団を指して「情報化された社会／コミュニティ」と呼ぶことがあるが，教育の現場は，正しく高度に情報化されたコミュニティになっているということができる。このように情報のやりとりを中心に「教える」・「学ぶ」といった活動を捉えると，工学的にも非常に興味深い研究対象であるといえる。また，それをどのように促進し，より価値のあるものにするかを研究課題とすることは，情報工学にとってきわめて自然な発想といえる。これは，教育や学習の活動自体に興味深い現象・課題を見つけ，それを情報工学的な考え方や技術をベースとして解決してゆくといったアプローチであり，教育・学習を情報技術の単なる応用対象とするというのではなく，教育や学習に根差した工学的研究が成立することを示唆している。また，工学とは，そもそも役に立つことを目的とした学問であり，教育・学習を対象とした工学は，その対象である教育・学習に資することがその使命となるのはいうまでもない。

　本書では，情報のやりとりとしての教育・学習活動に焦点を当て，その活動を促進し，より価値のあるものにするためのシステムの設計・開発に取り組んでいる研究を取り上げる。以下本章においては，まず本書で取り扱っている「システム」の意味をより明確にする。さらに，教育や学習が道具によって大きく影響を受けてきたことを説明した上で，システムの設計・開発における情報工学的なアプローチの可能性について述べる。また，教育・学習を対象とすることによって得られた情報工学的な成果をいくつか紹介する。最後に，情報工学的な立場で研究を進める際に疑問として呈されることの多い，いわゆる「学習観」に関する本書なりの観点を述べる。なお，本序章では，若干冗長ではあるが，教育と学習をつなげて「教育・学習」という言葉を用いる。教育と学習を敢えて分離するとすれば，教育という活動においては，教育する主体（教授者）と教育される主体（学習者）の2つの主体が存在するのに対して，学習という活動においては，学習する主体が存在すればよいことが大きな違いとなる。したがって，学習を促進する活動として教育を捉えれば，「学習」がより本質的な活動といえる。しかしながら，単に学習という活動を観察するというのではなく，促進・支援するという観点をもった時点で，すでにそこには

教える主体の存在が仮定されていることになる。このようなことからこれらを切り離さないとともに，一方の立場にもよらないという意味で，「教育・学習」としている。

## 1 「教育工学におけるシステム」の分類

### 1.1 システムの定義

　システムとは，個々の要素が相互に影響しあいながら，全体として機能するまとまり，あるいは仕組みのことを意味する。したがって，何を要素とするかによって「システム」の意味するところは違ったものとなる。主たる構成要素が概念である場合，システムは概念の体系を表すことになり，この意味での教育・学習のシステムとは，教育・学習に関するある種の概念の体系を表すことになる。また，主たる構成要素が手順やプロセスである場合には，教育・学習に関する一連の処理手順やその仕組みを表すこととなる。また，人の集団や役割を主な構成要素とする場合には，教育の制度や組織を表すことになるであろう。

　本書で取り扱う「システム」は，主な構成要素が情報処理のソフトウェア・ハードウェア・ネットワークとなるようないわゆる情報システムのことを指す。一般にこの情報システムの構成要素として，情報を処理する主体としてのユーザも入ってくることとなる。情報システムは，どのようなユーザによるどのような情報のやりとりを対象とするかによって，分類されることが多い。本書の場合，教授者および学習者がユーザとなり，教育・学習に関する情報がやりとりの対象となる。したがって，この特徴を明示的にすれば，教育・学習情報システムと呼ぶことができるであろう。次節では，この教育・学習情報システムとしての分類をさらに述べる。

### 1.2 教育・学習情報システムとしての分類

　教育・学習を対象とした情報システムにはさまざまなものがあるが，(1)チャンネル（通信媒体），として捉えるか，(2)応答システム，として捉えるかで大

別することができる。チャンネルとは，システムに入力された情報を伝送し，相手先に出力する媒体のことであり，例えば，遠隔講義システムは，空間的に離れた場所にいる教授者と学習者の情報のやりとりを媒介することで「遠隔講義」を実現する情報システムである。また，ICT活用としてWebを使った情報収集・情報発信を行ったり，あるいはブログやSkypeの教育的利用なども盛んに行われているが，そこでの情報システムは情報を伝える媒体として働いており，チャンネルとして利用しているといえる。媒体としては，どこからどこへ，どのような形式の情報を送り届けるか，ということがシステムとして解決すべき問題となるが，その内容については送り手と受け手が判断する問題となる。このため，既存の情報システムを教育の文脈においてどのように利用するかを考えるのが，チャンネルとしてのシステム利用に関する主な試みとなる。つまり，主にユーザとしての利用法を考えることになり，新しいシステムを作り上げるといったことは必ずしも望まれているわけではない。教育・学習おけるICT活用といった場合，このような捉え方が主流であるといえるだろう。また，簡便な利用が可能となりつつある多様な情報システムをいかにして使いこなしていくのかを教えることが，いわゆる情報教育の大きなテーマになっているといってよい。

　入力を処理し，その内容に応じて入力と異なる情報を出力することのできるシステムが応答システム（もしくはインタラクティブシステム）である。応答システムの応答は，システムをある目的をもって使用するユーザの作業を支援するために出力されるものである。つまり目的をもって出力を加工することが，チャンネルとしての情報システムと大きく異なるところである。いわゆるアプリケーションと呼ばれるソフトウェアシステムの多くは，応答システムであるということができる。例えば，ワードプロセッサは，ユーザが文章を入力，編集，保存，印刷することを支援するソフトウェアであり，ユーザのさまざまな入力に応じた応答を返すことができるようになっている。応答システムはユーザの作業を能動的に支援するために開発されるものであり，したがって，その作業の分析とそれに基づく設計が不可欠といえる。教育・学習の支援を目的とした応答システムを開発するということは，教育・学習を目的とした

情報のやりとり・対話を行うことのできるシステムを作成するということであり，情報工学的なシステム開発の観点だけでなく，教育・学習という活動自体についての知見が不可欠となる。本書で主に取り上げる教育・学習情報システムは，この応答システムに属するものとなる。

この応答の主たる対象者が誰であるかによって，さらにこの応答システムは分類されることになる。教育・学習支援システムと呼ばれるものは学習者との応答に主眼を置くものであるのが一般的であり，CAI (Computer Assisted/Aided Instruction)，知的CAI，ITS (Intelligent Tutoring Systems)，知的学習支援環境，ILE (Interactive/Intelligent Learning Environment) などとも呼ばれる。教育・学習活動のマネジメントの補助に重きを置く場合は，応答の主たる相手は教授者となり，そのような利用法・利用場面に重点を置くシステムは，CMI (Computer Managed Instruction) システムと呼ばれ，また最近では教務処理システムを含んだLMS (Learning Management System)，あるいはCMS (Course/Courseware Management System) が普及しつつある。また，教育・学習活動に必須となる教材の作成の重きを置く場合には，オーサリングシステム（Authoring System）と呼ばれることが多い。実際には教育・学習活動はこれらのすべての局面を含んだものであり，したがって，システムとしてはいずれの要素もある程度含んだものとなっていることが多い。本書では，教育活動の中心となる教授者と学習者の対話に着目し，主に学習者との情報のやりとりに焦点を置く応答システムを取り上げる。本章では，この学習者との応答に焦点を置いた応答システムにのみシステムの意味を限定する場合には，学習者との応答を中心とする立場から，「学習支援システム」と呼ぶことにする。なお，学習者との応答自体が教育活動であると考えれば，「教育支援システム」でもよく，また，教授者の応答を中心として応答システムであっても，学習者の学習を促進することを目的としているという意味で，「学習支援システム」と呼んでよいこととなる。したがって，この名称が必ずしも一般的であることを主張するものではない。

## 1.3 顕在ニーズ指向と潜在ニーズ指向

教育・学習活動は，人が系に含まれ，かつ，その活動自体が「教える」およ

び「学ぶ」という知的な活動であるため，複雑で多様な性質をもった対象である．したがって，その活動に寄与するシステムを開発するためには，その活動の性質を十分に見極め，必要に応じる形での応答を設計・開発するのが妥当性の高いアプローチであり，高度なモデルや洗練された技術があったとしてもそれを単に適用するだけでは意味のある結果を出すことは難しいといえる．したがって，シーズ指向のアプローチが単純には成立しにくい研究分野であるといえる．教育・学習活動に対する情報工学的アプローチとは，教育・学習活動を情報のやりとりとして捉え，それらを分析した上で，主に情報工学的なモデルや技術を基盤として，そこに存在する問題の解決や可能性の実現を行っていくことであり，ニーズ指向の研究であると位置づけることができる．

ここで，ニーズ指向には，(1)既存の活動においてすでに顕在化している問題点の解決・改善を目指す顕在ニーズ指向と，(2)ありうる活動の姿を想定しその実現を目指す潜在ニーズ指向，の2つがありえる．顕在ニーズ指向のアプローチは，既存活動の改善・効率化の側面が強く，潜在ニーズ指向のアプローチは，新しい活動の創造の側面を強くもつ．ここではそれぞれについて概説し，その中で本書において取り上げる潜在ニーズ指向アプローチがもつ教育・学習における意義について述べる．

教育・学習は元来情報のやりとりを中心とした活動である．したがって，その中で生じる問題点や改善の必要性は，情報のやりとりに関するものであることが多い．したがって，情報のやりとりを補助・促進する情報技術の適用可能性は高いといえる．いわゆる「教育の情報化」は，この顕在ニーズ指向の研究アプローチであるということができる．Carbonellは，存在する教授活動をベースとしてそれを助ける，あるいは拡張する学習支援システムを設計・開発することを adhoc frame oriented アプローチと呼んでいる (Carbonell 1970)．初期のころのCAIシステムは，ページめくり機と称されることもあったが，この名称はまさしく通常の教育の範囲の一部の計算機上での実現とみなされていたことを表わしている．e-LearningシステムはCAIシステムの計算機ネットワークへの対応を柱とした発展形であるといえ，主に遠隔教育・通信教育における顕在ニーズに対応して発達してきたものといえる．これも教育・学習という

活動自体は従来行われているものと大きな違いがないことを基本とし，その他の側面における情報化に焦点をあてたものであるということができる．つまり，同じような教育・学習がよりローコスト・効率的に，時間的・空間的制約を緩和しつつ行うことができることが e-Learning システムに取り組む大きな理由となる．現在，e-Learning という言葉は非常に一般的となり，そのシステムもさまざまな分野において普及してきており，また，経済的な規模も大きなものになってきているとされている（日本イーラーニングコンソーシアム 2008）．この e-Learning システムが大きく成功している領域は，主に遠隔教育・通信教育や企業内教育，といった情報の集約度が必ずしも高くない領域であったり，あるいは，語学学習のようにメディアの利用がきわめて直接的な効果をあげうる領域においてであった．教科内容の体系化が進み，情報の集約度の高い教科においては，従来ながらの教授スタイルが主流であり長年の研究にもかかわらず，e-Learning システムが必ずしも普及していないのが実情であるといえる．

　情報の集約度が高い教育・学習では，教授者と学習者はすでに高度な情報のやりとりを行っており，またそのために手間や時間をかけることが受け入れられている．したがって，そのやりとりの基盤となるチャンネルとしての情報システムは利用されるようになっても，応答システムとしてはまだそれらを越えるものとしては十分なものができていないのが実情といえるであろう．応答システムは，個人やグループの特性に合わせた教育・学習を，教授者側の人手をあまりかけずに実施できる可能性をもっており，より高度で意義のある教育・学習の実現が期待できる．この期待に応えるものを作り上げる上でのもう一つのアプローチが潜在ニーズ指向である．以下，この潜在ニーズ指向のアプローチに関して述べる．

　潜在ニーズ指向とは，ユーザが現在もっている必要性を満たそうとするのではなく，ユーザに対して提案する形でシステムの設計・開発を進めることである．ここでのユーザは，教授者や学習者であるということになる．一般的に教授者や学習者は，今ある状況を前提として問題点を見つけその改善を求める．そこで発生する顕在的なニーズは確かな需要があるものであり，また実際改善すべき点となるが，それはあくまで教授者や学習者が置かれている現実的な制

約のもとで顕在化したニーズであり，それが情報工学的な可能性を尽くしているわけではない。「教育」といった場合，多くは「学校教育」が基本となり，そこでは歴史的な経験・知見の蓄積を踏まえて進んだ教授・学習が行われていると考えてよいが，同時に，多くの現実的な制約の下の成立しているものであるということができる。したがって，そこからのニーズはその制約のもとでのニーズとなり，必ずしもさまざまに存在するシーズを活かしたものになるとは限らない。このため，意義があるとされる活動であっても，現場の制約のもとで実現が困難であると認識されており，また，実際に行われていない場合には，現場からのニーズとしては顕在化しないこととなる。このような場合には，実際に実施可能であることを示して初めてニーズが現れることになる。このようにニーズの顕在化を目指して新規性のある活動の実現を試みる研究が，潜在ニーズ指向の研究となる。

　顕在ニーズ指向で教育システムに取り組む場合，課題が明確であり，また，その課題に対する達成度も評価しやすい場合が多い。また，ニーズがすでに顕在化されていれば，教育現場での受け入れも容易といえる。このため，研究開発としては行いやすく，また，評価を得やすいアプローチといえる。しかしながら，「情報技術を用いることで初めて可能となる」ような教育・学習を作りだすためには，顕在化しているニーズではなく，潜在的なニーズを見つける潜在ニーズ指向のアプローチも重要であるといえる。

　潜在ニーズ指向でシステムの開発に取り組む場合，当初の時点ではそのニーズが自明でない。したがって，その潜在的なニーズをさまざまな背景を用いて論じる必要がある。また，ニーズが自明でない状態であるので，そのシステムを使って教育・学習としての結果を出すことは必ずしも容易ではなく，そこに至るまでに多くの時間と労力が必要となることが多々ある。また，教育・学習として成果を出した場合においても，単にそれだけでは十分とはいえない。なぜならば，従来の枠組みの中での成果であれば，その枠組みに沿った解釈が可能となるが，新しい枠組みを作る，あるいはそこからはみ出そうという試みであるからには，その成果をその新しい枠組みにおいて説明すること求められる場合があるからである。また，成果としても，若干の効果であれば従来の教

育・学習の形態を変えるには至らないこととなり，あえて潜在的なニーズに取り組んだ意義を問われることとなる．

したがって，教育・学習の場における実用性を求められる学習支援システムにおいて，潜在ニーズ指向のアプローチは必ずしも取り組みやすいものではない．しかしながら，新しい技術や考え方を教育において活かしていくためには，非常に重要なアプローチであるいえる．本書では，この潜在ニーズ指向のアプローチで進められている学習支援システムを取り上げることになる．

## 1.4 モデルドリブンと技術ドリブン

潜在ニーズ指向は，情報技術をベースとして，教授者および学習者の潜在的なニーズを喚起する学習支援システムを作る試みである．このときの潜在ニーズ指向のあり方は，大きく，(1)モデルドリブン，と(2)技術ドリブン，に分けることができる．モデルドリブンとは，教育・学習活動や教材のモデルを構築し，そのモデルに沿って学習支援システムの設計・開発を進めるアプローチであり，そのモデルが教育・学習あるいは教材における本質的な部分を表現できている，そしてそのモデルと学習支援システムの関係性が明示的になっている，ことを重視する．技術ドリブンの場合，情報技術を用いることにより可能となる情報のやりとりを十分に吟味した上で，それを教育・学習における情報のやりとりにも適用しようという試みであり，技術的な新規性やそれによって促進・支援される情報のやりとりの新規性に重きを置くこととなる．これらはどちらも新しい教育・学習あるいは教材の形態を作りだすことを目的としており，技術ドリブンにおいてもモデルの存在は重要であるといえ，また，モデルドリブンにおいても，情報技術を用いるからこそ可能となる情報のやりとりの実現が必要であり，結果としての新しい形の情報のやりとりに新規性を見出すことが求められる．これらのことから，どちらのアプローチをとっても，最終的に得られるべきアウトプットはほとんど同じになることが期待される．しかしながら，研究途上における研究を継続的に進めていく根拠がモデルになるか，あるいは，技術になるかでその主張点は異なってくるといえるので，本書においてはこれらを大別したうえで，それらの立場からの研究事例の報告を掲

載している。

　以下本書では，教育・学習における情報のやりとりを情報工学的に考えるという立場から，潜在ニーズ指向の学習支援システムの設計・開発を取り上げる。これは，教育・学習の形態を大きく変える道具としてシステムを見た場合，その「変える」ことを現実のものとすることを最も期待できるアプローチがこの潜在ニーズ指向の学習支援システムと考えるからである。以下本章では，第2節において道具と教育・学習の関係について論じる。第3節においては，情報工学の立場から教育・学習を研究することによって得られた情報工学としての成果について概観する。本書で取り上げる潜在ニーズ指向の学習支援システムといわゆる学習観の関係ついても第4節で概説する。

## 2　道具と教育・学習

　「道具を使う」ということは，人を人として特徴づける最も重要な要素とされている。この「道具を使う」ことは，人の「教える」あるいは「学ぶ」といった知的な活動においても非常に大きな役割を果たしているといえる。ここではまず，人の歴史の中で，「教える」あるいは「学ぶ」ことに対して大きな影響を与えてきた道具について考えてみる。

　たとえば，「言葉」は人が用いている道具といえるであろう。人はものをあれこれ考えるときに「言葉」を用いており，言葉なしにものを考えること困難であろう。そして，当然のことであるが，「言葉」を用いずに教えたり学んだりすることも難しいといえる。「言葉」は人が生来的にもっているものではなく，それを覚えて使いこなすものであり，そのために使い方を学んだり，教えられたりするものである。したがって，人に備わっている性質というよりも，人が使っている「道具」と捉えることができるであろう。この「言葉」を道具とすれば，現在われわれの行っている「教える」あるいは「学ぶ」といった活動及びそのための方法は，この「言葉」という道具の利用を前提として成り立っているということができる。また，地球上にはさまざまな言語が存在するが，その言語のもつ特性によって，よく「教えうる」あるいは「学びうる」事

柄はある程度異なってくるといえる。例えば，四季のある日本で成立した日本語は，四季についての多様で繊細なさまざまな言葉をもっている。したがって，四季について教えるあるいは学ぶ上で，日本語はきわめて有用な言葉であるといえる。また，「寒さ」や「雪」については，より雪の多い国々で使われている言葉の中により多様な表現が存在している場合がある。これらの言葉は，より寒いあるいは雪の多い地域について学ぶ際に，より多様な情報を与えてくれるであろう。ある言語圏が外部から文化や技術を受け入れる際，外来語の導入や翻訳作業を必要とするのは，それらについて教える，あるいは学ぶための道具の補充を行っているとみなすことができる。

このように，「言葉」は，具体的な事柄を抽象化し，汎用化することによって，共有可能にする道具とみなすことができる。「言葉」を道具とすれば，「文字（とその筆記用具）」も，その言葉によって抽象化・汎用化された何かを，蓄積・継承可能にする道具とすることができる。文字がなければ，人は記憶できる範囲でしかものを学ぶことができない。また，それを伝えようとした場合には，直接的に伝える，つまり同一時間に同一場所にいることが必要となっていた。「文字」は，自分の学んだことを外部に記録し，それを参照することを可能にする。また，それを誰かに伝えようとする場合においても，直接伝達する必要がなく，教えることと学ぶことの時間的・空間的制約を緩和しているといえる。「印刷技術」は，「教科書」の作成と，「教科書からの学び」を一般化したといえる。さらに，この教科書に加えて，黒板とチョーク，そしてノートがいわゆる集団教育としての学校教育を可能とし，それ以前の教え方，学び方を大きく変えたといっていいであろう。このように，「教える」ことと「学ぶ」ことは，使われている道具によって大きな影響を受けているということができ，つまりは，現在ある「教える」および「学ぶ」は，今ある道具を前提としたものであり，道具が変われば変わってくるのが自然であると考えることができる。

「計算機」は当初は文字通り「計算のための道具」として生み出されたものである。それが「情報を処理する道具」そして「コミュニケーションを促進する道具」となり，また，「情報を表現」し，「情報を蓄積」するための道具とも

なっている。情報の「相互交換・表現・蓄積」を可能にする道具とは，まさしく「教え学ぶ」ために必要な機能をほぼ備えた道具であるということができる。この情報を処理する道具としての計算機は，すでに世の中を情報化という形で大きく変えてしまっている。ビジネスの世界は，情報基盤抜きには成立し得ないであろう。日常生活においても，すでにさまざまな振る舞い・習慣の中に計算機ネットワークの存在が前提となってきており，計算機ネットワーク抜きには日常生活が成り立たないところまで来ている。たとえば，人との待ち合わせの際の落ち合い方は，携帯電話が普及する前と後では大きく違っていることは明らかであろう。現在，情報ネットワークを抜きにしても成立する最も高度な社会が学校教育の場であるかもしれない。理由の一つとして，教えること，そして学ぶことは，すでに高度な情報活動として高い完成度で成立していた，ということが挙げられる。教える，あるいは学ぶといった活動は，多くの場合情報を処理する活動であるといってよい。したがって，そもそも情報集約的な活動であり，そのためにさまざまな工夫が凝らされていたといえる。またそこで扱われる情報も，少なくとも教える側については長年の蓄積に基づくものであると同時に，同様なレベルで同様な目標をもった学習者を毎年相手にすることができることで，その蓄積を確度高く利用することが可能といえる。つまり，情報の蓄積と再利用がきわめて高度に行われていると見ることができる。このような活動を参考にすることは，情報工学に有用な知見をもたらしたといえるが，すでに高度な情報集約的活動が行われている学習・教育においては，十分な効果を発揮するほどの完成度に達していなかったとも考えることができる。

　ソフトウェア技術の進歩におり，ネットワークプログラミングやユーザフレンドリーなインタフェースの構築，あるいは計算機内部での知識処理・推論処理などが従来と比較して格段に簡単になってきている。また，スマートフォン，タブレットPCの普及によって，高度な情報処理を行える機器が身近な道具となり，また，一人一台の保有が徐々に現実のものとなりつつある。教育や学習に関する知見の蓄積も進んでいる。計算機およびその相互接続としてのネットワーク，という道具が教育・学習の形を大きく変えるのは，これからであ

るというのが本書に立場である。

## 3 情報工学的意義

　計算機の教育・学習への利用の試みは，計算機が計算以上のことを行うことのできる道具であることがわかり始めると同時に発想されたものであり，1940年代までさかのぼるとされている（教育工学会2000；教育システム情報学会2001）。この「教える・学ぶ」といったきわめて知的な活動を対象とした試みは，多くの先進的な成果をもたらしたといえる。例えば，シーモア・パパートは「教える・学ぶ」ための道具としての計算機に非常に大きな可能性を見て取り，子供用のプログラミング言語「LOGO」を開発し，子どもが計算機と意味のあるインタラクションを行えることを実証している（Papert 1971, 1980）。また，学ぶ対象を構成する「学ぶのに適した構成要素」の発見と，学習者によるその操作・組み立てを通した学習，およびそれを支えるソフトウェアシステム，という学習の枠組みの提唱は，計算機の教育・学習利用の動向に大きなインパクトを与えたといえる。子どもが計算機と対話できるという事実を示したことは，さらに，アラン・ケイのダイナブック構想に大きな影響を与えたとされている（Kay 1972）。ダイナブック構想は，「すべての年齢の子供たちのためのコンピュータ」を目指したものであり，「パーソナルコンピュータ」という言葉とそれを実現するという目標を生み出している。この構想においては，この子どもたちがパーソナルコンピュータを用いてさまざまなことに興味をもち，学んでいく姿が想定されている。その暫定的な成果であるハードウェアとしてのAltoとシステムソフトウェアとしてのSmalltalkは，情報工学の歴史の中で非常に重要な地位を占めている。スティーブ・ジョブズがLisaそしてMacintoshを開発するきっかけは，SmalltalkをGUIベースのオペレーティングシステムとして動作させていたAltoを見たことであるという（Kay 1992）。また，Smalltalkの最初のオブジェクト指向言語とされており，その源流はLogoにおけるタートルグラフィックスであるとされている。

　地理の知識を学習者との個別対話を通して教えるシステムであるSCHOLAR

(Carbonell 1970) は, 最初の知的学習支援システムとされており, 学習支援のみならず, 知識工学・人工知能全般にとっても大きな影響を与えている。SCHOLAR の設計原理として提唱された Information Structure Oriented アプローチは, 教えるという活動を, 教材・教える内容の概念的整理と, その内容の教え方, の 2 つに分離するという観点をもたらした。前者が知識構造であり, 後者が対話戦略である。知識構造の関する議論は, 知識を中心に知的システムを考えるという知識工学のひとつの起源ともなっており, また, 人と計算機の知的な対話の実現としては, 最も初期の試みのひとつであったといえる。さらに, 人と同じような不完全な知識からの推論法 (Plausible Reasoning) や, 因果的な説明を生成するための因果推論 (Causal Reasoning) といった現在でも人工知能における重要な課題がこの SCHOLAR において提起されている (Carbonell 1973)。感染症診断エキスパートシステムに蓄積された知識の教育への利用を試みた GUIDON の研究は, 診断に使える知識と教える, あるいは学ぶために適した知識の違いを明らかにし, この結果も知識工学の発展に大きな影響を与えることになったといえる (Clancey 1979 ; Clancey 1986)。また, 定性推論も, シミュレータを教育的に利用しようとした場合, 単にシミュレーションの結果を与えるだけでは教えたことにはならないことから, 学ぶことを助けることのできる説明, を求めて提唱されたものであり, 電気回路を対象とした SOPHIE (Brown 1975) や, 蒸気プラントを対象とした STEAMER (Stevens 1983) は最も初期の定性推論に関する研究になっているとされている。

　これらは, 教育・学習といった高度な情報のやりとりを分析し, 実現しようという試みが, 豊富で深い知見を情報工学・技術に対して与えることができることの一つの例証となっている。

## 4　システム開発の歴史と学習観

　学習支援システムに関する研究の歴史は, 最も初期の CAI システムに始まり, 人工知能・知識工学的知見・技術を取り入れた知的 CAI に発展し, さらにそこから構成的・発見的な学習を支援する対話的学習環境／ILE および協

調的な学習を支援する協調的学習支援教／CSCL（Computer Supported Collaborative Learning）が派生して現在に至っていると説明されることが多い（大槻 2000）。また，それらのシステムはそれぞれ特有の学習観によって設計されていると説明されることも多く，CAI は行動主義であり，知的 CAI は表象主義／知識伝達主義，ILE は構成主義，CSCL は社会的構成主義であるとされるのが一般的である。このような整理は教育システムの歴史を概観する上で便利であり，パラダイムとしては利用しやすいといえるであろう。

　しかしながら，実際の学習支援システムに関する研究が進む中で，これらの区分が明確に存在したと単純に考えるのは間違いであり，また，それらのシステムが何らかの主義に基づいて設計・開発されていたとするのも誤解を招く表現である。特に「主義」に関しては教育・学習活動をある特定の観点から分析するという意味では有用性があると思われるが，学習支援システムを設計・開発する上では必ずしも有効であるとはいえない。学習支援システムも情報システムの一部であり，したがってその設計は工学的，つまり合目的的なものとなる。そして，対象となる教育・学習は非常に複雑な現象であり，ある特定の主義においてそのすべての説明することは困難であり，現状ではさまざまな様相をもった現象と捉えるのが現実的であろう。このように考えると，合目的的にシステムを設計・開発する上では，さまざまな様相を考慮したものとなるのが自然である。

　たとえば，繰り返し問題を解かせる問題演習は，「行動主義」的であろう。この問題演習において，さまざまな問題間の関係やそれらの問題において利用される知識を分析し，より効率的に問題解決能力の向上や知識の適用範囲の拡大を図るようにシステムを設計すると，表象主義的な観点をとることになるであろう。さらに，このような問題演習を通して学習者に学習して欲しいことを，問題間の体系的な関係や問題解決を制御する能力と設定したとすると，それらは直接的に学習者に提示できるものではなく，問題を解くという行為を通して学習者自身が構成していくものであると捉えることが可能である。さらに，それらの構成の必要性や動機づけを与えるために他者の存在を含めたシステムにすることも，システムを設計・開発するという立場からは自然なことと

いえる。

　さらに大事なことは，人工知能的あるいは知識工学的にシステマティックに学習支援システムを設計・開発することと，そこでの学びを学習者による「構成」として実現することは，なんら矛盾するものではないということである。実際，最も初期の知的CAIシステムであるSCHOLARは知識を教え込むのではなく，学習者からの質問も含めた対話を通して学習を支援するものであった。また，WHY（Stevens 1977）は探究的な問答法の一つであるソクラテス式教授法を定式化し，学習者自身による誤りへの気付きと修正を促進する対話を実現している。SOPHIEは，回路シミュレータを中心として実験環境をソフトウェア的に実現し，その実験環境で学習者が回路の診断をさまざまに試みることを通して，回路に関する知識を身につけていくことを指向している。WEST（Burton 1979）は，複数のサイの目を算術的に組み合わせて駒の進む数を決めることができるすごろくゲームを通した算数技能の獲得を目的としており，算数技能についての直接的な教授を行うのではなく，すごろくゲームにおけるサイの目を組み合わせた演算についてのコーチ，つまり助言や評価的なコメントを学習者に与えることで，学習者自身に考えさせ，算数技能を改善させていくことを実現している。これらの研究はいずれも，学習対象に関する情報構造・知識構造の記述的なモデルをもちつつ，学習者に知識を明示的に伝達する方法をとっていない。これらの研究は，知的CAIシステムに関する最も初期の，そして最も大きな影響を研究分野に対して与えたとされているアンソロジーである *Intelligent Tutoring Systems*（Sleeman 1982）に収録されているものである。また，Wengerは知的CAIシステムに関するより網羅的なサーベイを行っており（Wenger 1987），ここでもさまざまな観点から設計開発された多種多様な学習支援システムが紹介されており，学習現場やモデルからの要請に応じた漸進的で発展的なシステム・技術開発が行われてきたことが見て取れる。

　また，学習者が知識を構成できるような環境を実現する上で，学習対象のモデルを明示的なものとすることの重要性は，パパートの著した『マインドストーム』（Papert 1980）においても繰り返し述べられている。構成主義の源流はピ

アジェにさかのぼるとされており，その考えを具体的に計算機ベースで実現した最初の例が，パパートによって開発された Logo であるとされている。Logo は対話的なプログラミング言語であり，画面上のタートルに命令することで図形を描くことができるようになっている。学習者がある図形を描くために試行錯誤的にタートルに対する命令を考える過程で，その図形の性質を発見することができるとされている。学習者による探究的な活動とそれを通した発見・知識の構築といった考え方を明示的に示したという意味で，Logo は構成主義的な学習支援システムの最初の例といってよく，また，Wenger の知的 CAI システムに関するサーベイにおいても，有力な研究の方向性として取り上げられている。同時に，マインドストームにおいてパパートは，Logo の背景に知識や思考を記述し概念化しようという人工知能研究の試みとそれを通して得られた知見があることを繰り返し述べており，「第6章　頭に入る大きさに砕いた強力な概念」，「第7章　ロゴの根源：ピアジェと人工知能」といった章を設けている。それらの中で，「知識を「頭に入る大きさ」に砕いて考えること」で，「より伝達しやすい，同化しやすい，簡単に組み立てやすい」ものになる（訳書 p.199）としている。そして，このような概念あるいは知識を見つけること，そしてそれらを教育・学習に活用すること，そして，そのための道具としてコンピュータを使うことの重要性を述べている。さらに「思考の過程を具体的に考えられるようにするべきであると提唱する。そして，思考の過程を明瞭に表現する能力は，思考そのものをも助長するという点から，私がそれをよいことだと信じているのは言うまでもない。」（訳書 p.183）と述べている。そして，「タートルの世界はマイクロワールドであり」（訳書 p.144），「マイクロワールドは，必要な概念が全てその世界の経験の中で定義できるように設計されなければならない」（訳書 pp.145-146）としている。

　情報工学の立場から見ると，「知識は学習者自身が構成するものである」という考え方は，それほど特異なものではなく，情報とデータの違いについての情報工学の基本的な考え方と同じものであるといえる。情報工学においては，記号として計算機が取り扱っているものは「データ」であり，それが「情報」と呼ばれるためには，人によって解釈され，価値を与えられる必要があるとす

る。データベースは，あくまでデータのみを扱っているものであり，それゆえ汎用的な枠組となっているといえる。情報工学は，「人による解釈」がきわめて難しいことを自覚した上で，それを系の外に置こうとする立場と，その難しさにあえて挑戦し，「人による解釈」を含めた情報システムを考えようという立場が存在する。後者がヒューマンコンピュータインタラクション，人工知能あるいは知識工学といった分野となる。このように考えるといずれに立場をとるにせよ，「知識を注入する」という発想が出てこないことは明らかであろう。

　学習支援システムを「作る研究」においては，知識や学習対象の構造を記述しようという試みと，学習活動を学習者による知識の構成によるものとして実現しようという試みは，矛盾するものではない。ここで紹介した幾つかの知的CAIシステムおよびパパートの事例は，学習者による知識の構成を促進するために，学習対象についての適切な記述を得ること必要であるとの考え方に沿ったものであるといえる。これらは，知識の直接的な教授を行えないのではなく，行わないことを選択した研究であり，必要に応じて知識の明示的な提供や解答・解説といったことも行うことが可能，あるいはそのような機能を矛盾なく実現することが可能であるといえる。そして，このようなことが行える学習支援システムは，それらが行えない学習支援システムを，情報システムの観点からすると包含したものになっているということができる。したがって，行わないことはシステムの運用上の特徴となりえるが，行えないことは単にその機能がシステムに欠けているだけ，ということになる。作る研究をより豊かに，発展的なものにするうえで，このような観点は非常に重要であるといえる。

## 5　まとめ

　序章では，本書で扱う「システム」の特定を行った。まず，さまざまに存在するシステムのうち，「情報システム」が対象であることを述べた。さらに，情報システムを(1)チャネルとしてのシステム，と(2)応答システムに分けた上で，「応答システム」を対象とすることを述べた。さらに，この応答システムを設計・開発するアプローチとして，シーズ指向とニーズ指向があり，ニーズ

指向にさらに顕在ニーズ指向と潜在ニーズ指向があることを示し，本書で扱うものが潜在ニーズ指向の研究であることを述べた．さらに，この潜在ニーズ指向の重要性を，教育・学習を変える可能性のある道具の提供という観点から述べた．以下本書では，この潜在ニーズ指向のアプローチを，モデルドリブンと技術ドリブンに分けた上で，それぞれを第1部及び第2部において具体的な事例を通して解説してゆく．

〈参考文献〉

Brown, J. S., Burton, R. R., and Bell, A. G. (1975) "SOPHIE: a step towards a reactive-Learning environment," International Journal Man-Machine Studies, 7：675-696.

Burton, R. R., Brown, J. S. (1979) "An Invetigation of Computer Coaching for Informal Learning Activities," International Journal of Man-Machine Studies, 11：5-24.

Carbonell, J. R. (1970) "AI in CAI：an artificial intelligence approach to computer-assisted instruction," IEEE Transaction on Man- Machine Systems, 11(4)：190-202.

Carbonell, J. R. and Collins, A. (1973) "Natural Semantics in Artificial Intelligence," Proc. of IJCAI' 73：344-351.

Clancey W. J. (1979) "Tutoring Rules for Guiding a case method dialogues," International Journal Man-Machine Studies, 11：25-49.

Clancey W.J. (1986) "From GUIDON to NEOMYCIN and HERACLES in twenty short lessons: ONR final report 1979-1985," AI Magazine, 7(3)：40-60.

Kay, A. (1972) "A Personal Computer for Children of All Ages," Pro. of the ACM National Conference.

ケイ，A.（著），鶴岡雄二訳，浜野保樹監修（1992）『アラン・ケイ』アスキー．

教育システム情報学会（2001）『教育システム情報ハンドブック』実教出版．

教育工学会（2000）『教育工学事典』実教出版．

大槻説乎（2000）「知的学習環境の構成論」『電子情報通信学会論文誌』J83-D1, 6：515-522.

Papert S. (1980) Mindstorms：Children, Computers, and Powerful Ideas, Basic Books. 奥村喜世子訳（1982）『マインドストーム――子供，コンピューター，そして強力なアイデア』未来社．

Papert, S., Solomon, C. (1971) "Twenty Things To Do With a Computer", AI Laboratory, MIT.

Sleeman, D., Brown J. S. I (eds.) (1987) Intelligent Tutoring Systems, Academic Press. 山本米雄・岡本敏雄（監訳）（1987）『人工知能と知的CAIシステム』講談社．

Stevens, A.L., and Collins A. (1977) "The Goal Structure of a Socratic Tutor," Proc. of the National ACM Conference, 256-263.

Stevens, A.L. and Roberts, B. (1983) "Quantitative and Qualitative Simulation in Computer-Based

Training," Journal of Computer-Based Instruction, 10(1): 16-19.
Wenger, E. (1987) Artificial Intelligence and Tutoring Systems-Computational and Cognitive Approaches to the Communication of Knowledge, Morgan Kaufmann Publishers. 岡本敏雄・溝口理一郎（監訳）（1990）『知的 CAI システム——知識の相互伝達への認知科学的アプローチ』オーム社.

# 第 I 部

# モデルドリブンなシステム開発

第 1 章

# モデルドリブンなシステム開発とは

平嶋　宗

　学習・教授活動は，情報のやりとりを通して行われる。したがって，従来から行われてきた学習・教授活動に新しい情報技術や仕組み・システムを導入することは，その学習・教授活動に大きな影響を与えるものと期待でき，またすでに実際さまざまな成果が得られているといえる。しかしながら，それだけでは情報技術の学習・教授活動における可能性を十分に生かしているとはいえない。なぜならば，従来行われている活動内容は，従来の技術の上に成り立っているものであり，その新しい情報技術を踏まえて規定されてものではないからである。モデルドリブンなシステム開発とは，まず対象となる学習活動・教授活動あるいは学習・教授の対象課題に関しての記述的なモデルを構築し，そのモデルに基づいてその活動を支援する技術・仕組み・システムを設計・開発しようという試みであり，新しい学習・教授の形態を提案し，潜在的なニーズを顕在化する有望なアプローチのひとつである。

　このようなアプローチ自体は古くから存在するものである。最初の知的な学習支援環境（知的 CAI / ITS とも呼ばれる）とされる SCHOLAR（Carbonell 1970）では，記憶のモデルとしての意味ネットワークの提案（Quillian 1968）を受けて設計・開発されたものであり，システムは意味ネットワークとして知識を格納し，それを用いて意味ネットワークに沿った対話を学習者と行うことを通して，その意味ネットワーク自体を学習者に伝えようとしている。これは，明示的な知識構造に基づいて人と知的な対話を行うシステムとしては最も初期のものであるとともに，必ずしも教育の現場では行われていない教授活動を計算機システム上に実現した試みとしても初期の例であるということができる。

ここで「教育の現場では」と述べたが，これはSCHOLARの対話が教育的なものではないということではない。その対話自体は人が何かを教えようとしたときに行う対話としては妥当なものとなっている。しかしながら，一人の教員が複数の生徒と対峙する教室の授業において行われているものではなく，したがって，教員が自身の授業を改善・延長線上で求めるであろうものとはいえないという意味である。Carbonellは，このSCHOLARにおいて"information structure oriented CAI (Computer Aided Instruction)"という考え方を提唱し，それ以前のCAIにおいて用いられてきた教授法を"adhoc frame oriented CAI"と位置付けて両者を対比した。adhoc frame orientedとは，既存の教授活動をフレームという単位で電子化しようという試みであり，従来から行われている教授活動の電子化として位置付けられる。これに対して，information structure orientedは，教えるあるいは学ぶべき情報の構造を明らかにした上で，どのように伝えることができるかを設計するというアプローチであり，「人の知」について知ることが学習・教授支援環境の設計・開発につながるとの主張となっている。本稿における「モデルドリブン」と同じ考え方であるといえ，また，学習科学や知的学習支援に関する研究の多くは，同様の立場をとっている。

　MYCINは世界で最初の実用レベルの能力をもったとされる医療診断エキスパートシステムであるが，このMYCINでの診断において用いられている知識を教材として診断法の教授を行おうとしたのがGUIDON (Clancey 1979) である。この試みを通して，Clanceyは，計算機による診断を可能にする知識と，人にとってわかりやすい知識とは必ずしも一致しないことに気づき，教えるためには人にとっての知識とは何かを考える必要があると主張した。このような問題意識のもと，MYCINの知識の再構成（NEOMYCIN）とその知識を用いた教授システムであるGUIDON 2，の設計開発およびそのような知識を構築してゆくためのシェルHERACLESといった一連のシステムの設計・開発を行った (Clancey 1986)。これらの研究は，「人にとっての知識」のモデル化に取り組む必要性と意義を示したという点で，知識工学のひとつの起源となっているということができる。

また,定性推論の起源の一つも学習・教授支援のためのモデリングであるということができる。定性推論の主たる提唱者の一人である de Kleer は回路の学習支援環境として有名な SHOPIE において,回路の振る舞いを定量的に説明するだけでは学習者の理解の助けならないとの知見に基づき,学習者にとって受け入れ可能な説明を生成するものとしての定性的な説明の生成法を考案している (de Kleer 1981)。Forbus は STEAMER という蒸気プラントの教育用シミュレータにおいて,学習者にとって理解可能な説明を追及したものとして定性推論に到達している (Forbus 1981)。これらの研究が,学習に貢献する説明の実現を目指して,人の学習活動や学習対象あるいは知識のモデリングの試みとして出発・発展したことは注目すべきであろう。

Papertは,*MINDSTORMS*:*Children, Computers and Powerful Ideas* (Papert 1980) の序論において,"Anything is easy if you can assimilate it to your collection of models. If you can't, anything can be painfully difficult (p. xix)" と述べており,また,"LOGO's Roots: Piaget and AI" という章を設けた上で,"When knowledge can be broken up into "mind-size bites", it is more communicable, more assimilable, more simply constructable (p.171, paperback edition)" と述べている。これらは,学ぶべき対象のモデル化とそのモデルに基づいて学習活動を設計することの重要性を示すと同時に,その活動において取り扱われる部品あるいは知識・概念といった単位を定めることが不可欠であるとの認識を示している。つまりはタートルを用いた学習がうまくいくのは,タートルが学習目標に対して適切にモデル化・部品化されたものとなっており,その使い方も適切に設定されているからであり,だからこそ試行錯誤的な活動が学習として意味をもち,また,有用な知識の構成につながると解釈できる。学習者がもつ知識は学習者が得た情報や思考を通して獲得・構成する必要があり,それを物質のように直接伝達できるものではないのは明らかである。学習・教授において行うべきことは,学習者が適切な知識を獲得・構成できるように,適切な情報を提供し,思考を促進することである。知識を直接的に提示することや,問題を繰り返し解かせることも,このための有力な方法であるといえるが,情報技術に基づくより高度な方法を模索しているのが,教育システ

ムに関する研究であるということができる。システム側のもつ知識は明確にモデル化することは，このような研究を進める上での有望なアプローチであるといえる。MINDSTORMSは構成主義的学習観の文脈において取り上げられ，いわゆる「知的学習支援」の研究と対比される場合が多いが，対象の概念化・部品化が学習法・教授法の設計において必要不可欠であるとの認識に立っている点で，モデルドリブンなシステム開発と基本的な考え方が一致しているといえる。

　また，知的学習支援に関する研究のサーベイとして有名な"Artificial Intelligence and Tutoring Systems-Computational and Cognitive Approaches to the Communication of Knowledge"(Wenger 1987) では，取り上げた研究を"Knowledge Communication：知識の相互伝達"のモデリングの試みとして捉えている。このことは日本語版の監訳者序文において，"(知的CAI/ITS研究とは，)すなわち，記憶，思考，理解，認識といった不明瞭な事象を明瞭な形式で（たとえそれらが仮説的構造モデルであったとしても）記述し，それをさまざまな推論の仕組みの元でシミュレートし，教育という現象や振る舞いの正当性を積み上げていこうとするものである"と端的にまとめられている。

　このように，モデルドリブンなシステム開発は，古くから行われてきており，多くの先進的で示唆に富む成果をもたらしてきた。同時に，既存の学習・教授活動への情報技術の導入といったアプローチと比較して，必ずしもわかりやすい形での結果を残せていなかったことも事実である。しかしながら，現在すでに単純に情報技術を導入するだけで可能なことは大凡行われてしまったといってよく，このインフラをもっているからこそできる学習・教授を提案・実施してゆくことの必要性を多くの人々が感じる時期に来ているといえる。このような時期において，再びモデルドリブンなシステム開発の重要性が高まってくるとともに，これの期待に応えるような成果を出すことが求められるようになってきているといえる。

　モデルドリブンなシステム開発の場合，モデルの妥当性とシステムによって支援される学習・教授活動の透明性・新規性を重視することとなる。このため，教育的な有効性の検証がしばしば後回しとなる傾向がある。また，従来行

われていない学習・教授活動であることが多いため,その有効性の検証が簡単ではなく,検証の方法自体が大きな課題となることも多い。このため,必ずしも成果を上げやすいアプローチではないとされていた。第1部で紹介する7つの研究事例は,そのような状況のなか,いずれも学習・教育といった事象に着目し,そのモデル化を行うとともに,そのモデルに基づく使えるシステムの開発を継続的に行っているものである。これらの事例を通して,モデルドリブンなシステム開発が先進的であるだけでなく,実効性をもったシステムを実現するための現実的なアプローチであること紹介する。

〈参考文献〉

Carbonell, J. R. (1970) "Ai in CAI : an artificial intelligence approach to computer-assisted instruction," IEEE Transaction on Man-Machine Systems, 11(4) : 190-202.

Clancey W. J. (1979) "Tutoring Rules for Guiding a case method dialogues," International Journal Man-Machine Studies, 11 : 25-49.

Clancey W. J. (1986) From GUIDON to NEOMYCIN and HERACLES in twenty short lessons : ONR final report 1979-1985, AI Magazine, 7(3) : 40-60.

de Kleer, J. and Brown, J. S. (1981) "Mental Models of Physical Mechanisms and Their Acquisition, Cognitive Skill and Their Acquisition," LEA, 285-309.

Forbus, K. and Stevens, A. L. (1981) Using Qualitative Simulation to Generate Explanations, BBN report 5511.

Papert S. (1980) Mindstorms: Children, Computers, and Powerful Ideas, Basic Books. 奥村喜世子(訳)(1982)『マインドストーム――子供,コンピューター,そして強力なアイデア』未来社.

Quillian, M. R. (1968) Semantic Memory, Semantic Information Processing, 227-270, MIT Press.

Wenger, E. (1987) Artificial Intelligence and Tutoring Systems - Computational and Cognitive Approaches to the Communication of Knowledge, Morgan Kaufmann Publishers. 岡本敏雄・溝口理一郎(監訳)(1990)『知的CAIシステム――知識の相互伝達への認知科学的アプローチ』オーム社.

# 第2章

# 学習・教授知識の組織化とシステム開発

林　雄介・笠井俊信

## 2.1　学習・教授知識を「知っている」システムの構築に向けて

　本章では，学習・教授知識のモデル化とそれに基づくシステム開発についての研究事例を紹介する．ここで「学習・教授知識」というのは，学習や教授を上手く実施するための知識を意味し，学習理論や教授理論といった理論的知識から，現場の教師やインストラクショナルデザイナ（以下，学習・教授設計者）が日々の活動で培ってきた経験的知識を含む．そして，そのような学習・教授知識を「知っている」というのは，コンピュータがそれを具体的な学習や教授に関わる状況で適用できるということを意味している．つまり，単にコンピュータ上に理論的・経験的知識のカタログのようなものを用意するだけではなく，学習・教授設計者が直面する具体的な事例において，利用可能な学習・教授知識を判別し，適用してみせる能力である．このような能力をここでは「学習・教授知識アウェアネス」と呼ぶ．例えば，授業の中で動機付けをしたいと考えたときに，ケラーの ARCS モデル（Keller 1987）やガニエの9教授事象（Gagne 1974）が参考になる．ARCS モデルに基づくと注意・関連性・自信・満足の4つの観点を含む学習・教授プロセスに展開でき（必ずしも全ての観点を含む必要はない），9教授事象に基づくと注意を喚起することのみを含むプロセスとして展開できる．これらはどちらが優れているというわけではなく，個々の具体事例の状況に応じて有効なものが変わってくる．学習・教授知識アウェアネスとして実現したいことは，このような学習・教授知識を学習・教授

設計者が知らなくても情報システムがその存在を知らせ，学習・教授設計者が自分の意図する学習・教授に適しているかを判断し，選択したものを実際に適用できるよう支援することである．

このようなシステムを実現する方法のひとつとして，ここではオントロジー工学的アプローチを取り上げる．このアプローチのキーは，人とコンピュータが共有できる学習・教授知識についての共通概念体系を構築することである．このような概念体系を構築する方法論を情報工学の分野ではオントロジー工学と呼んでいる．オントロジーは元々，哲学における存在論を表すものであり，その考え方をベースに構築する情報システムで扱う対象に関しての概念を工学的な観点から整理し，モデル化の基盤とするのがオントロジー工学の役割の一つである．詳細は，(溝口 2005, 2006) を参照いただきたい．

本章では学習・教授知識を整理するための共通概念体系として構築されたOMNIBUS オントロジーを取り上げる．このオントロジーは既存の学習・教授知識を整理することとそれらを具体的な学習・教授プロセスに適用することを可能にするためのモデル化の基盤となることを目指して構築されたものである．そして，これに基づいてSMARTIES と FIMA-Light という2つのシステムが開発され，教育現場での授業設計に適用され始めている．本章では，2.2節でOMNIBUS オントロジーの概要とその設計思想を解説した後，2.3節でOMNIBUS オントロジーを基盤とすることで教育現場でどのように貢献できるかについて考察する．そして，2.4節と2.5節でSMARTIES と FIMA-Light それぞれの特徴を実践的な適用事例と合わせて紹介する．最後に2.6節でOMNIBUS オントロジーに基づく教育支援について総括し，学習・教授知識のモデル化とそれに基づくシステム開発の利点を整理する．

## 2.2 学習・教授知識の組織化のためのオントロジー構築

### 2.2.1 学習・教授知識の組織化における課題

教育学や教授システム学，学習科学といった分野では，人の学習やそれを支援する教授に関する知見が積み重ねられ，学習・教授理論としてまとめられて

いる。しかし，一般的な知識の整理と共有の難しさという面に加えて，教育の分野ではこれまで起こってきたパラダイムの変化の問題もある。そのため，学習・教授知識を整理するための共有知識基盤が必要であると言われている (Reigeluth & Carr-Chellman 2009)。

そのような共通知識基盤を構築するために必要とされているのは，学習と教授に関する概念の整理である。行動主義から認知主義，構成主義，社会的構成主義へのパラダイム転換において，各パラダイムが異なる学習観をもち，それぞれが互いにアンチテーゼとして成立していることに加えて，各パラダイムの中でさまざまな理論が展開されている。このため，各パラダイムは独立し，個々のパラダイムの中で多様性が生まれている。さらに，その多様性を複雑なものとするのが共通の概念や語彙が未整理であるという状態であり，同じパラダイム内においても異なった用語が同じ概念を表していたり，逆に同じ用語が異なった概念を表していることもある (Reigeluth 1984)。そして，このような状況下では理論の積み上げが難しく，多くの学習・教授理論は既存の理論をほぼ無視して構築されているとも指摘されている (Reigeluth 1999)。これらのためにこの分野に関わる人にとって混乱を招き，分野としてまだまだ初期段階としてとどまっているというのが現状である。

このような状況において，Reigeluthはさまざまな理論を関係づけ，知識を積み上げていくことが学習・教授理論の発展に欠かせないものであると主張して，既存の理論を関連づけてそこから理論を3冊の本にまとめている (Reigeluth 1984, 1999, 2009)。また，ErtmerとNewbyはこのようなパラダイムの違いは学習内容と求める認知プロセスの違いであるとして，各パラダイムの理論は相反するものではなく状況に応じて使い分けられるものであると主張している (Ertmer & Newby 1993)。彼らは，パラダイムによって学習観は違うが同じ「学習」という現象を扱っており，そこには共通の概念基盤を構築するための何らかの共通点があると主張している。このように学習・教授知識の体系化は大きな課題があるが，パラダイム間の差を超えていくつかの試みがなされている。

### 2.2.2 学習・教授知識のモデル化

前節で紹介した議論も踏まえて，さまざまなパラダイムに基づく学習・教授知識を包括的に整理するための共有知識基盤を支える概念体系として構築されたのが OMNIBUS オントロジーである。OMNIBUS オントロジーを構築する上で設定された作業仮説はパラダイムや理論による違いは学習支援の方法の違いとして捉えられ，学習者の「学びを促進する」という目標は共通化できる部分が多いのではないかということである。これは前述の Reigeluth や Ertmer らの考えに近い。このような作業仮説に基づき，OMNIBUS オントロジーでは学習を学習者の状態変化として捉え，さまざまな学習・教授理論の違いを目的（学習者の状態変化）やそれに対する達成方法の違いとして整理する。この考え方のベースにあるのは機能オントロジーにおける機能分解という概念（來村 2002）である。この特徴は，人工物の機能をそれが影響を与える対象物の状態変化として捉え，「何を（what）」達成するかと「どのようにして（how）」達成するかを区別していることである。これを OMNIBUS オントロジーで対象とする学習・教授で考えると，学習・教授行為の機能を学習者の状態の変化として捉え，その変化を目指すことを学習・教授ゴールとして学習・教授知識や学習・教授プロセスの工学的モデル化を行うことになる[1]。このようにモデル化することで，誤解を恐れずにいうと，例えば認知主義的な学習支援と構成主義的な学習支援において目標（what）は同じでその達成方法（how）が異なるものもあると考えることもできる。つまり，どちらも目標としては学習者に対象を理解させるということであるが，それを達成するために，例えば，認知主義的なアプローチでは何をどう学ぶかを系統立てて教師が教えるが，構成主義的なアプローチでは手本を見せてそこから学習者に学びとってもらうという，アプローチの違いとして考えることができる。こう考えると，たとえパラダイムが違っても全てが相反するものではなく，同じ目標に対してアプローチが違うと考えられるものがあったり，そもそも目標として設定しているものが根本的に異なるものがあったりと，さまざまな理論の中で提案されている各学習・教授方法の違いにバリエーションがあるのではないかと考えることができるようになる。したがって，冒頭に述べたコンピュータが学習・教授知識を知ることを

第2章　学習・教授知識の組織化とシステム開発

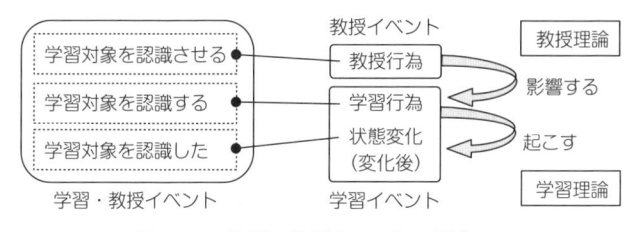

図2-1　学習・教授イベントの構成

実現するために特定のパラダイムなどに依らない共通の基盤を構築することに対して，OMNIBUSオントロジーがこのような理論の違いを明らかにするための基盤にもなることが期待される。

### 2.2.3　OMNIBUSオントロジーの主要概念

ここではOMNIBUSオントロジーの主要概念を紹介し，学習・教授知識をモデル化するための基盤としてどのように機能するかを概説する。さらに，学習・教授設計者が作成する学習・教授シナリオ（授業や学習コンテンツで想定する学習・教授プロセス）とどう関連づけられるかについて説明する。OMNIBUSオントロジーの詳細については，（林 2009；溝口 2010）を参照されたい。

#### ① 学習・教授イベント

OMNIBUSオントロジーにおいて学習・教授を捉えるための最小単位は「学習・教授イベント」という概念である。この定義の思想は，学習と教授の関係を記述するために，操作性の良い適切な粒度の概念を定義するということである。図2-1のように学習・教授イベントは学習イベントと教授イベントの2つから構成される。学習イベントは学習者の行為（学習行為）とそれによる学習者の状態変化で構成される。そして，教授行為は学習イベントを促進・誘発する教授行為（学習支援行為）によって構成される。この2つのイベントの関連性を学習・教授イベントとしてまとめることによって，OMNIBUSオントロジーで「学習」として定義している学習者の状態変化に対して，学習者が何

をするか，そして教授者（学習支援者）がそれを支援するために何をするかを関連づけて記述できるようになる．

## ② 方　式

　学習・教授イベントによって学習・教授の流れの中で起こる一つひとつの事象は記述できる．しかし，単に一つひとつの事象といってもさまざまな粒度が考えられる．例えば，教授者と学習者の具体的なインタラクションは粒度が細かいが，授業全体と考えると粒度が大きい．そして，そのようなミクロ的な視点もマクロ的な視点もどちらも重要である．そこで，OMNIBUSオントロジーでは，学習・教授の流れをさまざまな粒度で記述し，その対応関係を整理するために「方式」という概念を定義している．

　方式は粒度の異なる学習・教授イベントをつなぐ概念であり，粒度が大きな学習・教授イベント（マクロイベント）と小さな学習・教授イベント（マイクロイベント）の間の分解・達成関係を表す．マクロイベントから見ると，その目標を達成するための部分目標への分解となり，マイクロイベントから見ると，いくつかの目標を集めることによる粒度の大きな目標の達成を表す．これだけでは，単に目標と部分目標の一般的な関係に見えるが，方式という概念化の特徴はマクロとマイクロの「関係」として整理することで

　(1) 同じ学習・教授イベントに対して複数の達成方法を整理できる
　(2) 関係の裏付けとなる知識を明示化できる
　という2つの利点をもつ．

　前者の例は図2-2に示すひとつの学習・教授イベントに対する2つの方式である．「学習内容を認識する」という目標（状態変化）に対して，一つは何をどのように学ぶかを認識させる方式，もう一つは内容を提示してどう学ぶかは学習者に考えさせる方式を表している．一つひとつの学習・教授イベントが部分イベントを含む構造にしていると，何を（what）とどのようにして（how）が混在し，理論による違いがwhatとhowのどちらに依存するのかが明確にならない．OMNIBUSで提案しているように，1つの目標に対して一般的には

図2-2 方式の例

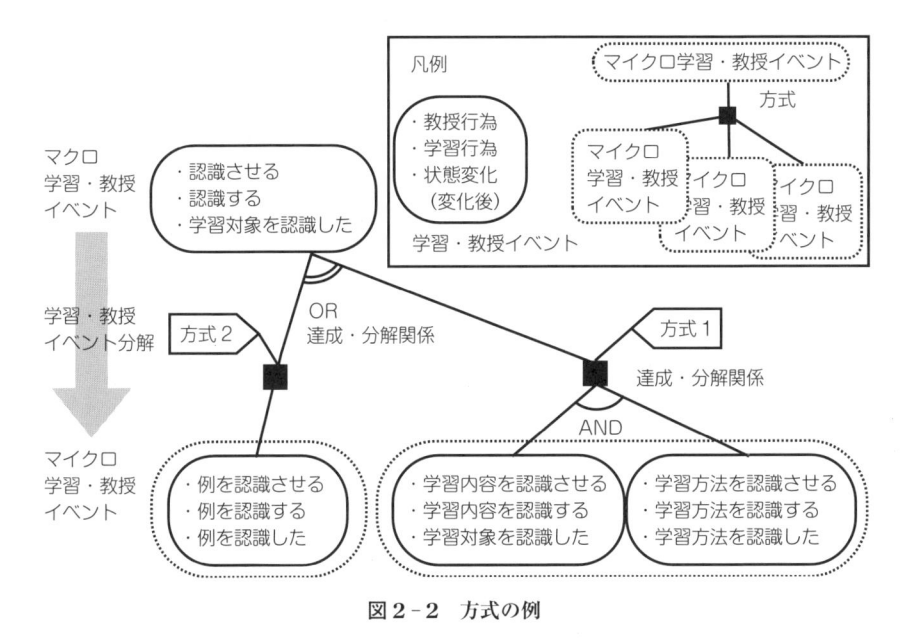

複数の達成手法が考えられる。それらを整理することができれば，指導方針に応じて学習・教授設計者が自由に選択できるようになる。

　後者の利点は，方式の単位で学習・教授理論と関連づけることで，その分解・達成関係が何に裏付けされているかを明示化できることである。そして，方式として各学習・教授知識に含まれる学習・教授方法を記述したものを「方式知識」とよんでいる。方式知識として記述することで，さまざまなパラダイム・理論を what と how の共通の観点で学習・教授知識を整理できる。

③ 学習・教授シナリオモデル

　学習・教授イベントと方式で学習・教授の流れを2つの軸で記述したものが，学習・教授シナリオモデルである。2つの軸はそれぞれ，時系列に沿った学習・教授の流れと学習・教授の意図を表す目標の分解・達成構造である。この2軸によって，一般的に記述される学習・教授の流れと共に，なぜそのような流れが構成されたのかという理由やその流れの妥当性を保証する理論による

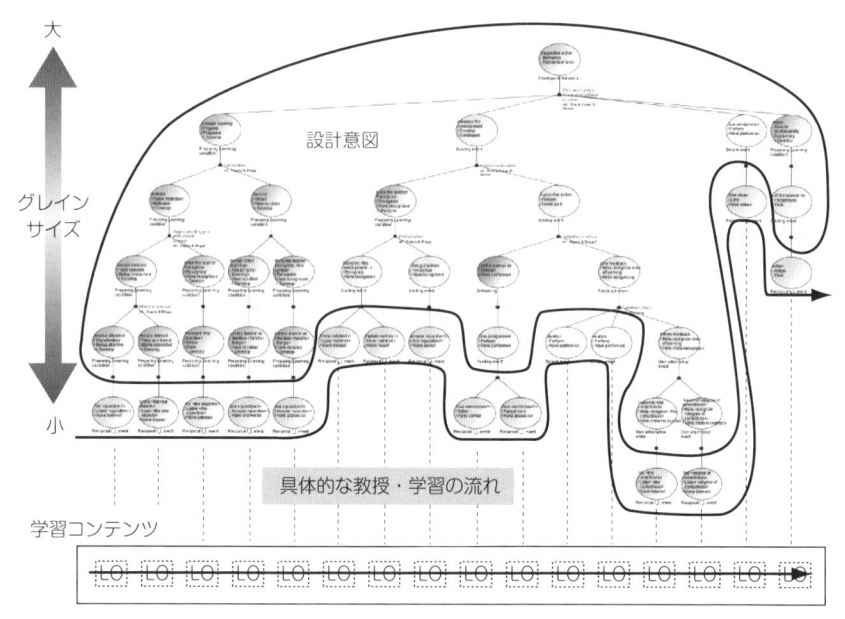

第Ⅰ部　モデルドリブンなシステム開発

図2-3　学習・教授シナリオモデルの概要

裏付けなどを記述できるようになる。

　図2-3に学習・教授シナリオモデルの概要を示している。楕円形のノードが学習・教授イベントを表しており，それらを上下につなぐ小さな四角のノードが方式を表している。横方向が時系列に沿った学習・教授の流れを表し，縦方向が目標の分解・達成構造を表している。ルートのノードは一つのセッション（一つ授業や学習コンテンツの最初から最後まで）全体の目標を表し，それが下方向に展開され，リーフのノード系列は学習者と教師（または学習補助者）の具体的なインタラクションとそこで用いられる学習リソースを表している。

　シナリオモデルとして学習・教授設計者が考える学習・教授プロセスを学習・教授知識と同様に方式で記述することによって，個々の学習・教授設計者の考えと学習・教授知識の比較や学習・教授知識を利用したシナリオモデルの構築ができる。

## 2.3 OMNIBUSに基づく授業設計支援

　前節で紹介したOMNIBUSオントロジーは，基本的な概念の定義と主要な学習・教授理論のモデル化による理論的な検証を終え，現在では教育現場での実質的な有効性の調査と実用に向けた課題の洗い出し，そして，それに基づく改良のフェーズにあるといえる．ここからは，そのOMNIBUSオントロジーの実運用に向けた現場の教師と共同での授業の質向上を目指す実践的な試みについて紹介する．そのためにまず本節では，現場での授業改善に向けた試みの課題と解決へのアプローチについて整理する．

　この試みにおいて注目したことは，個々の教師によって教授方針も異なり得手不得手もあるため，実際に授業を実施する前では一般的な学習指導案に記述される内容だけでは評価が難しい点である．そして，より質の高い授業を設計できるように教師を支援するためには，具体的にどのような授業にすべきかを直接指摘するよりも，適切なより深い思考を促すことで教師自身に気づかせることが重要であるという仮説に基づいて行われた．

　では授業設計時の適切な思考とはどのような思考なのだろうか？　熟練教師は授業設計時にどのような思考を行っているのだろうか？　その答えとして佐藤らによる調査が参考になる(佐藤ほか1991)．この調査では，新人教師との比較から熟練教師が他者の授業のビデオ記録を視聴した際の思考の特徴を抽出したものである．この思考の特徴は，授業をイメージする際の熟練教師の思考の特徴であり，同様に授業をイメージすることが求められる自身の授業設計時にも大部分が共通すると考えている．佐藤らが抽出した熟練教師の思考の特徴は，(1)多元的思考，(2)文脈的思考，(3)思考の再構成，である[2]．ここで，多元的思考とは教授に関する命題と学習に関する命題を別々にではなく関連付けて考えることであり，文脈的思考とは授業におけるあるタイミングでの事象を独立に捉えるのではなくその前後の事象と関連付けて考えることであり，思考の再構成とは特定の理論や考えに必ずしも固執することなく状況に応じて柔軟に思考が変化していくことである．これら3つの思考の共通点は，特定の視点や考

えに捉われることなく状況に応じてさまざまな観点から考えることが求められる点である。熟練教師はそのような柔軟な思考が自然にできるのが特徴であり，教師にそのような思考をより深く行わせるように促すことでより質の高い授業の設計を期待することができる。

そのもっとも簡単な方法の一つが他者の視点や観点と接することである。1人で状況に応じて柔軟にさまざまな観点から考えることができない教師でも，他者である同僚教師と議論することで自然と別の観点からの思考を促される。このように教師がグループを形成し授業について議論をしてきたのが従来から日本で行われてきた授業研究であり，この授業研究を通して教師は授業の質を向上させると同時に教師としての職能成長につなげてきた。しかし，近年は教師の多忙化によって授業研究の機会が減少しており，より効果的・効率的な教師支援が必要となっている。そのための方法のひとつとして考えられるのが，従来の学習指導案よりも教師の設計意図を明確に表現し教師間で共有できる枠組みの提供である。ここでは，そのような枠組みの一つとして前節までに述べたシナリオモデルを位置づける。

シナリオモデルは授業全体の構造や教師の戦略の本質を明確に示すことができ，学習者の状態変化の系列により文脈的思考を，学習・教授イベントの分解構造や学習者の状態変化を達成するための具体的な教材の設定により多元的思考に貢献する。さらにこれらを視覚的に明示化することですでに設計し終わった箇所についての矛盾や改善点に気付きやすく思考の再構成にもつながる。このようなシナリオモデルを通じた教師の思考をより深く行わせるように促す授業設計支援として，2つのアプローチが実践されている。

一つは，このモデルに基づいて設計する授業全体の学習目標からそれを達成するためのさまざまな部分目標，そして教師と生徒が実際に行う具体的な学習・教授プロセスまでを構造化していくことで教師自身に設計意図を深く内省させ，最終的に学習指導案としてまとめるアプローチである。これをここでは教師の思考からの「トップダウン」アプローチとよび，熟練教師の特徴である柔軟な思考を行うことができる教師や，授業研究のように複数の視点と触れることができる状況で有効な支援と考えられる。また，このような支援によって

構成されたシナリオモデルは，従来の指導案よりもより深い教師の意図や教授戦略を表現することができ，教師間の授業設計知識の共有や再利用に有効に活用できると考えられる．このアプローチに基づくシステム（SMARTIES）とその実践活用については2.4で詳しく述べる．

　もう一つのアプローチは，熟練教師の特徴である柔軟な思考が十分にはできず，しかも複数の視点に触れる状況にない教師に対する支援である．このアプローチは教師が自由に作成した学習指導案をもとに，前述のモデルに基づいて教師の設計意図をシステムがシナリオモデルとして自動解釈し教師に提示する．このシナリオモデルによって，他者である同僚教師の意見や認識に触れるのと同様に柔軟でより深い思考を促し，教師自身により良い授業への改善点に気付かせることを期待する．これは一旦は成果物となった学習指導案からその背後にある設計意図を推定するので「ボトムアップ」アプローチといえる．このアプローチに基づくシステム（FIMA-Light）とその実践活用については2.5で詳しく述べる．

## 2.4　SMARTIES による学習指導案の洗練支援

### 2.4.1　SMARTIES の特徴

　SMARTIES は OMNIBUS オントロジーに基づいて開発された，学習・教授知識アウェアかつ標準化に準拠したオーサリングシステムである．このシステムでは，主に

(1) 学習・教授設計者が授業や学習コンテンツの設計において，その設計意図まで学習・教授シナリオモデルとして明確に記述できるようにすること（シナリオモデル作成環境）

(2) 学習・教授理論から各教師がもつ経験的な知識までの学習・教授知識を個々の授業や学習コンテンツの設計時に容易に適用できるようにすること（学習・教授知識アウェアネス），

(3) 作成した学習・教授シナリオモデルを設計意図を残した形で広く流通できるようにすること（標準化準拠）

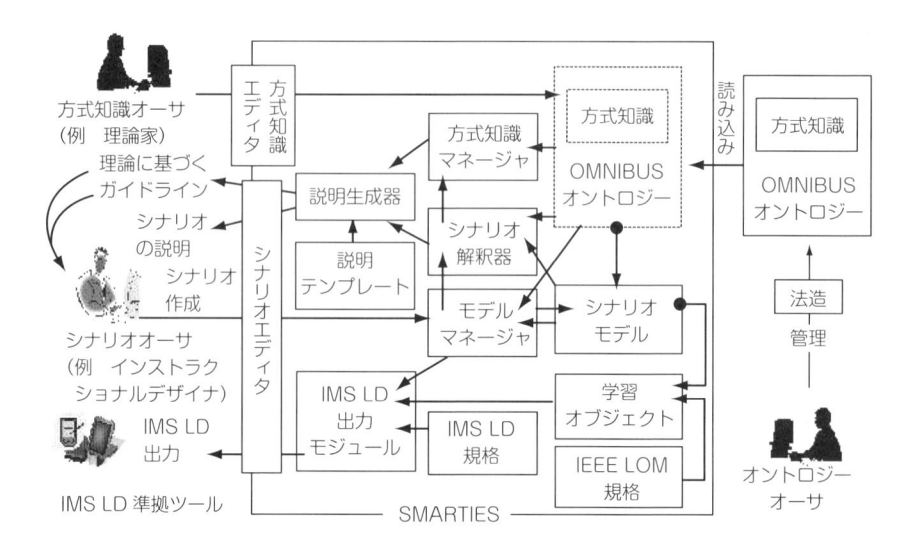

第Ⅰ部　モデルドリブンなシステム開発

図2-4　SMARTIESのシステム構成

の3つの機能の実現を目指している。

　つまり，従来は学習・教授設計者の頭の中にあるだけで暗黙的にされがちな授業や学習コンテンツの設計意図を明確にすることをベースに，再文脈化が難しい学習・教授知識の具体的な事例への適用までを支援することと，その結果だけではなくそれに至るまでの意志決定に関わる情報も残すことで，授業や学習コンテンツの設計と共有・再利用の両面の支援を確立することを目指している。これらの機能の詳細については（林 2009）を参照されたい。

　SMARTIESのシステム構成の特徴はOMNIBUSオントロジーの詳細概念や具体的な方式知識と独立に設計されている点である。SMARTIESのシステム構成を図2-4に示す。SMARTIESの各機能を提供するモジュールは2.2節で述べた学習・教授イベント，方式，それらで構成される学習・教授シナリオモデルという抽象度の高いモデル構造に基づいて設計されているため，これらに変更が無い限りはSMARTIESは上記の機能を提供できる。つまり，利用する行為や状態，そして学習・教授知識を利用者にとって利用しやすい構成で運用

することもできる。このような柔軟性もモデルベースのシステム設計の利点と考えられる。

### 2.4.2 SMARTIES による学習指導案の洗練

教育現場に対する SMARTIES の実質的な貢献の可能性を確認するために行われた実践例として，東京都中学校社会科教育研究会（都中社研），特にその中の地理専門委員会との共同研究による学習指導案の改善の試みをここでは取り上げる。この都中社研というのは東京都の中学校の社会科教師による授業研究グループであり，その構成員は主に現職の教師で，校長や副校長などの他の教師を指導する立場にあるものから，中堅や若手の教師である。また，教育課題研究指定校の教師も含まれており，学習指導案の作成経験が豊富でモチベーションが高い教員が多い。

この実践的運用を通じて行われたことは，学習指導案から学習・教授シナリオモデルを作成することで，学習指導案に書かれている授業の設計意図を明示化し，それを元に学習指導案に記述された学習・教授プロセスを改善し，学習指導案の内容を洗練することである。この中で，SMARTIES は教師が暗黙的にもっている設計意図まで外化するツールとして位置づけられた。つまり，学習指導案には書いていないが教師の頭の中にある学習・教授の流れとその意図までを外化するために SMARTIES を利用することで，教師の思考を深化させることを目指して実践的運用が行われた。本節では，この実践的運用から得られた OMNIBUS と SMARTIES の効果の事例を 2 つ挙げる。

#### ① 目的の明確化による代替案の検討

一つ目の効果の事例は，方式として学習目標とその達成方法を分離して記述し，それらを比較することで，作成した教師自身にも暗黙的であった授業の流れの根拠を明確にすることができたことである。この事例では，最初の案では授業の一部で学習対象に関して多角的・多面的な考察をさせるためにグループ学習が設定されていた。シナリオモデル化に当たって，まずはこの案を方式として記述するために，実施予定のグループ学習が学習目標（学習・教授イベン

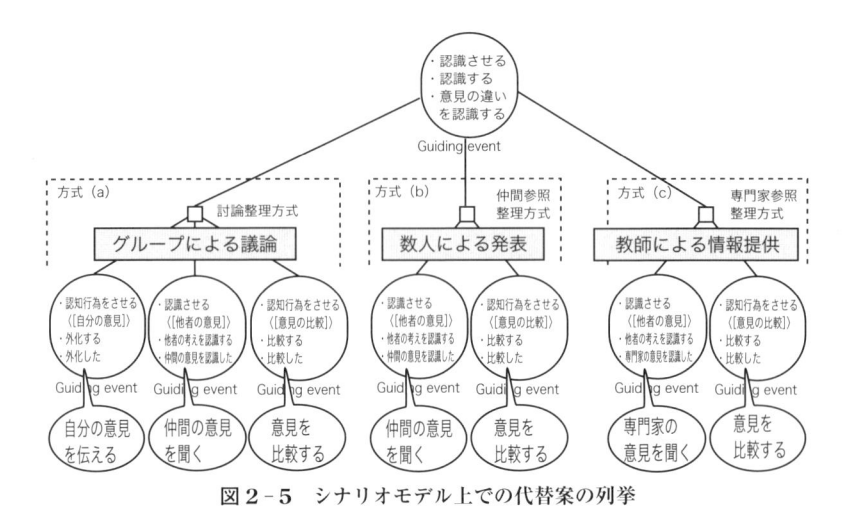

第Ⅰ部　モデルドリブンなシステム開発

図2-5　シナリオモデル上での代替案の列挙

ト）とその達成方法（方式）の組み合わせとして整理された。教師からは，目標としては一般的に「各自が自分の意見を主張する」「他者との意見の違いを認識する」「意見の質を高める」といったことが挙げられた上で，ここでは主な目標を「他者との意見の違いを認識する」と想定していたことを確認された。次に，グループ学習で想定していたプロセスが方式による学習・教授イベントの分解として記述された。このプロセスで行われると想定されていたことは「各自が自分の意見を伝える（外化する）」「他者の意見を認識する」「意見を比較する」という3つであり，それらをマイクロ学習・教授イベントとして方式が構成された。これを示したのが図2-5(a)である。さらに，この図中には2つの方式が含まれており，これらはこの事例においてシナリオモデル化を通じて教師が検討した代替案である。目標を「他者との意見の違いを認識する」とすると，グループ学習の他にもそれを達成する方式が比較的容易に議論でき，グループ学習が目標に対する手段のひとつであるということが明確になった。これらを記述しているのが図2-5の方（b），（c）である。意見の違いを認識するためには，比較対象が必要となる。グループ学習においてはグループ内で他者から意見を聞けるが，他にも各自に意見を考えさせた上で教師が数人に指摘して意見を発表させたり（方式（b）），教師が専門家の意見をいくつ

か提供できる場合もある（方式（c））。これらのどちらでも，達成方法は違うが，「他者との意見の違いを認識する」という目標を達成できる。これらはどれが正しいというわけではなく，生徒の状況や環境によって異なる。本事例においてはこれらの利点・欠点を考えた上で，教師は最終的に当初と同じくグループ学習を行うことに決定した。その理由として，学習指導要領でも要求されている「言語活動の充実」をこの授業の設計における要求の一つとして重視しており，それを満たすために各人が「自分の意見を伝える」という行為が必要となると再確認したと述べていた。

　したがって，結果としては最初の授業デザインとは変わっていないが，シナリオモデル化を通じてその意図が明確になって残されるという点では大きな変化があったといえる。このような現象はこの指導案の他の部分や他の指導案のモデル化においても見られた。

　また，本実践的運用を進める中でベテランの教師からは多くの教師，特に経験の浅い教師は，授業設計の際に目標よりもグループ学習のような手段の方に注目しがちであるということも聞いている。このような問題に対して，本事例のように目標とその達成方法に分けて議論することによって，例え手段が先に考えられたとしてもそれが目標や状況に対して妥当な学習活動であるかを振り返るのに有益であるという意見も教師からは寄せられた。

② 学習・教授シナリオモデルレベルでの指導法の比較
　二つ目の効果の事例は，学習・教授シナリオモデル上で2人の教師の指導方法の違いを明確にできたことである。この事例では，最初にある教師Aからの学習指導案がモデル化され，教師Aと筆者とで代替案を含めてシナリオモデルを拡張された。それをさらに他のベテラン教師Bに見せて議論したときに教師Bから得られたコメントを紹介する。このベテラン教師Bからは，このモデルを見たことで，その学習指導案に書かれていた指導方法とは違う方の指導方法を自分が行っていることとその理由を以前より明確に述べることができ，さらに普段の指導方法の特徴の違いも表すことができるというコメントが得られた。

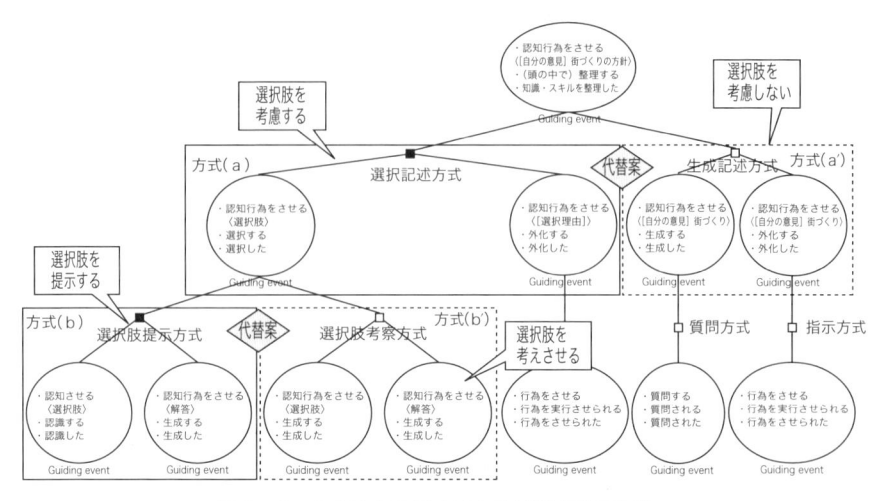

第Ⅰ部　モデルドリブンなシステム開発

**図2-6　シナリオモデルによる指導方法の比較**

　図2-6はこの事例で作成したモデルを示している。この場面の目的は生徒が「自分の意見をまとめる」ことであり，それが一番上の学習・教授イベントで表されている。そして，それを達成するための方式として，まずは選択肢を考慮するかしないかという軸で区別されている（方式（a）と（a'））。ここでの選択肢というのは，いくつかの違った意見ということである。選択肢を考慮する場合には，その中から自分の意見を選択することになる。選択肢を考慮する場合は，さらに2つの方式に分けられる（方式（b）と（b'））。選択肢を教師が提供する場合と，生徒が自分で作る場合である。このようにして，方式（a）と（a'），方式（b）と（b'）のような代替案が方式のOR関係で表されている。これによって3種類の授業の流れ（方式（a）＋（b），方式（a）＋（b'），方式（a'））を比較することができる。

　この中で，元の教師Aが作成した学習指導案は方式（a）＋（b）の組み合わせであった。つまり，選択肢を考慮し，教師がその選択肢を生徒に提供するものである。一方，教師Bの方は，方式（a）＋（b'）をよく行い，方式（a）＋（b）はあまり行わないと述べた。その理由として，選択肢を提供するにしても，やはりまずは生徒に自分で考えさせる方が学習効果が高いと考えている

42

ことを挙げた。特に現在の社会科教育での重要な目標のひとつである「多面的・多角的な思考の育成」という観点からは，例え生徒にとっては難しいことであっても，選択肢を生成することから少しの時間でも良いから取り組ませることが重要であると考えているからである。ここで重要なのは，どちらの考え方が正しいかと言うことではない。このように OMNIBUS オントロジーに基づくモデル化を通じて，教師が複数の指導方法の違いを明確にした上で，さらにその中からの選択理由が明確に提示されたことが，このモデル化手法の有効性を示唆していると考えられることである。

さらに興味深い事象は，ベテランの教師 B からこのようなモデルとして整理したものを見ることで指導法の違いが分かりやすくなったというコメントの他に，自分の指導法とこの教師の指導法の違いがここに明確に現れているというコメントがあったことである。教師 B はこれまでも教師 A の他の学習指導案を見て方式（a）＋（b）のような指導方法が多いと考えていたが，自分の指導方法の違いとその理由についてここまで明確にはいえなかったとも述べている。これはシナリオモデル化を通じて，観点が個々の学習指導案についての違いだけでなく，指導観の違いにまで発展したもので，本研究の提案手法が個々の学習指導案レベルだけではなく，それをまとめることで教師の特徴をより明確にするための技術としても効果的ではないかということを示唆していると考えられる。

都中社研との活動においては，このようにして学習指導案を足がかりとして学習・教授シナリオモデルを作成することから始め，次にはラフな学習指導案のドラフトからモデル化を通じて内容を洗練して学習指導案を改良していくというサイクルを繰り返して学習指導案の作成が支援された。結果として，全国中学校社会科教育研究会の全国大会において実演・発表された2つの授業の学習指導案作成の支援が行われ，これらの学習指導案と授業実施はこの全国大会において講評を受け，高い評価を得た。

ただし，この結果だけでは，実際に現場の教師だけで SMARTIES を使って授業を設計し，他の教師と議論をしながら洗練し，学習指導案を作り上げるということになるまではまだ長い道のりが必要であるといえる。この実践では，

学習指導案を作成するのは教師であったが，それを解釈して学習・教授シナリオモデルを作成するのは研究者の役割であった．このような形式で行われたのは，OMNIBUS と SMARTIES を教師に操作してもらうには難しい面があったからである．しかし，他の実践では韓国の教育大学においてインストラクショナルデザインの授業において SMARTIES を利用する試みがなされており，その実践では学生たちは SMARTIES を自分たちで利用して授業を設計している．従って，対象者によっては SMARTIES の利用はそれほど難しいものではなく，工夫次第で容易に SMARTIES を利用できるようになるとも考えられる．この点は今後の課題といえ，実践的運用を続けられていく中で現場における SMARTIES の効果的な運用の仕組みが見い出されると考えられる．

また，今回の事例は中学校社会科が対象となっていたが，OMNIBUS オントロジーと同様に，SMARTIES も教科依存ではなく，さまざまな教科を対象とすることを目標としたオーサリングシステムである．今後は他の教科にも適用範囲を増やしていくことで，さまざまな教科に対してこの手法を適用できることが実証されると考えられる．

## 2.5 教師の意図の自動解釈と授業設計支援システム FIMA-Light

### 2.5.1 FIMA-Light の特徴

本節では，教師が設計した授業を OMNIBUS オントロジーに基づいて設計意図を自動解釈することで，教師の授業設計を支援するシステム FIMA-Light について紹介する．この FIMA-Light は，次の3つの仮説に基づいて開発された．

(1) 他者の意見や認識と同様の情報をコンピュータシステムによって自動的に生成することが可能である．
(2) 他者の意見や認識を示すことで，教師の多元的思考，文脈的思考，思考の再構成が促される．
(3) 授業設計時に教師の多元的思考，文脈的思考，思考の再構成を促すことで，1人では気付くことができない問題点や改善点に気付くことができ，

結果としてより良い授業の設計につながる。

　他者の意見や認識としては，授業研究のように実在する同僚教師と直接議論することがもっとも質の高い情報である。しかし，教師の多忙が主な理由で授業研究に参加する機会は減少傾向にあり（千々布 2005），設計した授業に関する適切で信頼できる他者の意見や認識を，コンピュータシステムが自動的に動的に生成できるならばその意義は高い。FIMA-Light では，OMNIBUS オントロジーを活用して授業に関する他者の意見や認識に相当する情報を自動生成することを目指している。OMNIBUS オントロジーでは「方式知識」として，教授・学習理論による理論的知識と過去の優れた実践から抽出された経験的知識を記述することができ，これらの知識は信頼できる同僚教師の知識と捉えることができる。FIMA-Light は，設計された授業をその信頼できる知識に基づいて自動解釈することで，他者の意見や認識と同等の質の高い情報を生成し，その結果であるシナリオモデルを他者の意見や認識と同様の情報として教師に提示する。上記の3つの仮説が正しければ，このような FIMA-Light によるシナリオモデルの生成と提示によって教師は多元的思考，文脈的思考，思考の再構成を促され，より良い授業の設計につながることになる。以下で，現在進められている FIMA-Light の実践活用について紹介し，その機能の妥当性・有効性についての考察と，上述した3つの仮説の検証の結果を示す。

### 2.5.2　FIMA-Light が生成するシナリオモデルの有効性

　FIMA-Light について，これまで3人の教師による実践活用を通した有効性評価が行われた。そこで用いられた方式知識は理論から抽出された知識が中心であり，これらの理論知識は教育内容に依存しない。このことを踏まえて，さまざまな教科（5教科：国語，算数，理科，社会，体育）からすでに完成している9本の実際の学習指導案を対象として評価が行われた。これら9本の学習指導案に対する FIMA-Light の実践活用を通じた評価は次のような流れで行われ，以下でそれぞれの詳細について述べる。

1. 学習指導案のデータを FIMA-Light へ入力
2. FIMA-Light がシナリオモデルを生成

表2-1 FIMA-Lightに用意されている活動概念

| 教授活動概念 | 学習活動概念 | |
|---|---|---|
| | 表層的 | 深層的 |
| 関連情報を提示する | 作業をする | 興味を持つ |
| ヒントを提示する | 課題を設定する | 新しい事実に気付く |
| 例を提示する | 情報を集める | 誤りや矛盾に気付く |
| 要約を提示する | 資料にまとめる | 課題を知る |
| 説明する | 発表する | 現状を知る |
| 課題実行を指示する | 問題を解く | 目標を知る |
| 学習活動を指示する | 問題を作る | 自分の状態を知る |
| 質問する | 話し合う | 学習の進め方を知る |
| 手助けする | 教え合う | 学習の流れを振り返る |
| 認知行為を促す | 話を聞く | 学習成果を知る |
| フィードバックを与える | 復習する | 自分の考えを持つ |
| | 準備する | 原因や結果を予想する |
| | | 自分の考えを確認する |
| | | 知識・認識を思い出す |
| | | 知識を獲得する |
| | | 知識・認識を深める |
| | | スキルを発達させる |

3. 生成されたシナリオモデルの分析・評価
4. シナリオモデル提示による授業設計支援としての有効性評価

① 学習指導案のデータを FIMA-Light へ入力

　FIMA-Lightでは，授業を自動的に解釈し支援するために，教授・学習活動について教師にとって親しみやすい活動概念が数名の現職教員との議論を通して用意された．FIMA-Lightで用意された活動概念は，1種類の教授活動概念と2種類の学習活動概念（表層的学習活動概念と深層的学習活動概念）に分類される．表層的学習活動概念とは，学習指導案として一般的に記述される目に見える学習者の活動概念であり，深層的学習活動概念とは目には見えない学習者の認知的な活動概念である．学習指導案のデータをFIMA-Lightに入力する際，教師は授業の流れの場面（FIMA-LightではStepと呼ぶ）ごとに，教授活

第2章　学習・教授知識の組織化とシステム開発

動について11概念の中から1つを，学習活動については表層的学習活動として12概念から1つと深層的学習活動として17概念から1つを選択する（表2-1参照）。ここで，通常の学習指導案では記述することがあまりない深層的学習活動を選択させる理由は2つある。一つは，教師に授業の各Stepでの授業全体における教授意図を明示的に意識させるためであり，もう一つは「方式」の枠組みに近づけることで，「方式知識」に基づいた解釈の精度を高めるためである。

## ② FIMA-Light がシナリオモデルを生成

　FIMA-Lightは，授業の流れのStepごとに入力された活動概念を自動的にOMNIBUSオントロジーの概念に変換することで，「方式知識」を活用する。FIMA-Lightは，授業の流れのStepごとに関連する方式を抽出し，すべてのStepから抽出された方式をボトムアップに組み合わせることで関連すると考えられるすべてのシナリオモデルを生成する。教師には，FIMA-Lightが計算する類似度がもっとも高い3つのシナリオモデルが提示される。シナリオモデル生成の詳細については笠井ら（2011）を参照されたい。実際に教師に提示されたシナリオモデルの例を図2-7に示す。この例では，ガニエの9教授事象やメリルの画面構成理論（Component display theory）などの理論から抽出された9つの方式を含んだシナリオモデルが生成された。シナリオモデルは色分けされた2種類のノードで構成されている。一つは設計された授業に対応するStepがある（とFIMA-Lightが判断した）教授・学習イベントを示すノードであり，図中①の部分がその例になる。この種のノードの場合はノードの右上に対応する授業のStep番号が提示される。もう一つは，設計された授業に対応するStepがない（とFIMA-Lightが判断した）教授・学習イベントを示すノードであり，図中②の部分がその例である。教師はこの2種類のノードによって，自身の設計意図とFIMA-Lightの解釈を比較し確認することができる。この確認を促すために，シナリオモデルの図中②で示した種類のノードがクリックされると，2種類のメッセージが提示される。一つは葉ノードをクリックした場合で，設計された授業にないこのノードと関連する学習活動を追加することを提案するメッセージである（図中③）。もう一つは中間ノードをクリッ

第Ⅰ部　モデルドリブンなシステム開発

表2-2　生成されたシナリオモデルの分析結果

| | 授業のStep数 | 分解木に含まれるStep数 | 総ノード数 | 関連するノード数（被験者判断） | 明示化されたノード数 | 改善点を見つけたノード数 |
|---|---|---|---|---|---|---|
| 9つのシナリオモデルの平均 | 6.1 | 5.2(85.5%) | 23.8 | 21.1(88.8%) | 6.0(25.2%)<br>8.4(35.5%) | 2.4(10.3%) |

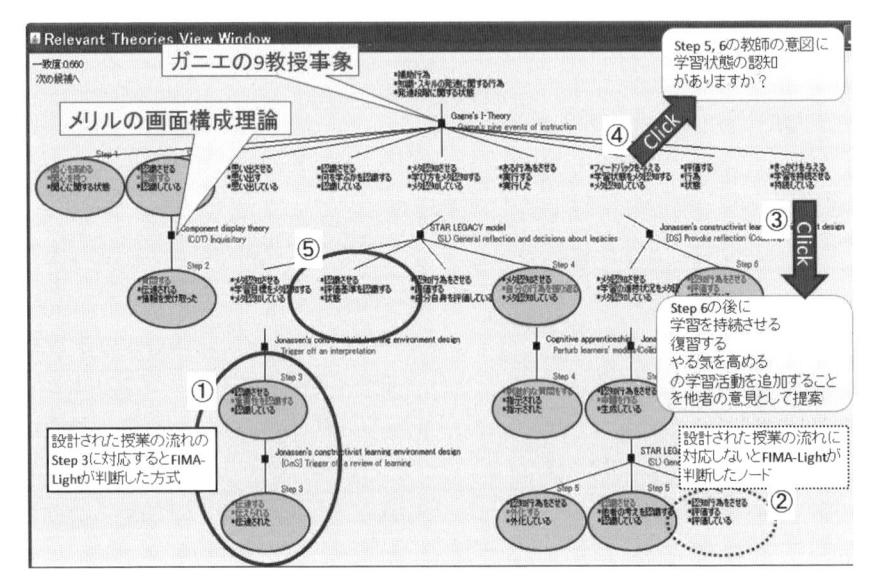

図2-7　生成されたシナリオモデルの例とその構

クした場合で，その下位ノードに含まれるとFIMA-Lightが判断した授業のStepにおいて，教師がこのノードに含まれる深層的な学習活動を意図としているかを問いかけるメッセージである（図中④）。FIMA-Lightでは，このような機能を有するシナリオモデルによって自身の設計意図を確認するプロセスを通して，自身の設計した授業についてより深く内省することを支援する。

③　生成されたシナリオモデルの分析・評価

9つの学習指導案に対して生成されたシナリオモデルの分析結果を表2-2に示す。この評価観点では，生成されるシナリオモデルはあくまでも他者の意

見としての位置づけであるため，元となる学習指導案と完全に一致する必要はない。しかし，授業全体の構造がある程度対応していなければ参考にできる他者の意見とはならない。そこで，生成されたシナリオモデルが実際の学習指導案とどの程度対応しているかが評価された。まず，それぞれの学習指導案の全Stepのうち平均で約85%のStepを含んでいるとFIMA-Lightが判断したシナリオモデルが生成された。一方，生成された分解木の各ノードについては，授業設計者である3人の教師によって設計した授業と明示的にまたは暗黙的に関連しているかどうかが評価された。ここで関連しているノードとは，設計された授業と一致しているノードだけではなく，設計された授業に関しての他者による別の意見や認識と捉えることができるノードも含んでいる。その結果，90%近いノードが教師によって設計した授業と関連していると評価された。この結果から，FIMA-Lightは教師が設計した授業に対して，目的に合致した他者の意見や認識と位置づけることができる質の高いシナリオモデルを自動生成できていることが示された。

④ シナリオモデル提示による授業設計支援としての有効性評価

シナリオモデル提示による授業設計支援としての効果の評価として，シナリオモデルの各ノードが設計した授業の内容や意図に対する認識の変化につながったかどうかが，3人の教師によって評価された。その結果，約25%のノードが授業設計時は意識していなかった設計意図を明確に意識することにつながったことが分かった。このような設計意図の明示化は，教師が文脈的思考を促された結果であり，より良い授業実践につながることが期待される。また，約10%のノードが教師が学習指導案を改善しようとするきっかけになり，1つの学習指導案に対して平均で2.4箇所の改善点の発見を促したことが分かった。これらの結果から，FIMA-Lightによるシナリオモデルの自動生成とそれに基づく支援が，授業改善につながる支援として効果的に機能することが示された。また今回の評価では，3人の教師によるさまざまな領域を対象とした5教科の学習指導案すべてで同様に有効であると評価された。このことから，現在のFIMA-Lightが教科の特性に依存することなく授業設計支援として効果的

であることが示された。

### 2.5.3 授業実践による FIMA-Light による授業改善の確認

FIMA-Light を活用して教師が行った改善が実際の授業でどのような影響を与えたかについて，実際に改善された授業実施後の教師へのインタビューによって調査された。この結果から，FIMA-Light の支援が熟練教師の特徴である3つの思考を促すことができたかどうかが考察されている。

授業実践を行ったのは，小学校6年生の社会で「西南戦争」(6／8時)の授業だった。図2-7のシナリオモデルが，この授業に対して FIMA-Light が生成し教師に提示されたシナリオモデルである。教師はこのシナリオモデルが提示されることによって，学習指導案を2箇所修正した。修正が行われたことは，シナリオモデルの提示によってそれまでの教師自身の考えが変化したことの表れであり，思考の再構成が促された結果だと言える。1箇所目は図2-7中⑤で示したノード（学習行為：「評価基準を認識する」）をきっかけに新たにワークシートを用意して児童に記述させるように修正された。教師はこの修正点についてインタビューで「評価基準を明確にもっていなかったので，児童が相互評価や自己評価できるようなワークシートを作ってみようと思った」と述べている。この教師の発言から，FIMA-Light の支援によって，児童による表層的な学習活動だけを明確に意識していた教師が，⑤のノードによって深層的な目標に気付くことができたのをきっかけに，学習活動と教授活動（児童への指示）や教材（ワークシート）を関連付けて考えた（多元的思考）結果であるといえる。また，この修正点についての授業実践後のインタビューの中で，教師から「このワークシートによって最後の場面への結びつきができ，児童が西郷隆盛の心情を捉えるのに良かった」という感想が得られた。この感想から，修正時のインタビューには直接言及はなかったが，授業の後半への継続性を高める修正だったことが分かる。これは，新たなワークシートの作成という修正が，教師がその Step だけではなく最後の Step への影響を考えた（文脈的思考）結果であるといえる。

2箇所目は，提示されたシナリオモデルの中で図2-7中③で示したノード

(学習行為：「学習を持続させる」）をきっかけに，授業の最後に次時への学習意欲をつなげるために板垣退助の写真を提示する教授・学習活動が追加された。この修正について教師は「次時への流れの継続性を考えてはいたが，具体的な手立てを考えていなかったので，児童の思考のつながりを考えるために人物画（板垣退助の写真）を提示することにした」と述べている。この目標（次時への思考のつながり）に対する教授活動と教材の具体化は，最後の Step だけではなく次時への継続性をより強く意識した結果であり，文脈的思考が深まったと考えることができる。この修正についての授業実践は，授業の進行が予定よりも遅れてしまったため実際には実行されなかった。

FIMA-Light の活用による授業改善とその授業の実践によって，FIMA-Light による支援が教師の熟練教師の特徴である思考を促し，より良い授業実践につながることがより明確に確認された。

## 2.6 OMNIBUS に基づく教育支援の総括と今後の展望

本章では，学習・教授知識の組織化とそれに基づくシステム開発についての研究事例を紹介した。学習・教授知識の組織化における課題は，一般的な知識の組織化における問題に加えて，パラダイムの違いによる根本的な学習観の違いという大きな問題を抱えていることである。これに対して OMNIBUS オントロジーでは，学習・教授イベントと方式という概念に基づく学習目標（what）とその分解・達成方法（how）による整理によって，パラダイムの違いの多くを学習支援の方法の違いとして how に対応させ，学習者の「学びが促進される」という what は共通化させることで，整理できることが示された。さらに，それに基づき学習・教授知識をモデル化することで，情報システムが学習・教授知識を知り，教師やインストラクショナルデザイナが活用するための支援をする仕組みが学習・教授知識アウェアネスとして実現された。その具体化として SMARTIES と FIMA-Light が開発され，それぞれが現場の教師による実践的運用を通じて，その有効性が検証されつつある。SMARTIES の実践的運用においては，教師が考えていることを OMNIBUS オントロジーに基づいて

人手でモデル化することを通じて教師の思考を深めさせることを目的としており，熟練教師の特徴である柔軟な思考を行うことができる教師や，授業研究のように複数の視点と触れることができる状況で有効であると考えられる。一方，FIMA-Lightの実践においては，学習指導案からシステムが自動でシナリオモデルを生成することで，擬似的に他者の視点を構成し，教師に多元的な思考を意識させることを目的としている。こちらは，熟練教師のような柔軟な思考が十分にはできず，しかも複数の視点に触れる状況にない教師に対する支援といえる。この二つのシステムは，2.3節でトップダウンとボトムアップで比較したようにOMNIBUSオントロジーをベースとした異なったアプローチでの教師の授業設計支援である。授業の設計意図を明示化して思考を深めることにおいて，トップダウンアプローチは教師の思考をより詳しく外化させることで支援し，ボトムアップアプローチでは一旦は成果物となった学習指導案からその背後にある意図を推定・抽出することで支援する。しかし，どちらも学習・教授シナリオモデルとして設計意図を明示化することでその支援を実現する。これは，OMNIBUSオントロジーとして教師の意図や学習・教授知識をモデル化できる基盤をしっかりと構築し，教師の思考や学習・教授知識，学習・教授シナリオモデル，学習指導案の関連を明確に整理したためであり，この関係性を利用してこの他のさまざまなアプローチのシステムに対しても基盤になり得ると考えられる。実際に，韓国の研究者によるOMNIBUSオントロジーに基づくITS（intelligent tutoring system）の構築（Wang and Kim 2006）といった試みもなされている。このようにモデルを共有して多様なシステム開発につなげることができることがモデルドリブンなシステム開発の利点のひとつであるともいえる。

　また，OMNIBUSオントロジーという共通のモデルを基盤としているシステムは，容易に連携できることも利点のひとつである。本章で紹介したSMARTIESとFIMA-Lightは現在はそれぞれ独立に活用されているが，今後は両者の長所をより生かし，トップダウンとボトムアップの双方を支援するハイブリッドな授業設計支援環境として連携させることが可能であると考えられる。例えば，学習・教授設計者はまずFIMA-Lightの機能を活用し，具体的に

イメージした学習・教授プロセスから骨格となるシナリオモデルを自動生成することで，自身のより適切で深い思考が刺激される．その成果をSMARTIESを用いてシナリオモデルに反映させ更新することで，より正確な自身の設計意図を記述した上で学習指導案や学習コンテンツを作成することができる．共通のモデルを基盤とすることでこのようなシステム間の連携を容易にするのもモデルドリブンなシステム開発の特長といえる．

　［謝辞］OMNIBUSオントロジーの構築にあたり大阪大学産業学研究所の溝口理一郎教授とケベック大学モントリオール校のジャクリーン・ボルドー教授に感謝いたします．また，SMARTIESの実践的運用に協力していただいた東京都中学校社会科研究会の皆様，特に地理的分野の皆様に感謝いたします．FIMA-Lightの実践活用に協力していただいた静岡大学の益川弘如准教授，静岡県と岡山県の教員の方々に感謝いたします．

注
1) 人工物の機能と人間の学習を対応させるからといって，このモデル化では人間を機械的なものとして扱おうとしているわけではない．このモデル化の主眼は学習・教授というものの中で，誰のどのような行為が学習というプロセスと結果に影響を及ぼしているかという学習の本質的な面を捉えるための手法として機能オントロジーの成果を応用しているのである．
2) 佐藤らは5つの思考を抽出しているが，ここではビデオの視聴という状況に特化した2つの思考（即興的思考，状況的思考）は除外している．

〈参考文献〉

千々布敏弥（2005）『日本の教師再生戦略』教育出版.

Ertmer, P. A. and Newby, T. J. (1993) "Behaviorism, cognitivism, constructivism：Comparing critical features from an instructional design perspective," *Performance Improvement Quarterly*, 6(4)：50-70.

Gagne, R. M. and Briggs, L. J. (1974) *Principles of Instructional Design*, Holt, Rinehart and Winston.

林雄介・Bourdeau, J.・溝口理一郎（2009）「理論の組織化とその利用への内容指向アプローチ――オントロジー工学による学習・教授理論の組織化と Theory-aware オーサリングシステムの実現」『人工知能学会論文誌』24(5)：351-375.

笠井俊信・永野和男・溝口理一郎（2011）「授業設計における理論・実践の両知識に基づく文脈的内省支援」第25回人工知能学会全国大会.

Keller, J. M. and Kopp, T. W. (1987) "An application of the ARCS model of motivational design," In Reigeluth, C. M. (ed.) *Instructional theories in action: Lessons illustrating selected theories and models*, Lawrence Erlbaum Associates Inc., 289-320.

來村徳信・溝口理一郎（2002）「オントロジー工学に基づく機能的知識体系化の枠組み」『人工知能学会論文誌』17(1)：61-72.

溝口理一郎（2005）『オントロジー工学』オーム社.

溝口理一郎・古崎晃司・笹島宗彦・來村徳信（2006）『オントロジー構築入門』オーム社.

溝口理一郎・林雄介（2010）「オントロジーに基づく学習教授活動のデザイン」『人工知能学会誌』25(2)：240-249.

Reigeluth, C. M. and Carr-Chellman, A. A. (2009) "Understanding Instructional Theory," In Reigeluth, C. M. and Carr-Chellman, A. A. (eds.) *Instructional-design theories and models: Building a Common Knowledge Base*, Routledge, 3-26.

Reigeluth, C. M. and Carr-Chellman, A. A. (eds.) (2009) *Instructional-design theories and models: Building a Common Knowledge Base*, Routledge.

Reigeluth, C. M. (ed.) (1983) Instructional-design theories and models: An overview of their current status, Lawrence Erlbaum Associates, Inc., Hillsdale.

Reigeluth, C. M. (ed.) (1999) *Instructional-design theories and models A new paradigm of instructional theory*, Lawrence Erlbaum Associates, Mahwah.

佐藤学・岩川直樹・秋田喜代美（1991）「教師の実践的思考様式に関する研究（1）――熟練教師と初任教師のモニタリングの比較を中心に」『東京大学教育学部紀要』30：177-198.

Wang, E. and Kim, Y. S. (2007) Issues in Integrating Teaching Strategies from Learning Theories & Extended SWRL Rules, *Proc. of the workshop on Semantic Technology for Education* (held in the 15th Int'l. Conf. Computers in Education (ICCE2007)), 110-113.

# 第3章

# 問題メタデータとシステム開発

平嶋　宗

　本章では，問題演習などで用いられる学習用の「問題」を対象として，個々の問題の特徴を記述するメタデータの記述法と，それを用いた学習の支援に関して研究事例を通して紹介する。

　「問題を解く」ことは，学んだ事柄を確認・洗練・定着させる上で有効であり，ほとんどすべての学習領域において取り入れられている重要な学習活動である。一般に一連の問題を継続的に解いていく活動のことを問題演習と呼ぶが，この問題演習においては解いた問題の数だけでなく，解いた問題の種類や問題を解いてゆく順序，あるいは解けなかったり間違えたりした時の対応，といったことが重要となる。たとえば，ある解き方についての熟達を目的とした問題演習を考えた場合，同じような問題ばかりを解くのではなく，その解き方が適用可能なさまざまな問題に取り組むことが必要となる。また，解いてゆく問題の順序も，基本的なものから徐々に応用的なものに進んでいくことが望ましい。さらに，ある問題が解けない，あるいは答えを間違えたということは，学習者が学ぶべき何かをその問題が含んでいることを示しており，その問題を通した学びをどう促進するかが重要となってくる。学習者によってその学習履歴や得意・不得意に違いがあることを踏まえると，問題演習においては個々の学習者に応じた対応が望ましいということができる。紙ベースの問題集は，問題の順序や分類，あるいは解き方の解説においてこれらのことが配慮された構成になっているものの，個別対応は不可能である。このため問題演習は，個別対応を実現するひとつの手段となる計算機ベースの学習支援システムの最も重要な適用対象のひとつとなっている。

計算機ベースの学習支援システムにおいて問題を適応的に制御するためには，個々の問題に対して，学習支援システムが処理可能，かつ制御に有用な情報が与えられていることが必要となる。このような記述は，「特徴記述」，「インデックス」もしくは「メタデータ」と呼ばれる。問題のメタデータがどのように記述されるかによって，どのような問題制御が可能となるかが決まってくる。より詳細な記述はより精密は制御を可能とするが，同時にメタデータを記述するコストの負荷が大きなものとなる。また，メタデータの記述内容の一貫性を保証するのも簡単ではない。例えば，問題集などで基本問題，応用問題，発展問題，のように問題が分類されている場合がよく見受けられるが，この程度の粗い分類でさえ，その分類の基準は不明確であり，一貫性のある分類を行うのは容易ではないことは明らかといえる。したがって，問題のメタデータをどのようにして定めるか自体が重要な研究テーマであり，そのメタデータの性質が，問題演習を対象とした学習支援システムの可能性を規定することとなる。

本章では，問題のメタデータの記述法について筆者が算数の文章題を対象として行った研究を通して事例的に説明し，そのメタデータに基づくことによって可能となる学習支援の設計・開発ついても紹介する。

## 3.1 算数の文章題に対するメタデータ

ある解法の使い方に習熟するためには，その解法が適用可能なさまざまな問題を解いてみることが必要とされる。このような問題演習においては，それぞれの問題がどう違っていて，なぜそのような違いがあるにもかかわらず同じ解法が適用できるのかを知ることが学習者にとって重要であり，また，それぞれの問題の難しさも主にその違いに起因することになる。したがって，解法についての基本的な問題を定めると，その解法が適用可能なさまざまな問題はその基本問題との差分によって特徴づけることができる。基本問題を解ける学習者を前提とすると，その問題に取り組む意義はこの差分に含まれているということができるので，問題演習支援を設計する上でのメタデータとしてこの差分を

第 3 章　問題メタデータとシステム開発

```
鶴の足は2本です（V1）
亀の足は4本です（V2）
鶴と亀が全部で20匹います（V3）
鶴と亀の足は全部で60本です（V4）
鶴は何匹いるでしょう（V5）
亀は何匹いるでしょう（V6）
```

(a) 問題 1

$V1 \times V3$
　$= \{$全て亀の場合の足の総本数：V7$\}$
$V3 - V4$
　$= \{$余分に数えた足の本数：V8$\}$
$V2 - V1$
　$= \{$1匹鶴を亀にすることで増える足の総本数：V9$\}$
$V8 / V9 = V5$
$V3 - V5 = V6$

(b) 解法

図 3-1　問題例とその解法

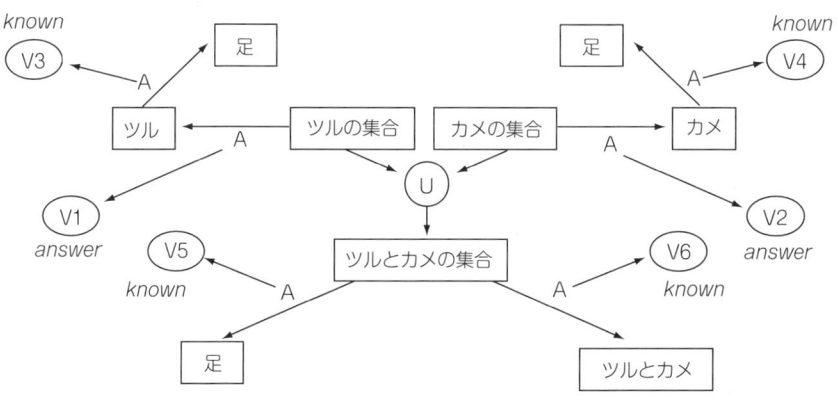

図 3-2　問題の構造的表現

出典：平嶋（1992）より改変掲載．

用いることができる．以下本節では，典型的な算数の文章題の解法のひとつであるツルカメ算の解法を具体例として取り上げ，特定の解法を定めた上でその解法が適用可能なさまざまな問題を特徴付けるモデルである MIPS（Model of Indexing in Problem Solving）（平嶋ほか 1992）に沿って問題の構造的記述とそれに準拠したメタデータを説明した上で，同じ解法で解けるさまざまな文章題を基本問題との差分として特徴づける方法について述べる．

### 3.1.1　解法と基本問題

図 3-1 は鶴亀算の典型的な問題（問題 1）とその解法である．所与情報と

第Ⅰ部　モデルドリブンなシステム開発

```
クモの足は8本です。アリの足は6本です。
クモとアリが全部で20匹います。
クモとアリの足は全部で140本です。
クモは何匹いるでしょう。アリは何匹いるでしょう。
```

(a) 問題2

(b) 問題構造

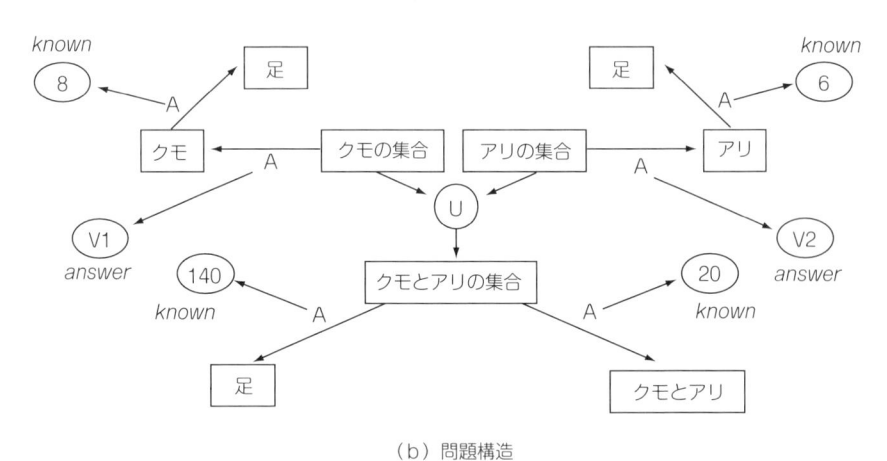

図3-3　問題とその構造表現(1)

して「鶴と亀の総匹数」,「鶴と亀の足の総本数」,「亀1匹の足の本数」,「鶴1匹の足の本数」が与えられており,求めるべき情報（解情報）は,「鶴の匹数」と「亀の匹数」となっている。数量を変数にしたうえでこれらの情報を構造的に記述すると,図3-2のように表現することができる。この構造記述は,「オブジェクト,属性,属性値」の三つ組を基本構成単位としており,この構成単位を基本関係と呼ぶ。この問題は,「鶴1匹の足の数：V1」,「亀1匹の足の数：V2」,「鶴と亀の匹数：V3」「鶴と亀の足の総本数：V4」,「鶴の匹数：V5」,「亀の匹数：V6」,の6つの基本関係および「鶴の集合」と「亀の集合」の和集合が「鶴と亀の集合」であるという集合関係で結合されたひとつの構造をなしており,さらに,最初の四つの基本関係の値が所与（known）であり,残りの2つの基本関係の値が求めるべき値（answer）であるという値の状態が設定されていることで,鶴亀算の解法が適用できるようになっている。

第3章 問題メタデータとシステム開発

```
3％の食塩水と6％の食塩水を混ぜると，300gとなり，
濃度は5％になりました。3％と6％の食塩水はそれぞ
れ何グラム混ぜたでしょうか。
```

(a) 問題3

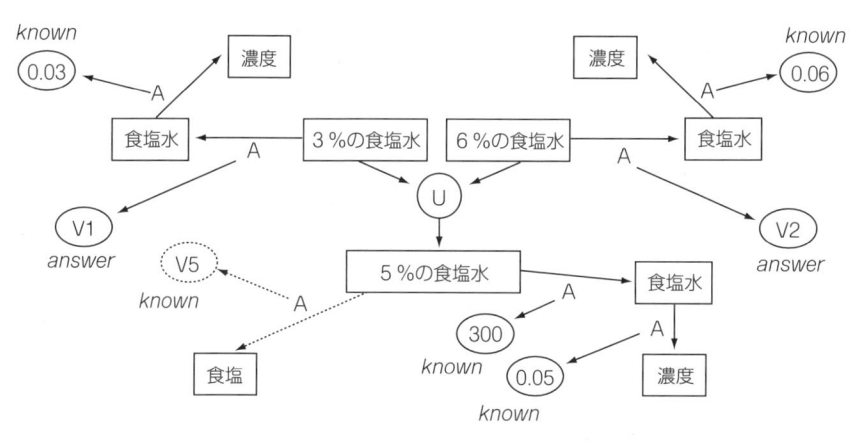

(b) 問題構造

図3-4 問題とその構造表現(2)

MIPSでは解法の適用条件としてこの問題の構造表現を捉えるとき，解法インデックスと呼ぶ。

### 3.1.2 解法インデックスの階層構造

鶴亀算の解法を図3-3（a）のアリとクモの問題（問題2）や，図3-4（a）の食塩水の問題（問題3）にも適用することができる。このような概念で構成された問題への解法適用の可能性を判定するためには，置き換え可能な概念を表現しておく必要がある。MIPSでは，これを解法インデックスの階層構造として記述する。図3-5はその例となる。たとえば，アリとクモの問題に対して解法を用いるためには，少なくとも鶴と亀を「動物」に，2と4を「整数」に（ただし同値ではない）に抽象化した解法インデックスISM-Cが必要となる。

図3-3（a）のアリとクモの問題は解法インデックスが求めている所与情

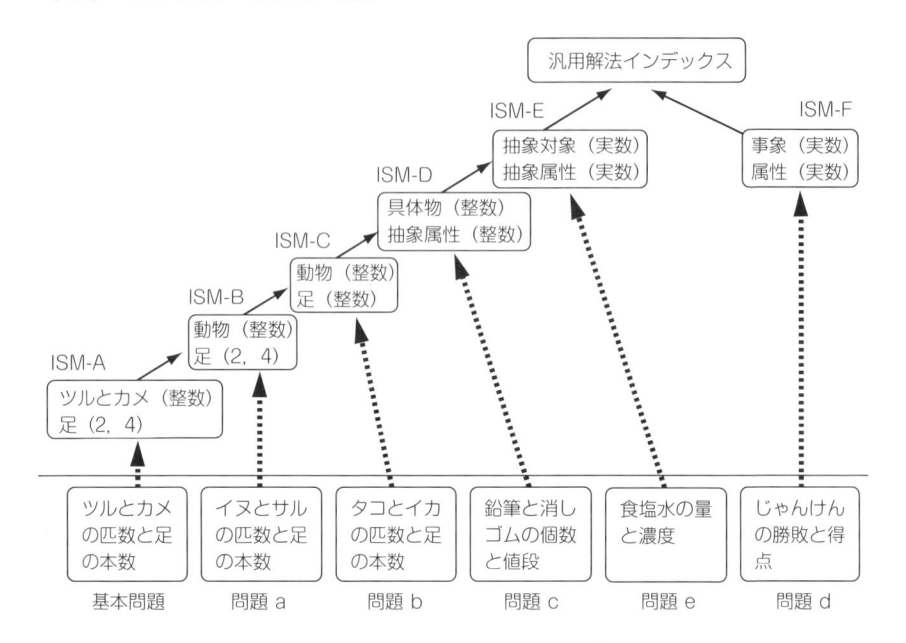

第Ⅰ部　モデルドリブンなシステム開発

```
                                    汎用解法インデックス
                                         ▲
                            ISM-E ──────┤├────── ISM-F
                          ┌─────────┐    ┌─────────┐
                          │抽象対象(実数)│    │事象(実数) │
                          │抽象属性(実数)│    │属性(実数) │
                  ISM-D   └─────────┘    └─────────┘
                ┌─────────┐    ▲              ▲
                │具体物(整数)│    │              │
                │抽象属性(整数)│    │              │
          ISM-C └─────────┘    │              │
         ┌─────────┐  ▲         │              │
         │動物(整数)│  │         │              │
         │足(整数) │  │         │              │
   ISM-B └─────────┘  │         │              │
  ┌─────────┐ ▲        │         │              │
  │動物(整数)│ │        │         │              │
  │足(2,4)  │ │        │         │              │
ISM-A └───┘ │        │         │              │
┌─────────┐ │        │         │              │
│ツルとカメ  │ │        │         │              │
│(整数)    │ │        │         │              │
│足(2,4)   │ │        │         │              │
└─────────┘ │        │         │              │
    ▲       │        │         │              │
    │       │        │         │              │
 ┌──┴──┐ ┌──┴──┐ ┌──┴──┐ ┌──┴──┐ ┌──┴──┐ ┌──┴──┐
 │ツルと │ │イヌと │ │タコと │ │鉛筆と │ │食塩水の│ │じゃんけ│
 │カメの │ │サルの │ │イカの │ │消しゴム│ │量と  │ │んの勝敗│
 │匹数と │ │匹数と │ │匹数と │ │の個数と│ │濃度  │ │と得点 │
 │足の本数│ │足の本数│ │足の本数│ │値段  │ │      │ │      │
 └─────┘ └─────┘ └─────┘ └─────┘ └─────┘ └─────┘
  基本問題   問題a    問題b    問題c    問題e    問題d
```

**図3-5　解法インデックスの階層構造**

報を完備しており，解法構造の階層構造において ISM-C を用いることで基本問題と対応付けることができる。このように所与情報を完備した問題を0次問題と呼び，問題間の差分は問題に用いられている概念の違いとなる。したがって，この問題は，基本問題を構成する概念が当該問題においてどのように置き換えられているかということによって特徴づけることができ，これがこの問題のメタデータを構成することとなる。問題解決という観点でみると，0次問題では問題を適切に抽象化することが，鶴亀算の解法を適用するために求められることとなる。

　ここで汎用解法インデックスとは，問題中のインスタンスに依存しない数量関係だけで記述された解法インデックスのことであり，鶴亀算の場合，$\{X+Y=m,\ aX+bY=n$（ただし，$a,\ b,\ m,\ n$ は所与の値，$X,\ Y$ が解となる変数）$\}$ という形式の2元連立1次方程式となり，このような数量関係をもった問題であれば解法が適用できることを意味している。この数量関係を満たし

ていることが確認できれば，どのようなインスタンスを対象とした場合でも，ツルカメ算の解法を適用可能となる．

### 3.1.3 情報補完による問題構造の変更

図3-3の問題2において，「アリの足は6本です．クモの足は8本です．」という2つの基本関係については，問題中に与えられていなくても事実として知っていれば補完して解法を適用することができる．このように不足している基本関係が知識を用いて直接的に補完できる問題を1次問題と呼び，その補完作業を「事実知識を用いた基本関係の補完」と呼ぶ．1次問題は，不足している情報を補完することで0次問題となるため，1次問題の特徴記述は，0次問題の特徴記述に対して，問題中に不足している情報とその情報を補完するための知識を加えたものとなる．

図3-4(a)の食塩水の問題の構造は図3-4(b)の実線部のように表現できるが，「鶴と亀の足の総本数」に対応する基本関係である，「食塩水の食塩の量」が欠落している．鶴亀算の解法を適用するためには，この基本関係を補完することが必要となるが，この値は事実として存在しているものではなく，所与の情報から求めることが必要となる．この問題の場合では，「食塩水の量」と，「食塩水の濃度」を用いて，「食塩水の食塩の量」を求めることになる．演算関係を用いてこのように不足している基本関係を求めることが必要となる問題を2次問題と呼び，その補完操作を「演算関係知識を用いた基本関係の補完」と呼ぶ．2次問題の特徴記述は，0次問題の特徴記述に対して，問題中に不足している基本関係とそれを補完するための演算関係を加えたものとなる．

図3-6に鶴亀算の問題のメタデータのDTD (Document Type Definition)と問題3のメタデータの例を示した．このメタデータは，鶴亀算の解法を適用するために必要となる6個の基本関係と，基本関係の補完が必要な場合のその補完方法を主な構成要素とする．基本関係内には，基本問題を構成する要素と，該当問題の構成要素の対応関係が記述される．図3-6の例で，「鶴と亀」が「5％の食塩水」に対応し，「足の総本数」が「食塩の量」に対応するといったことが記述されている．

第Ⅰ部 モデルドリブンなシステム開発

```
<!ELEMENT 鶴亀 (次数, 基本関係1, 基本関係2, 基本関係3, 基本関係4, 基本関係5, 基本関係6,
  問題文, 解法説明文>
<!ELEMENT 基本関係1 (鶴 足の本数 値 付加操作?) >
<!ELEMENT 基本関係2 (亀 足の本数 値 付加操作?) >
<!ELEMENT 基本関係3 (鶴と亀 総匹数 値 付加操作?) >
<!ELEMENT 基本関係4 (鶴と亀 足の総本数 値 付加操作?) >
<!ELEMENT 基本関係5 (鶴 引数 値) >
<!ELEMENT 基本関係6 (亀 引数 値) >
<!ELEMENT 付加操作 (左辺ID 演算 右辺ID) >
<!ELEMENT 付加関係 (基本関係ID 概念 属性 値 付加操作) >
```

(a) 鶴亀算の問題メタデータのDTD

```
<鶴亀>
<次数>2</次数>
<基本関係1><鶴>3%の食塩水</鶴><足の本数>濃度</足の本数><値>0.03</値></基本関
係1>
…
<基本関係4><鶴と亀>5%の食塩水</鶴と亀><足の総本数>食塩</足の総本数><値>
15</値><付加操作><左辺ID>3</左辺ID><演算>×</演算><右辺ID>7</右辺ID>
  </付加操作></基本関係4>
…
</鶴亀>
```

(b) 問題メタデータの例

**図3-6 DTDとメタデータの例**

## 3.2 問題演習支援

　MIPSにおけるメタデータでは，ある解法で解けるすべての問題が，その解法に関する基本問題と対応付けられている。このようなメタデータを用いることで，(1)問題及びその解決過程の解説・ヒント，(2)問題解決の困難点の推定，(3)次問題の選択，といった問題演習支援が可能となる。問題の解説としては，その問題中の概念を基本問題に対応付けて説明することが可能となる。2次問題中には基本問題に対応する概念が現れるが，これについても存在しないことと，それを用いて問題中には欠落している別の概念を求めることができることを説明することになる。また，問題解決過程も，該当する問題の概念を用いて計算過程を説明することができる。さらに，このようなメタデータを用いていることにより，同じ解法で解決可能な任意の問題を対応付けることができる。これらの情報を学習者の問題解決過程で用いると，ヒントの提示となる。たと

えば，1次問題あるいは2次問題においては，(i)欠落している概念の指摘，(ii)その求め方あるいは事実の指摘，といったことが有用なヒントとなりえる。また，2次問題の場合には，(iii) 0次問題の提示もヒントの一種とみなすことができる。さらに，(iv)既解決の問題を提示したうえで，その問題を現在取り組んでいる問題との対応を説明する，といったことも，有用なヒントとなりえる。

このようなヒントは，解けた問題と解けなかった問題の差分を表わすものとなっている。たとえば，ものに関する問題に鶴亀算の解法を適用できているにもかかわらず，「じゃんけんの勝ち負け」といったイベントに関する問題に適用できていない場合には，取り扱っている概念の違いが問題解決の困難な部分であると推定できる。また，1次問題や2次問題が解けず，それらに対する0次問題が解ける場合には，それらの差分を埋める補完作業が困難な部分になっていると推定できる。

本メタデータに基づくと，個々の問題の相対的な難易度を，概念の階層構造における基本問題からの距離，および問題の補間作業，によって見積もることができる。この概念階層構造と補間作業を具体的な解法の性質に沿って整理しておけば，ある問題が解けた場合，その問題の次に取り組む対象となる問題群を決めることが可能となる。ある概念を扱った問題を解決した場合，繰り返しの訓練を行うためには，同様な概念の問題を選択することになる。更に多くの問題に対してその解法を適用できるようにするためには，これまで扱っていなかった概念を含んだ問題を次の問題として選択することが適当となる。その場合，概念階層のより上位で一致するものほど，難易度が高くなるといえる。また，既習の概念であっても，まだ2次問題に取り組んでいない場合には，2次問題が選択対象となり，逆にある概念の2次問題が解けた場合には，その0次問題は取り組む必要はないといえる。

## 3.3 問題メタデータの可能性

対象を構造的に記述し，対象間の差分をその構造間の差分として捉える，という知識工学的なアプローチで演習問題を取り扱ったのが本章で述べた研究事

例である。ここで述べたような問題解決の支援を個々の問題に対して用意することと比べれば，メタデータの用意は圧倒的に簡単であるといえる。また，この枠組みに従って，問題及びそのメタデータを機械的に作成する方法も提案されており（平嶋ほか 2001），高校程度の力学を対象とした同様の問題演習支援の試みに関しては，小規模ではあるものの授業での利用の試みも始められている（武智ほか 2012）。本章で述べたような問題の構造的な記述は，さまざまな分野において可能であり，適応的な問題演習支援が現実味を帯びてくるに従い，その前提として注目されるようになってきている（松居ほか 2010）。また，近年盛んになってきている「問題を作ることによる学習」（中野ほか 2000）は，このような構造を学習者にも取り扱わせることで，より構造への理解を深めさせようという試みの一つであるということができ，これについても実践的な試みがすでに行われるようになってきている（倉山ほか 2012）。個々の問題の取り扱いは，教育工学の分野においては必ずしも重視されてはこなかったが，本章でその一端を紹介したように，多くの可能性を秘めた研究対象であるということができる。

〈参考文献〉

平嶋宗・中村祐一・池田満・溝口理一郎・豊田順一（1992a）「ITS を指向した問題解決モデル MIPS」『人工知能学会学会誌』7(3)：475-486．

平嶋宗・河野隆宏・柏原昭博・豊田順一（1992b）「算数の文章題を対象とした問題演習支援機能の実現」『電子情報通信学会論文誌』J75-A，2：296-304．

平嶋宗・梅田多一・志岐隆弘・竹内章（2001）「XML を用いた算数の文章問題の作成・共有環境」『教育システム情報学会誌』18(3)：284-296．

倉山めぐみ・平嶋宗（2012）「逆思考型を対象とした算数文章題の作問学習支援システム設計開発と実践的利用」『人工知能学会論文誌』27(2)：82-91．

松居辰則・平嶋宗（2010）「学習課題・問題系列のデザイン」『人工知能学会誌』25(2)：259-267．

中野明・平嶋宗・竹内章（2000）「『問題を作ることによる学習』の知的支援環境」『電子情報通信学会論文誌』D-I，J83-D-I，6：539-549．

武智俊平・大川内・平嶋宗（2012）「学習者に個別対応可能な漸進的問題演習の実現」『教育システム情報学会学生研究発表会講演集』，215-219（2012）．

# 第4章

# 誤りの可視化モデルとシステム開発

堀口知也

## 4.1 誤りの可視化とは何か

　学習の過程において，学習者は多くの誤りを経験する。学習者の誤りに対して，もっともよく用いられる教授法は正解を教えることであるが，これは必ずしもうまくいかない。学習者はさまざまな先行経験や既有知識をもっており，それらはしばしば，誤りの原因となる誤概念（misconception）を形成する（Clement 1982；Mestre 1994）。このような誤概念は強固な信念となっており，これと直接対決せず，単に正しい概念や解法を解説しても消失しない。実際，このような教授法では，誤りが容易に再発することがよく知られている（Mestre 1994）。

　学習者が誤りから正しい理解へ到るためには，学習者自身が誤りであることをはっきりと認識した上で，それを正しい概念と統合し，知識を再構成していくプロセスが不可欠であるといわれている（Bransford et al. 2000）。実際，誤概念はいつも間違っているわけではなく，先行経験の限定された文脈の中では有効なものであることが多い。これをより抽象度の高い概念を用いて捉え直し，一般的かつ整合性をもった概念体系を作り上げることによって，深い理解が達成される。誤りは，このような学習が行われるための重要な契機となるのである。平嶋らはこれを「誤りへの気づき」（error awareness）と呼んでいる（平嶋・堀口 2004）。

　しかし上述のように，誤概念は多くの場合強固な信念となっており，誤りを

認識することは容易ではない。例えば，正解を示されただけで，自分の誤答との差異の意味するところを理解できる学習者はまれであろう。また，経験豊かな教師は，学習者の誤答からその誤概念を推定し，誤りの原因に応じて適切な指導を行うことができるが，そのような教授が受けられる機会は必ずしも多くない。

「誤りの可視化」(error visualization) は，「学習」という問題において鍵となる「誤り」およびその意味するところを，学習者にとって認識し易いように「可視化」することによって，誤りへの気づきを支援する試みである。「誤りからの学習」の重要性については，学習に関する多くの研究の中で指摘され，さまざまな教授法が開発されてきた (Bransford et al. 2000)。しかし，これらの研究は，誤りを可視化することの重要性を指摘してはいるものの，これをコンピュータ上の学習支援システムの機能として実現するための十分な手がかりを与えるものではなかった。これに対して，平嶋らは，「誤りの可視化」を学習支援システムの機能として実現するための方法を提案した (Hirashima et al. 1998；平嶋・堀口 2004)。彼らは，誤りからの学習の枠組みを定式化し，それに基づいて誤りの可視化に関する要求仕様を整理した上で，誤りの可視化機能を設計・開発・評価する，という一連の研究を行っている。本章では，モデルドリブンなシステム開発の一例として，平嶋らによる「誤りの可視化」に関する研究を紹介する。

## 4.2 誤りからの学習

一度も誤ることなく，ある領域に習熟してしまう学習者はいないであろう。通常，学習者はさまざまな誤りを経験しながら，少しずつ学習領域の知識を蓄え，問題が解けるようになっていく。教師から正しい知識が与えられるにもかかわらず，このような誤りが避けられないことは，学習が決して伝達された知識を受けとるだけのプロセスではないことを示している。問題が解けないということは，必ずしも知識の不足を意味しない。もっているはずの知識が，複雑な問題へ適用できるほどには「構造化」されていないことに起因する誤りが，

しばしば起こるのである（鈴木ほか 1989；Bransford et al. 2000）。

　このような構造化は，単なる知識伝達によっては達成することが困難であり，学習者が主体的に行う必要があるものとする立場を，今日ではとることが多い。そして，適切な条件の下では，人は自らこのような学習を行う傾向をもつとされる（Perkinson 1984）。領域に未習熟な学習者は，問題解決において誤りを経験することを通して，自分の知識の不十分さを認識し，自らその構造化を試みるのである。これを「知識を構成する」という。教師の役割は，このプロセスを促進するための環境を整え，適度な働きかけを行うことであるとされる。

　学習においては，このように「誤り」が本質的な役割を果たす。しかし，すべての誤りが学習へとつながるわけではない。教師から見れば明らかな誤りであっても，学習者自身がそのことを認識していなければ，上記のプロセスは起動されないことになる。「誤りからの学習」が行われるための契機のひとつとして，「認知的葛藤」(cognitive conflict) の重要性が指摘されている（Osborne and Freyberg 1985；Glynn et al. 1991）。認知的葛藤とは，学習者の考えに基づく予想や結論が何らかの事実と矛盾し，自分の知識を修正すべきである，と認識している状態のことをいう。言い換えれば，単に誤りであるとの指摘を受け入れるのではなく，そのことを自身で納得している状態である。

　認知的葛藤を起こすために，まず考えられる素朴な方法は，正解を説明することであろう。正解を説明することは，少なくとも，学習者の考えとは「異なる」事実を提示する。しかし，この方法はしばしばうまくいかない。なぜなら，正解の説明は，学習者の誤り自体を説明するものではないため，学習の契機としては外発的なものにとどまるからである。それは結局「正しい知識の伝達」になってしまい，知識構成のプロセスを起動しない。実際，学習者の誤りとの差異が十分に説明されないまま正しい事実が提示された場合，それはしばしば無視されるか恣意的に解釈され，正しい理解へと結びつかないことが報告されている（Chinn and Brewer 1993）。

　そこで，誤り自体を説明し，学習への内発的な契機を与えることが必要となる。そのためにもっとも有効な手段のひとつと考えられるのが，「反例（coun-

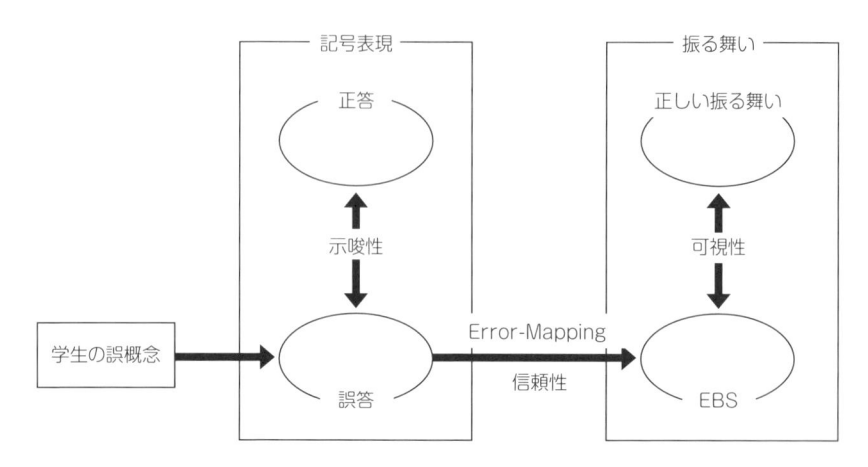

第Ⅰ部 モデルドリブンなシステム開発

**図 4-1 Error-based Simulation の枠組み**
出典：平嶋（2004）より一部改変.

terexample)」の提示である。学習者の誤った考えを肯定するとどのような不都合が生じるかを示し，学習者自身でそれを認識するように促すのである。実際，反例の提示は認知的葛藤を生起するのに有効であることが，多くの研究によって確認されている（Gagne 1985；中島 1997；藤井 1997）。

反例を提示することは，見方を変えれば，学習者の誤りと正しい知識との差異を，学習者にとってより納得し易いもの（誤った考えから導かれた，受け入れがたい帰結）として表現し直すことである。これは，誤りを可視化していることに他ならない。したがって，反例の提示は，誤りを「可視化」するための有効な手段となるということができる。

## 4.3　Error based Simulation による誤りの可視化

Error based Simulation（EBS）とは，学習者の誤った解答が何らかの系のモデルとして取り扱えるとき，その振る舞いをシミュレートすることによって誤りを可視化する手法である。誤答は系全体ではなく，その一部を表すモデルであってもよい。

図4-1にEBSによる誤り可視化の枠組みを示す。例えば，力学の問題において，学習者が誤った運動方程式を立式したとする。このとき，その運動方程式に基づいて対象系の振る舞いを計算すれば，それは本来の（正しい）振る舞いとは異なったものになるであろう。言い換えれば，立式上の誤りが，物体の振る舞いの世界へと写像されたことになる。学習者の誤答に基づく，このような系の振る舞いのシミュレーションをEBSと呼ぶ（Hirashima et al. 1998）。

このとき，誤りは，正しい振る舞いとEBSとの差異として可視化される。多くの学習者は，数式上の差異に比べ，振る舞い上の差異の方をより重要なものとして捉えると考えられるため，EBSの提示は誤りへの気づきを促進すると期待することができる。

上記のことからわかる通り，EBSにおいては，学習者が対象系の正しい振る舞いを知っていることが前提となる。学習者がしばしば誤った振る舞いを予測する（例えば「重い球は軽い球よりも速く落下する」など）ことを考えれば，これは厳しい条件であると思われるかもしれないが，そうではない。日常的に見慣れた現象（すなわち正しい振る舞い）を説明するモデルを作成することは，学習者にとって一般に難しい課題である。例えば，机上に置かれた本が静止することは誰でも知っているが，それを本が重力を受けて机を押す力と机から受ける垂直抗力のつり合いとして説明できる初学者は少数であろう。したがって，学習においてEBSが有効である場面は，決して少なくない。

## 4.4 授業実践におけるEBSの効果

平嶋らは2005年度より，EBSを中学理科の授業において活用する試みを継続的に実施している（今井ほか 2008；堀口ほか 2008；Hirashima et al. 2009）。学習の対象は力学である。中学校では，人やものに働く力やそのつり合い，力と運動との関係などを学習するが，これは生徒たちにとって大変難しい。なぜなら，ニュートン力学の基礎となるこれらの概念は，彼らが日常的な経験から形成する「素朴な」（科学的には誤った）概念（Clement 1982；McCloskey 1983）としばしば対立するからである。例えば，多くの生徒は，他者へ力を及ぼすことがで

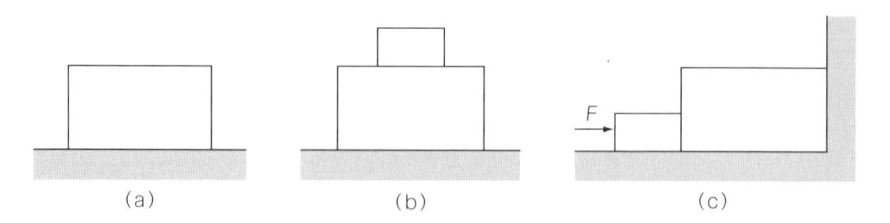

第Ⅰ部　モデルドリブンなシステム開発

**図4-2　力学の作図問題1（学習タスク）**
出典：今井（2008）より引用．

きるのは生物だけである，あるいは，運動しているものはその方向への力を受けている，などの誤った信念をもっている。彼らに，机の上に置かれた本は上向きの抗力を受ける（非生物である机から「押される」）ことや，上方へ投げられたボールは空中では上向きの力を受けていないことを正しく理解させるのは，非常に困難であることがよく知られている（Clement 1982；Mestre 1994）。

　このような問題を念頭に置いて，平嶋らはEBSを用いた力学の授業を計画・実施し，生徒たちの理解がどのように改善されるかを調べてきた。ここでは，2005年度における授業実践とその結果を紹介する。

### 4.4.1　授業計画

　先に述べたように，EBSは，学習者がよく知っている現象でありながら，正しい概念を用いて説明することが難しいような場面での使用が有効である。そこで本実践では，そのような学習単元のひとつとして，ニュートンの第三法則（作用・反作用の法則）を取り上げ，通常の授業を行った後の補助教材としてEBSを使用した。また，課題は，中学生でも容易に正しい現象を予測できる状況――具体的には物体の静止状態――を扱うものに限定した。

　図4-2は，授業において生徒たちが学習支援システム上で取り組んだ課題である。いずれも，静止しているブロック，床，壁の間に働く力を問うものである。作図に誤りがあると，ブロックが床や壁にめり込む，あるいはブロック同士が重なる，などの不自然な振る舞いが表示される。

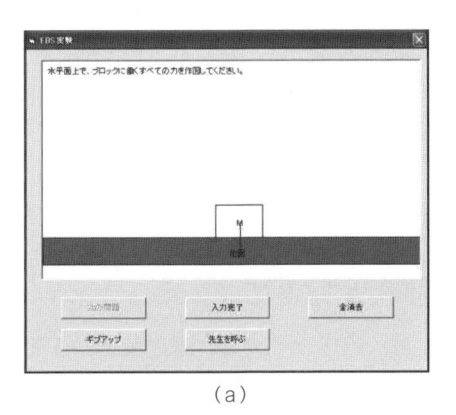

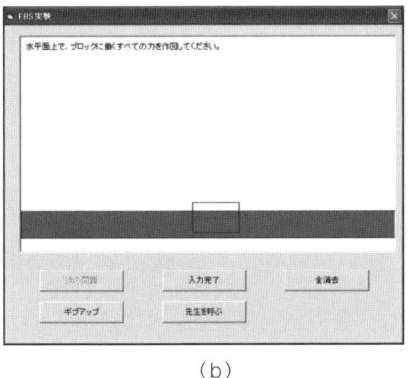

第 4 章　誤りの可視化モデルとシステム開発

(a)　　　　　　　　　　　　　(b)

図 4 - 3　システム画面

出典：今井（2008）より引用．

### 4.4.2　学習支援システム

本実践のために，生徒が行った「力の作図」に対して，そのような力が実際に働くとどのような現象が生じるかをシミュレートして見せる学習支援システムが開発された（以下，単に「システム」と呼ぶ）。図 4 - 3 (a) に示すように，生徒はコンピュータ画面上に表示された状況において各物体に働く力を，マウスを使って矢印を描くことにより作図する。作図を終えて「入力完了」ボタンを押すと，各物体に働く合力が計算され，ニュートンの第二法則によって得られる加速度に従った振る舞い（静止または運動）がアニメーション表示される（同図 (b)）。

すべての力が正しく作図されているとき正解と判定され，この場合のシミュレーションは正しい振る舞いを表すものとなる。作図に誤りが含まれるときは EBS となり，現実にはあり得ない振る舞いが表示される。作図の修正とシミュレーションの観察は何度でも行うことができる。

### 4.4.3　授業の実施と結果（今井 2008）

EBS によって表される不自然な現象は，生徒たちの誤りへの気づきを促す効果が期待できる一方，彼らをかえって混乱させる危険性があるとも考えられ

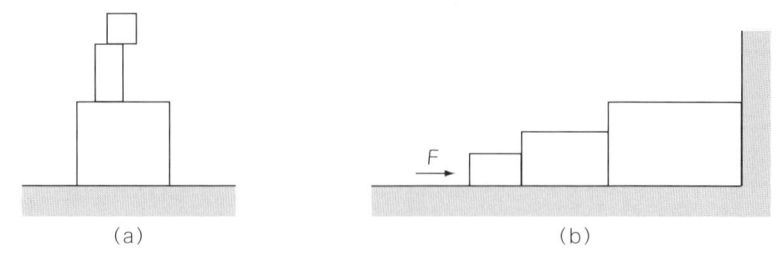

図4-4　力学の作図問題2（応用タスク）

る。そこで，授業実践の初年度（2005年）は，EBSがそのような混乱を引き起こさず，生徒たちが自分の誤答を積極的に振り返るきっかけとなっているかどうかを，授業中の観察や授業後の聞き取り調査などによって調べた。また，EBSを用いた授業が，通常の授業よりも深い理解をもたらしたか否かを，事前／事後／遅延テストにおける得点の比較，およびそれらの自由記述と聞き取り調査によって調べた。

　EBSを用いた授業は，中学3年生24名を対象として，通常の授業でニュートンの第三法則の単元を学習した3ヶ月後に行われた。手順は次の通りである。まず授業前に，図4-2に示す3つの課題（学習課題）からなる事前テストを実施した。続く授業中，生徒たちは2人1組となり，システムを用いて事前テストと同じ課題に取り組んだ（時間は110分）。授業後，事前テストの3題に簡単な応用課題2題（図4-4）を加えた事後テストを実施した。さらに，3ヶ月後，事後テストと同じ課題からなる遅延テスト，および教師による聞き取り調査を行った。聞き取り調査では，各課題についてどのように考えたかを自由に発言させた。

　実践の結果，授業中すべての生徒が，不自然な現象を見るとより熱心にその原因を考える様子が観察されたが，混乱する様子を示した生徒はいなかった。このことは，聞き取り調査において混乱を報告した生徒が皆無であり，むしろ多くの生徒が「重力しか書かなかったらブロックが床に沈んだので，床が支える力を書かなければならないと思った」など，EBSの効果を肯定する発言をしたことからも裏付けられた。したがって，EBSは生徒を混乱させることなく，誤りへの気づきと振り返りを促進したということができる。

事前テストにおける課題1,課題2および課題3の正答率はそれぞれ39.1％,29.6％,23.6％であった。これに対し,事後テストではそれぞれ93.2％,99.1％,83.1％に上昇し,さらに3ヶ月後の遅延テストにおいても87.5％,78.3％,75.6％の正答率が維持されていた。また,課題4および課題5については,事後テストにおいて91.5％および74.8％,遅延テストにおいて79.2％および70.8％の正答率であった。これらの課題は事前テストやシステムを用いた学習時には出題されなかった(つまり,単に正解を暗記しただけでは解けない)ことに鑑みると,きわめて高い水準であるといえる。

つまり,通常の授業では低い水準にとどまっていた生徒たちの得点が,EBSを用いた授業によって著しく改善されただけでなく,一定時間が経過した後も高い水準を維持していた。さらに,学習時には用いられなかった応用課題についても,同様の効果が見られたのである。この年度の実践は統制された実験ではないため,統計的な明確性を主張することはできない。しかし,この結果は,EBSが生徒たちに通常の授業では得られない,深い理解をもたらしたことを示唆している。

〈参考文献〉

Bransford, J. D., Brown, A. L. and Cocking, RR. (eds.) (2000) *How People Learn: Brain, Mind, Experience, and School* (Expanded Edition), National Academy Press.

Chinn, C. A. and Brewer, W. F. (1993) "Factors that Influence How People Respond to Anomalous Data," Proc. of 15th Ann. Conf. of the Cognitive Science Society, 318-323.

Clement, J.J. (1982) "Students' Preconceptions in Introductory Mechanics," *American Journal of Physics*, 50：66-71.

McCloskey, M. (1983) " Naive Theories of Motion", In Gentner, D. and Stevens, A.L. (eds.), *Mental Models*, Lawrence Erlbaum Associates, 299-324,.

藤井斉亮 (1997)「数学学習と認知的コンフリクト」日本数学教育学会編『学校数学の授業構成を問い直す』産業図書,122-134.

Gagne, E. D. (1985) *The Cognitive Psychology of School Learning*, Little Brown and Company. E. D. ガニエ (著), 赤堀侃司・岸学 (監訳) (1989)『学習指導と認知心理学』パーソナルメディア.

Glynn, S. M., Yeany, R. H. and Britton B. K. (1991) *The Psychology of Learning Science*, Lawrence Erlbaum Associates.

Hirashima, T., Horiguchi, T., Kashihara, A. and Toyoda, J. (1998) "Error-Based Simulation for

Error-Visualization and Its Management," 9(1-2): 17-31.

平嶋宗・堀口知也（2004）「『誤りからの学習』を指向した誤り可視化の試み」『教育システム情報学会誌』21(3): 178-186.

Hirashima, T., Imai, I., Horiguchi, T. and Toumoto, T. (2009) "Error-Based Simulation to Promote Awareness of Errors in Elementary Mechanics and Its Evaluation," Proc. of AIED2009, 409-416.

堀口知也・今井功・東本崇仁・平嶋宗（2008）「Error-based Simulation を用いた中学理科の授業実践——ニュートンの第三法則を事例として」『日本教育工学会論文誌』32（Suppl.）: 113-116.

今井功・東本崇仁・堀口知也・平嶋宗（2008）「中学理科における Error-based Simulation を用いた授業実践——『ニュートンに挑戦』プロジェクト」『教育システム情報学会誌』25(2): 194-203.

Mestre, J. P. (1994) "Cognitive Aspects of Learning and Teaching Science," In Fitzsimmons, S. J. and Kerplelman, L. C. (eds.), *Teacher Enhancement for Elementary and Secondary Science and Mathematics: Status, Issues, and Problems*, National Science Foundation （NSF 94-80）, 31-53.

中島伸子（1997）「ルール修正に及ぼす反例遭遇経験の役割——理論の節約性に関するメタ知識の教授の効果」『教育心理学研究』45(3): 263-273.

Osborne, R. and Freyberg, P. (eds.) (1985) *Learning in Science: The Implications of Children's Science*, Heinemann Educational Books. O. オズボーン／P. フライバーグ（著），森本信也・堀哲夫（訳）（1988）『子ども達はいかに科学理論を構成するか——理科の学習論』東洋館出版社）

Perkinson, H. J. (1984) *Learning From Our Mistakes: Reinterpretation of Twentieth Century Educational Theory*, Greenwood Press. H. J. パーキンソン（著），平野智美・五十嵐敦子・中山幸夫（訳）（2000）『誤りから学ぶ教育に向けて——20世紀教育理論の再解釈』勁草書房．

鈴木宏昭・鈴木高士・村山功・杉本卓（1989）『教科理解の認知心理学』新曜社．

# 第5章

# Web ベースの学習活動のモデル化とシステム開発

柏原昭博

## 5.1 学習リソースとしての Web

　Web が実現するオープンな学びの環境は，従来の教育や学習支援のあり方に大きな革新をもたらしている（梅田・飯吉 2010）。特に，Web 上の学習に役立つ膨大かつ多種多様な情報リソース（学習リソース）は，日常のさまざまな場面での学びをより広く・より深く・タイムリーなものにしている。しかも，利用可能なリソースは固定的ではなく，常に増減し日進月歩に更新される。また，リソースの信頼度もさまざまで，正しくない不適切な情報を含むものも存在する。こうしたオープンエンドな学習リソースの空間（学習リソース空間）において，学習者はリソースを探索・取捨選択し，見聞を広めたり深く追求し，時には誤った情報にも触れながら学ぶべき知識を主体的に探求・構築することができる (Hill and Hannafin 1997)。まさに，Web は構成主義的学習観における知識構築を実践する場を提供するプラットフォームといえよう。

　一方，通常のテキスト教材とは異なり，Web 上の学習リソースでは学びやすいように十分な構造化がなされておらず，また学習目的を満たすために何をどのような順で学ぶのかという学習のシナリオが与えられていない場合が多い。そのため，学習プロセスの遂行にはかなりの困難を伴う。さらに，正解となる学習プロセスや結果をあらかじめ想定することができないため，学習者自身が学習プロセスの不十分さ・不適切さに気づき，改善することも難しい。

　このような問題（柏原 2010）は，学習向けに構造化された教材を基盤とする

これまでの教育・学習支援だけでは解決できず，新たな課題とその解決策を探る必要がある．特に，学習リソース空間においてより質の高い学習活動を可能とするためには，この空間でいかに学ぶべきかを表すモデルを構築することが重要である．その上で，学習プロセスの難しさを検討し，支援手法や支援システムの開発に臨むことが必要である．

本章では，Web が提供するオープンエンドな学習リソース空間における学習活動のモデルを提示した上で，学習支援における重要な課題，および課題を解決する支援手法について述べる．なお，Web 上の学習リソースには e-Learning 用のコースウェアや講義コンテンツも含まれるが，ここでは学習に役立つ一般のハイパードキュメントとして，同じ作成者によって作られ，かつ同一の Web サイトでハイパー空間を構成するページ群を学習リソースとする．

## 5.2 Web における学習活動モデル

図 5-1 に，Web におけるオープンエンドな学習リソース空間における学習活動モデルを示す（柏原 2010）．まず，学習リソース空間では，学習者は学習目的を達成するためにハイパー空間内で連結された Web ページを主体的にナビゲーション（ページナビゲーションと呼ぶ）しながら，ページごとに学んだ内容を関係づけて自分なりの知識を構成的に積み上げていくことができる（Hill and Hannafin 1997）．また，同じリソースのページ範囲を超えて別のリソースのページにもリンクをたどることで，あるいは検索エンジンを介してページナビゲーションを進めることができる．このように，作成者が異なるリソースを横断的に利用することで別の観点から学習目的について学ぶことが可能であり，より幅広いあるいは深い知識が得られることが期待できる（Henze and Nejdl 2001）．本モデルでは，学習リソースを横断することをリソースナビゲーションと呼ぶ（長谷川ほか 2000）．

以上のようなページナビゲーション・リソースナビゲーションでは，たとえ学習目的が同じであっても，個々の学習者に応じてナビゲーション経路（ナビ

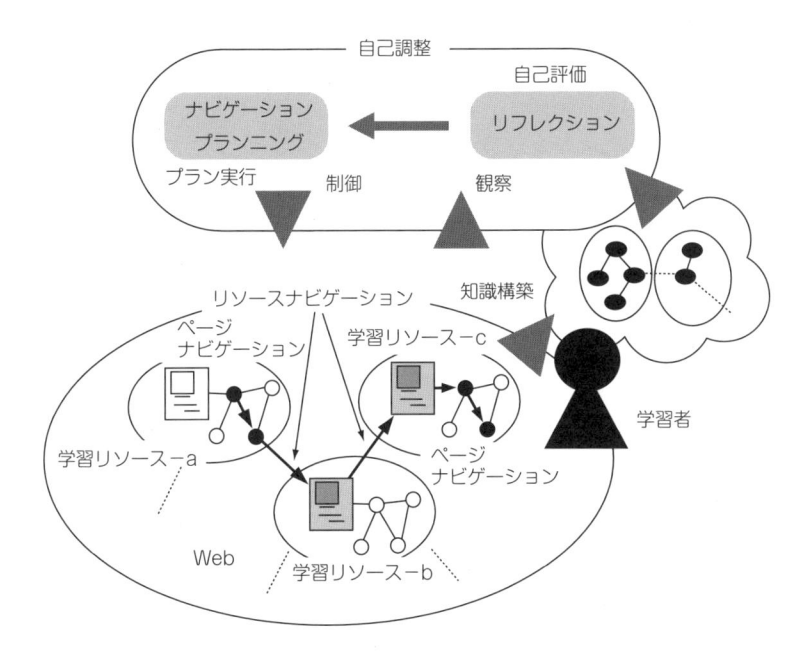

第5章 Webベースの学習活動のモデル化とシステム開発

**図5-1 学習リソース空間における学習活動モデル**
出典：柏原（2010）．

ゲーションパス）や構築される知識は異なったものなる。つまり，個別性の高い学習プロセスが遂行される。

　一方，学習プロセスを主体的に遂行するためには，ナビゲーション・知識構築プロセスを観察・制御することが不可欠である。こうした活動は自己調整と呼ばれ，学習プロセスの成否を握るほど重要であることが指摘されている（Land 2000）。特に，ナビゲーションの実施前にナビゲーションパスのプランを立てたり（ナビゲーションプランニングと呼ぶ），プランを実行してナビゲーション・知識構築プロセスの観察・振り返りを通して知識構築の不十分・不適切な点を見出すこと（リフレクションと呼ぶ）が重要となっている。本モデルでも，これらを自己調整活動として取り上げている。

　以上の学習活動モデルと学習リソース空間の特徴を踏まえながら，Webにおける学習プロセスの難しさについて考えてみたい。まず，学習リソース空間

は学習プロセスが促進されるように十分な構造化がなされてない。つまり，空間を構成するWebページ間の意味的な関係が学習者にとって不明瞭なことが多い。そのため，ページナビゲーションでは現在学んでいるページから次のページを選択することが困難となる。また，それぞれのリソースがどのような学習に向いているのかといった特徴が明記されていないため，リソースナビゲーションではリソース間の関連性を詳細に把握できない場合が少なくない。そのため，ナビゲーションを有効に実施できず，しばしば行き詰まりが生じる。

次に，学習リソース空間では，学習目的を満たすために何をどのような順で学ぶのかというシナリオがあらかじめ与えられていない。通常，こうした学習シナリオに沿うことで順序立てて知識を学ぶことができるが，Webでは学習者自らシナリオを作りながら学んだ知識を構造化しなければならない。

さらに，正解となる，あるいは望ましい学習プロセスや学習結果を想定することが難しい。そのため，従来のように教材が有する正解との対比で客観的に学習プロセスを評価することができず，また自己評価として主観的にも学習プロセスの不十分・不適切な点を見出すことは非常に困難であるといえる。

このような学習プロセスの難しさを回避するには，自己評価を含む自己調整活動が非常に重要な役割を果たすことになる。しかしながら，ナビゲーション・知識構築と同時並行的に行わなければならないため，学習者にかかる認知的負荷は高くなる（Moos and Azevedo 2008）。特に，自己調整はナビゲーション・知識構築といった認知プロセスに対するメタ認知的活動であるため，学習者にとってきわめて難しい学習活動といえる。

## 5.3 学習支援のデザイン

以上のような学習プロセスの困難さを解決するアプローチは，(1)学習リソース空間の構造化と，(2)学習プロセスの足場づくり（Scaffolding）に大別することができる。

(1)では，Webが提供する学習リソース空間を学習向けに構造化することによってナビゲーションや知識構築を遂行するためのより良い場を提供すること

が課題となる。特に，ナビゲーションの手がかりを与える学習リソース・ページの特徴記述とそれに基づくリソース間の関連やページ間の意味的関係を学習者が把握できるようにすることが不可欠である。ただし，Web全体を構造化の対象とすることは現実的に不可能である。そのため，学習にとって有用なリソースを動的に取り込み，かつ学習リソース間を関係づけて良質な構造を保つようなリソースリポジトリを構築することが合理的な学習リソース空間の構造化手法であるといえる（Henze and Nejdl 2001；Brusilovsky and Henze 2007）。

このように学習リソース空間を学びやすい構造に変えることは，学習リソース空間を教材化することに相当し，これによって学習シナリオの提供や，望ましいナビゲーション・知識構築プロセスの提示が可能となる。De Bra（2002）では，Webにおける構造化された学習リソース空間を前提に，Adaptive Hypermediaにおける適応的支援（Brusilovsky 2001）を適用し，個々の学習者に応じたナビゲーション・知識構築プロセスを推薦する手法を開発している。

次に，(2)では構造化が十分になされていない学習リソース空間でも学習プロセスを自力で遂行できるように学習プロセスの足場を築くこと（Scaffolding）が課題となる（柏原 2010）。この課題では，教材構造を基盤とした従来の教育・学習支援では重視されてこなかった学習活動や支援に目を向けなければならない。特に，自己調整活動をいかに活性化するか，非構造な空間でも学ぶことができるスキルをいかに高めるかが重要な課題となる。

以下では，(2)に着目して，自己調整の活性化と学習スキルの向上を図るための手法について説明する。

## 5.4 自己調整活動のScaffolding

構造化が不十分な学習リソース空間では，学習者は学習リソースの内容を理解することに多くの注意を注ぎ，ナビゲーション・知識構築プロセスに力点を置きがちとなる。そのため，しばしば自己調整活動が滞ってしまう。このような問題に対して，学習中に自己調整に関する質問を提示したり（Prompting），自己調整活動を促進する認知ツールを提供することが有効である。

まず，Prompting では自己調整の対象や方略に関する質問事項をリスト形式などで提示することで，自己調整へのアウェアネスを高める。例えば，Narciss ら（2007）では学習中に「ドメインについて何を知っていますか？」，「どんな情報が学習目標の達成に必要ですか？」などの質問を与えることでナビゲーションプランニングのきっかけを与え，また「選んだリソースは有益ですか？」「適切な学習をしていますか？」などの質問によってリフレクションのきっかけを与えている。

一方，認知ツールとは，一般に学習（認知）プロセスや結果を表現する（外化させる）ことで学習プロセスを客観視できるようにするツールである。こうしたツールを用いて自己調整の対象となる学習リソースに関する情報や，学習プロセス・結果を可視化（外化表現）することで自己調整活動を具体化する足場を提供することができる（Lajoie 2000）。このような認知ツールによる Scaffolding では，ナビゲーションプランニングの場合，ナビゲーションパスの見通しを与えるために学習リソース空間の構造に関する概要情報を提供することが必要となる。これに対して，学習リソースが提供するハイパー空間の地図やドメインの概念地図，学習リソースの目次は，学習リソースの大域的な見通しを与えることでプランニングの足場を築く認知ツールとみなすことができる。また，柏原ら（2002）では，大域的な見通しだけではなく，局所的および中間的な見通しとして学習者がたどろうとする Web ページおよびナビゲーションパスの概要情報が不可欠であるとの観点から認知ツールを開発している。

また，リフレクションの場合，学習プロセスや結果の見直し・再構成を促すためにこれらの情報を可視化することが必要となる。学習履歴中にあるページのサムネールを表示したり，ハイパー空間地図上に学習履歴を重ねた表現を生成するツールは，学習プロセスや学んだ知識を可視化することでリフレクションの足場を築くものとみなすことができる。さらに，学習者による自己評価の足場には，他の学習者との相対的な評価を可能にするために，同じ学習リソースを同様の目的で学んだ他の学習者による学習プロセス・結果との差異情報を提示することが有効であると考えられる（Ota et al. 2005）。

## 5.5 学習スキル向上支援

Webにおけるオープンエンドな学習リソース空間での学習プロセス遂行能力としての学習スキルを習得・向上するためには，学習プロセス遂行の認知的経験を通して「学び方」を学ぶとともに，その経験を積み重ねることで「学び方」に熟達することが不可欠である。一般に，「学び方」の学びを支援する場合，想定される学習モデルから学習プロセスをどのように遂行するのかを規定する学び方を同定し，その習得・熟達の支援が施される。

まず，学習スキルの習得支援では，学習モデルから同定された学び方をPromptingによって教示する場合が多いが，モデルにそった学習プロセス遂行の認知的経験を与えるためには認知ツールを用いる方法がより有効である。認知ツールでは，モデル通りに学習プロセスが遂行されるように操作機能がデザインされている場合，その操作機能を利用することで学習者は学習プロセス遂行のための学び方を具体的に経験することができる（Lajoie 2000；柏原 2010）。

また，学習スキルの向上でも，学習プロセス遂行の認知的経験を積み重ねるために認知ツールの利用が有効である。ただし，継続的に認知ツールを利用するだけでは必ずしも効果的ではなく，いかに認知的経験を積ませるかを考える必要がある。特に，ツールに依存しなくても学び方を実践できるようになること，学び方を自己評価すること，より良い学び方を探求することなどが経験を積む過程で求められる。Kashiharaら（2008）では，認知的徒弟制（Collins 2006）の学習観に基づき，学習コミュニティ内において同程度のスキルを有する学習者やよりスキルの高い学習者とのインタラクションを通して，オープンエンドな学習リソース空間における学習スキルの向上を図る支援環境を実現している。

## 5.6 システム事例

ここでは，構造化が不十分な学習リソース向けに筆者らが開発したシステムを紹介しながら，学習活動の活性化と学習スキルの向上に対する具体的な支援

について述べる。本システムは，図5-1に示す学習モデルのうちページナビゲーションに着目し，知識構築プロセスとそのリフレクションの足場を築く認知ツール（Interactive History，以下 IH と略す）（柏原ほか 2003）を基盤としている。

　まず，IH が想定する学習モデルは次の通りである。学習リソース空間では，学習者はあるページ（始点ページ）で学んだ知識をいかに洗練・展開するかを学習目的のサブゴール（ナビゲーション目的）として設定し，それを満たすページ（終点ページ）を見つけることでページナビゲーションを進めると考えることができる。本モデルでは，始点ページから終点ページに至る2ページ間の関係づけを基本ナビゲーションプロセス（Primary Navigation Process, PNP と略す）と呼び，複数の PNP の実行・積み重ねとして知識構築プロセスをモデル化している。また，リフレクションは，学んだページ内容のリフレクション（始点・終点ページで学んだ内容の見直し・再学習），実行した PNP のリフレクション（ナビゲーション目的，ページ間の関係づけの見直し・変更），PNP 間のリフレクション（PNP 間の見直し・再構成）の3つに分けてモデル化している。

　IH は，ナビゲーションプロセス履歴機能，メモ機能，知識マップ機能を提供することで，モデル通りの知識構築・リフレクションを遂行できるようにデザインされている。図5-2（a）に示すように，ナビゲーションプロセス履歴では学習者による Web ブラウザを用いたページナビゲーションに応じて訪れたページの時系列を生成するとともに，実行した PNP のアノテーションを履歴表現上で行わせる機能を実現している。具体的には，学習した任意の2ページ間にリンクをつけさせ，あらかじめ分類したナビゲーション目的（補足・詳細化・比較・正当化・再考・適用・その他の7種類）のリストから学習者に所望の目的を選択させる。この履歴機能では，PNP の変更・削除操作も可能である。始点・終点ページで学んだ内容については，メモとして記録・追記・変更・削除する機能を実装している。さらに，図5-2（b）のように自動的に PNP 間の関係を視覚化する知識マップ機能を有しており，PNP 間の見直し・再構成を行うことができる。

　以上のような IH の操作機能を利用することで，構造化が不十分な学習リソ

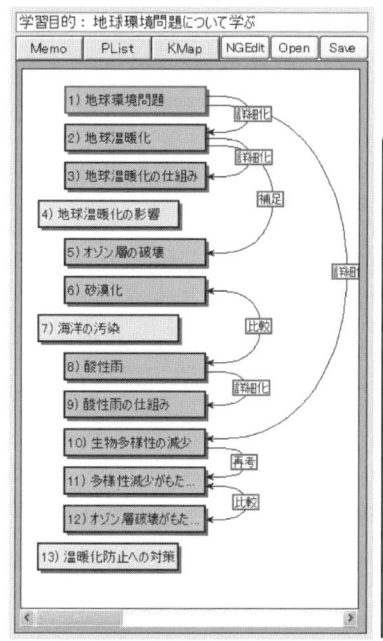

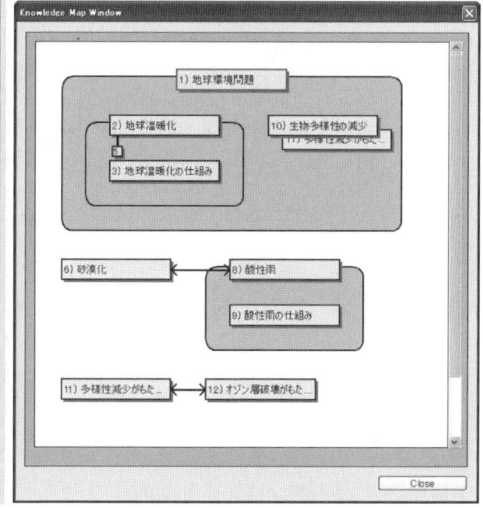

第 5 章　Web ベースの学習活動のモデル化とシステム開発

(a) ナビゲーションプロセス履歴　　　(b) 知識マップ

図 5-2　ナビゲーションプロセス履歴と知識マップ

ースに対して学習モデルで規定される知識構築・リフレクションの仕方（学び方）を学ぶことができる。こうした学習スキル習得に加えて，学び方の熟達を支援する手法として Fadable Scaffolding を開発している（Kashihara 2008）。本手法では，学習者のスキルに応じて図 5-3 に示す順で学習者自身が IH の操作機能を段階的に取り除きながら（Fading），PNP の実行・積み重ね，知識マップ作成，リフレクションの経験を積む。そして，最終的には Web ブラウザのみで自力で学習プロセスを遂行できるようになることを目指す。操作に行き詰まった場合には，取り除いた機能を再び利用することができる（Scaffolding）。操作機能を段階的に取り除くことは，ツールなしで遂行しなければならない心的な学習プロセスを増加させ，操作の行き詰まりとその解消は IH の操作に対する深い理解を与えることにつながることが期待される。これらを通して，

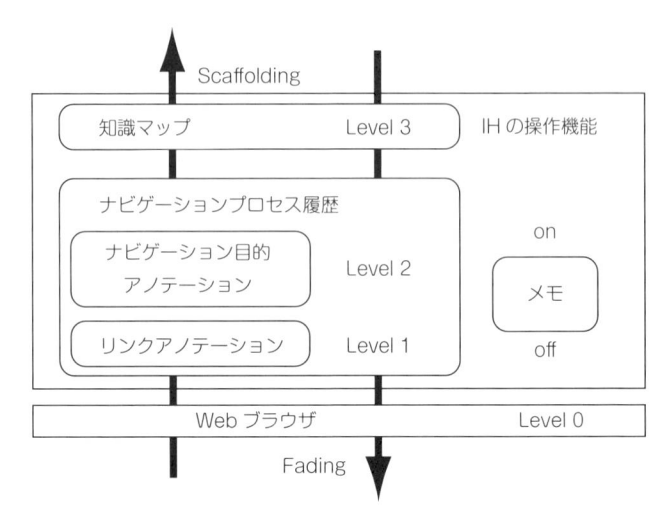

図 5-3 Fadable Scaffolding

IH 操作に熟達させるとともに，ツールに依存せず知識構築・リフレクションプロセスを遂行するスキルを向上させることがFadable Scaffoldingの目的となっている．

## 5.7　今後への期待

　Web が提供するオープンな学習空間には，従来の教育や学習支援では解決しがたい問題が山積しており，Web が進化し続けることを考えると解決しなければならない問題は拡がっていくことであろう．それらの解決策を見出すチャレンジは緒についたところである．
　本章では，Web 上のオープンエンドな学習リソース空間における学習活動を工学的な対象と捉え，学習活動のモデル化を通して学習支援に求められる工学的な課題とその解決に資する学習支援手法について述べた．しかし，この空間に存在するすべての問題への解決策が得られたわけではない．今後も工学的な立場から学習活動のモデル化を多角的に行うとともに，モデルの洗練・精緻化を推進してより質の高い学習支援手法が創出されていくことを期待したい．

〈参考文献〉

Brusilovsky, P.（2001）"Adaptive Hypermedia," *Journal of User Modeling and User-Adapted Interaction*, 11(1/2)：87-110.

Brusilovsky, P. and Henze, N.（2007）"Open Corpus Adaptive Educational Hypermedia," In P. Brusilovsky, A. Kobsa, and W. Nejdl （Eds.）, *The Adaptive Web*, LNCS 4321：671-696.

Collins, A.（2006）"Cognitive apprenticeship," *The Cambridge Handbook of the Learning Sciences*, R.Keith Sawyer （Ed.）, Cambridge University Press, 47-60.

De Bra, P.（2002）"Adaptive Educational Hypermedia on the Web," *Communication of the ACM*, 45(5)：60-61, ACM Press.

Hill, J. R., and Hannafin, M. J.（1997）"Cognitive Strategies and Learning from the World Wide Web," *Educational Technology Research and Development*, 45(4)：37-64.

長谷川忍・柏原昭博・豊田順一（2000）「WWWにおける学習リソースの組織化とナビゲーション支援」『電子情報通信学会論文誌』D-I, J83-D-I, 6：671-681.

Henze, N., and Nejdl, W.（2001）"Adaptation in open corpus hypermedia," *International Journal of Artificial Intelligence in Education*, 12(4)：325-350.

柏原昭博・鈴木亮一・長谷川忍・豊田順一（2002）「Webにおける学習者のナビゲーションプランニングを支援する環境について」『人工知能学会論文誌』17(4)：510-520.

柏原昭博・坂本雅直・長谷川忍・豊田順一（2003）「ハイパー空間における主体的学習プロセスのリフレクション支援」『人工知能学会論文誌』18(5)：245-256.

Kashihara, A., Sawazaki, K., and Shinya, M.（2008）"Learner-Adaptable Scaffolding with Cognitive Tool for Developing Self-Regulation Skill," *Proceedings of ICCE2008*, 133-140.

柏原昭博（2010）「Webにおけるナビゲーションを伴う学習活動と支援環境のデザイン」『人工知能学会誌』25(2)：268-275.

Lajoie, S. P. （eds.）（2000）"Computers As Cognitive Tools: No More Walls: Theory Change, Paradigm Shifts, and Their Influence on the Use of Computers for Instructional Purposes," *2nd ed.*, Lawrence Erlbaum Assoc. Inc.

Land, S. M.（2000）"Cognitive Requirements for Learning Open-Ended Learning Environments," *Educational Technology Research and Development*, 48(3)：61-78.

Moos, D. C., and Azevedo, R.（2008）"Self-regulated learning with hypermedia: The role of prior domain knowledge," *Contemporary Educational Psychology*, 33：270-298.

Narciss, S., Proske, A., and Koerndle, H.（2007）"Promoting self-regulated learning in web-based learning environments," *Computers in Human Behavior*, 23: 1126-1144.

Ota, K., Kashihara, A., and Hasegawa, S.（2005）"A Navigation History Comparison Method for Navigational Learning with Web Contents," *The Journal of Information and Systems in Education*, 4(1)：14-23.

梅田望夫・飯吉透（2010）『ウェブで学ぶ――オープンエデュケーションと知の革命』筑摩書房.

# 第6章

# 創造性のモデルとシステム開発

三輪和久

## 6.1 教育と創造性研究

　一口に創造性と言っても，創造性のレベルは多岐にわたる。それは，私たちが日常の中で経験する創造経験もあれば，社会に大きな影響をもたらすノーベル賞級の発見までの広がりをもつ。創造性研究では，Creativity の頭文字の"C"を取って，前者は，"little c"，後者は"Big C"と呼ばれ区別されている。現在では，これらの2つの創造性に対して，両者の間をつなぐ"Pro C"というカテゴリーと共に，さらに little c の中でも，客観的な評価以上に，個人の主観的体験としての創造体験を重視する"mini c"というカテゴリーが加えられ，創造性のレベルを「4つのC」というカテゴリーで捉えることが広く行われている (Kaufman and Beghetto 2009)。

　また，創造性が発現するどの対象にフォーカスを当てるのかという観点からも，創造性研究は分類される。そこでは，研究の焦点が，プロセス (Process) に，産出される創造物 (Product) に，創造者としての人間 (Person) に，そして創造性が発揮される環境 (Place) に，それぞれ置かれる場合を分類している。これらの分類は，「4つのP」と呼ばれる (Runco 2004)。

　さらに，創造性研究が行われる学術基盤も多岐にわたる。それらは，認知科学・認知心理学，人工知能，発達心理学，進化論，計量心理学，経済学，複雑系科学などに広がりを見せ，それぞれの研究領域では，そのアプローチはもとより，その基となる創造観に関しても，大きな隔たりがある。先にあげた

## 第6章 創造性のモデルとシステム開発

4C，4Pという観点からみても，それぞれの分野は，この4×4のグリッドにおいて，一定の広がりをもちつつ特定のセルに焦点を当てて創造性研究を展開していると見ることができる。これらの詳細な検討は，Ward and Kolomyts (2010) に詳しい。

では，これらの創造性研究は，教育の分野とどのような関連をもってきたのであろうか。Smithらは，教育における創造性研究の課題として，教育という文脈における創造性の「定義」を確立すること，創造性教育の「有効性」を実証すること，そして実践の場における創造性教育の「方法」を明らかにすることの3つを挙げている (Smith and Smith 2010)。Smithらの指摘が多岐にわたることは，言い換えれば，創造的活動を教育の現場においてどのように取り入れてゆけばよいのかの十分の見通しが定まっていないことを示しているとも言えよう。

教育の現場における創造性を考えた時に，まずはRuncoがpersonal creativityと呼ぶところの"mini c"に関わる創造経験は大切に扱われるべきである (Runco 1996)。専門的技能を習得する以前の年少期におけるmini c体験が，後のより重要な本格的創造活動の先駆活動となる可能性も指摘されている。

また，創造的活動のプロセスに関わる研究は，環境とならんで，それが操作可能であるという意味において，創造性教育に多くの知見を提供できる可能性がある。とりわけ，そこで明らかにされる創造的活動のモデルは重要である。

認知科学や認知心理学における創造性研究においては，伝統的に，創造的活動を一般的な問題解決活動の一環として捉える。Simonは，科学的な発見が，人間が日常的に対応している一般的課題に関する問題解決の理論に基づいて捉えられることを示している (Langley et al. 1987)。Weisbergは，創造的活動のプロセスを，「非凡な産物を生み出す平凡な認知プロセス」と呼んでいる (Weisberg 1987)。このような中で明らかにされた創造的活動のモデルは，一般的な学習者を対象とする創造性教育に多大な貢献を果たす可能性がある。

## 6.2 創造的活動に関する認知モデル

認知科学や認知心理学の研究では，実験を通して人間の認知活動を明らかにする実験アプローチが研究の方法論の王道であった。mini c という創造性のレベルが存在することは，創造性研究において，実験的アプローチを推進する新たなステージを開く後押しとなったといっても過言ではない。創造性におけるこのレベルの発見が，一般の大学生を実験参加者を対象として，高々1時間程度の実験時間という状況において，人間の創造性を捉えようとする試みの妥当性を示す理論的基盤となったことは想像に難くない。

このようなアプローチのひとつとして，「創造的認知アプローチ」と呼ばれる枠組みがある (Finke et al. 1992)。代表的な実験状況では，実験参加者は，15個のパーツのリストを提示され，その中から3つのパーツを組み合わせることにより，家具や事務用品，遊具など，さまざまな創造物を産出する。産出物は，独創性と実用性の2つの観点から評価され，両者において，一定の基準以上の評点を与えられたものが創造的な産出物として認定される。

Finke らは，これらの実験に基づき，人間の創造活動プロセスのモデルとして，Geneplore モデルを提案している。創造的活動に関するモデルは多岐にわたるが，mini c のレベルにおける創造性に関して，とりわけプロセスに着目したモデルとして，Geneplore モデルは重要である。

Geneplore モデルでは，創造性は，生成段階（generative process）と探索・解釈段階（exploratory process）という2つの段階が相互作用するプロセスを通して発現するとされる。生成段階では，抽象的アイデアの候補，いわばアイデアの種が構成される。そこで構成されるアイデアの種は，前発明形態（preinventive forms）と呼ばれる。その中から有望と思われる候補が，次の探索・解釈段階に進み，関連する知識に基づき精緻化され，具体化される。

Geneplore モデルが説明する創造的活動のプロセスは，我々の自然の直感によく合致しているが，それは言い換えれば，このモデル自体が，人間の創造性に関して，革新的な見方を与えるものではないことを意味している。むしろ，

Geneplore モデルの意義は，ひとつの仮設的モデルが確立されることにより，そのフレームワークに基づく定型的な実験手続きが確定され，膨大な実験データが蓄積されてきたことにある．それらの実証データの蓄積は，人間の創造性，とりわけ mini c のレベルにおける創造性のさまざまな特性を明らかにしてきた（三輪・石井（2004）にレビューがある）．

そこで明らかになった知見の中でも，とりわけ重要なことは，2つの段階にかかる「制約」が，そこから生まれる産出物の創造性のレベルを規定することがわかってきたことである（Finke et al. 1992）．とりわけ，制約が存在しない自由な状態よりも，むしろ適度な制約がかかる時に，より創造的な産出物が得られるという点は興味深い．

もう一つ重要な点は，人間の創造活動は，「事例」に大きく縛られるという点である．Ward らは一連の研究を通して，実験参加者が既有知識として所持している事例や，参加者に事前に例示される事例が後の創造的活動に大きな影響を与えることや（Smith et al. 1993），さらに事例提示によって，実験参加者の創造的活動を操作可能であることなどを，実験を通して確認している（Ward and Wickes 2009）．

## 6.3 作　　問

本章の目的は，創造的活動における学習支援システムの具体例を紹介することである．ここでは，二元一次方程式で解決される文章題の作問を題材として，作問学習を支援する学習支援システムを紹介する．

作問活動を行うことの意義には，さまざまなものが考えられる．一つは，そもそも作問という認知活動は，創造的活動のいくつかの重要な特徴を有していることがあげられる．創造性テスト研究の先駆者であるギルフォードは，人間の思考を，収束的思考と発散的思考に区別した（Guilford 1967）．前者は一意に決まる解を導くような思考であるのに対して，後者はユニークな多様な解を求める思考である．一般の問題解決活動に対する創造的活動は，後者の思考によって特徴づけられる．

ここで取り上げる作問に関して言えば，文章題の解決は収束的思考によって達成されるのに対して，文章題の作問は，発散的思考が必要とされる。その意味で，作問は創造的活動を考えるにあたって，重要な課題である。実際，作問は，創造性テストで取り上げられる題材のひとつとなっている。学習者は文章題の作問において，mini c のレベルの創造性を経験することが期待される。

作問を考えるにあたって，もう一つ重要な観点は，数学教育における作問の重要性である。多くの研究者たちが，作問は数学的思考の本質に深く関わることを指摘している (Polya 1945；Silver 1994)。また，数学教育に関わる多くの実践的研究は，数学の文章題における問題生成と問題解決との関連を示している (Silver and Cai 1996；荷方・島田 2005)。これらは，作問を行うことによって，文章題の問題解決自体の学習が促進される可能性があることを示すものである。

## 6.4　システムの設計原則

学習支援システムは，学習の「科学」と「工学」を結ぶメディアと位置づけることができる (三輪 2006)。工学の側から学習支援システムを眺めると，システムは学習を補助し促進するための「支援システム」である。一方で，科学の側から学習支援システムを眺めると，それは人間の学習プロセスに関する実証的データを測定，収集する「実験システム」となる。学習者は，その学習プロセスの中で，支援システムと繰り返し相互作用する。そこで得られるデータは，人間の学習を探求する上で非常に重要な心理学データを提供するのである。

学習支援システムが，このような科学と工学を結ぶためのメディアとして機能するためには，システムの設計原則が，認知心理学や学習科学において提起されてきた，人間の学習に関する理論に深く結びついていることが重要である。システムには，学習活動を促進させるためにさまざまなモジュールが装備されるが，それが単なる技術的興味による導入を超えて，その背景に心理学的理論を背負うことである。言い換えれば，「なぜそのモジュールなのか」が，認知心理学の理論に基づいて説明できることが大切である。そのことにより，学習支援システムを介して「実践」で得られた経験データを，学習の「理論」

と関連づけて議論できるようになる。

本学習支援システムは，Geneploreモデルを理論的基盤に置き，これまでの長年の創造性研究で取り上げられてきた「制約」と「事例」という2つの要因に関連する，以下の2つの設計原則に基づき実現された。

### 6.4.1 事 例

本学習支援システムは，問題の事例を適切に制御して学習者に提示することによって，多様な作問を学習させようとするものである。先に示したように，創造的活動における「事例」が果たす役割はきわめて大きい。事例は，発想を束縛すると同時に，事例を用いることによって発想の範囲を誘導したり，拡張させることが可能である。また，このような取り組みは，「事例提示が創造的活動にどのような影響を与えるのか」というこれまでの創造性研究で検討されてきた疑問に関して，問題生成という領域において，応えようとするものである。

### 6.4.2 制 約

Geneploreモデルでは，「制約」のコントロールが創造的活動の重要な要因であるとされる。本学習支援システムでは，種となる例題を基として，システムが提示する問題事例を参照しながら新たな文章題の作問を行うが，その際に，以下の2つの制約という観点から，提示事例をコントロールする。

(1) 表層的制約

問題文の状況に関する制約である。例えば，表6-1において，上段は買い物という状況の制約の中にある問題，下段はいわゆる旅人算と呼ばれる速度・距離・時間の関係を対象とする問題である。

(2) 構造的制約

問題の構造に関する制約であり，解法ための方程式の形によって特徴づけられる。買い物算と旅人算という一見異なる問題であっても，表6-1のそれぞれの列にある2つの問題は，同じ構造的制約を満たしていると考えられる。

本学習支援システムは，種となる例題を変形して新たな問題を生成するという意味において，学習者は一種の類推を利用した問題生成を行うことになる。

表6-1 文章題における2つの制約

| | | 解法（構造的制約） | |
| --- | --- | --- | --- |
| | | $x + y = a$<br>$bx + cy = d$ | $ax + by = c$<br>$dx + ey = f$ |
| 状況（表層的制約） | 買い物算 | 60円のみかんと120円のりんごを合計12個買ったら，代金が1020円であった。りんごとみかんをそれぞれ何個買ったか。 | 柿を3個と桃を4個買うと，代金は640円である。柿を7個と桃を3個買うと，代金は860円である。柿と桃はそれぞれ何円か。 |
| | 旅人算 | A市からB駅経由で195km離れたC市まで行くのに，A市からB駅までは時速50kmのバスで，B駅からC市までは時速80kmの電車で行ったら3時間かかった。A市からB駅まで，B駅からC市までにかかった時間はそれぞれ何時間か。 | A地点から230km離れたB地点へ行くには，バスに3時間，電車に1時間乗ることになる。また，A地点から260km離れたC地点へ行くには，バスに2時間，電車に2時間乗ることになる。バスと電車の速さは時速何kmか。 |

ここで取り上げた表層と構造という制約は，類推研究においてもっとも頻繁に取り上げられ，その機能に関する理論的，実証的検討が加えられてきた要因である（森田・三輪 2005）。

## 6.5 開発事例

システムの概念図を，図6-1に示す。本システムは，「問題データベース構築システム」と，「作問学習支援システム」の2つのシステムから構成される。問題データベース構築システムは，以下で述べるように，作問学習支援システムで利用される問題事例のデータベースを構築する。自動生成された問題は，最終的には教師のチェックを受け，適宜修正が加えられた後に，データベースに登録される。作問学習支援システムは，問題データベースに構築された事例を，組織的に提示することによって，学習者の作問を支援する。

### 6.5.1 問題データベース構築システム

事例提示に基づく学習支援を行うためには，状況と構造の観点から組織化された文章題データベースが必要とされる。すなわち，n種類の「状況」とm種類の「構造」からは，n×m種類の問題の「タイプ」が構成されるが，システムは，すべてのタイプの問題群が登録された文章題データベースを備えてい

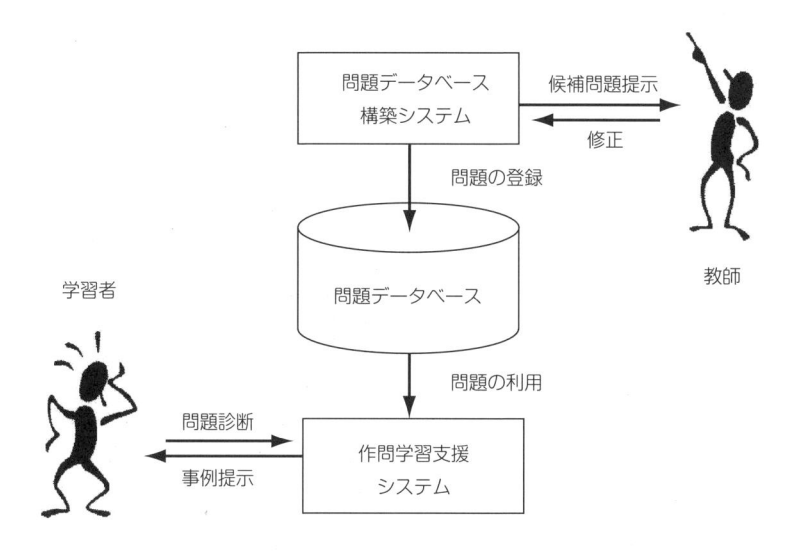

**図6-1 作問学習支援システムの概要**

本システムは,「問題データベース構築システム」と,「作問学習支援システム」の2つのシステムから構成される。問題データベース構築システムは,教師の助言を受けながら,作問学習支援システムで利用される問題事例のデータベースを構築する。作問学習支援システムは,問題データベースに構築された事例を,組織的に提示することによって,学習者の作問を支援する。

る必要がある。一方で,市販の問題集に掲載される問題群は,このような観点に基づく網羅的な構成とはなっていない。そこで,本作問学習支援システムは,このような問題データベースを構築するための準自動作問システムと連動する形で運用される。

　この問題データベース構築システムの機能の基本コンセプトは,以下の通りである。

① 種問題の登録：市販の問題集の中から種となる問題をシステムに登録する。
② 作問エピソードの抽出：種問題の組み合わせの中から,適切に問題間の関係を抽出できる2問の種問題セットを抽出し,その関係を「作問エピソード」として抽出する。
③ 問題の増殖：全ての種問題に抽出された作問エピソードを適用して,問

題を増殖する。

④ 問題修正：教師が新たに生成された問題を確認し，必要に応じて問題を訂正し，データベースに登録する。

構築されたデータベースに登録された全ての問題を種問題として，再度 ②〜④を繰り返す。

重要な点は，④問題修正の段階で，人間がシステムに関与することで，システムは，問題文のテンプレートや領域知識を徐々に獲得してゆくことである。従って，このサイクルを繰り返すことによって，システムの問題生成の能力は徐々に向上してゆくことになる。

本システムの有用性を検討するための評価実験を行った。まず，3冊の市販の問題集から，77問の問題を抽出した。それらの問題は，41の「問題タイプ」に分類された。上記の問題生成サイクルを3回繰り返したところ，問題タイプは78まで増大し，592個の問題が生成された。生成された問題のうち，71％はそのまま利用できる問題であり，残りは教師の修正が必要とされた。修正の内容は，「花屋でジュースを買った」の花屋を店に直したり，「A駅まで船で行く」の駅を港に直したりといった，常識知識の欠如から生じる文生成の失敗に対する対応である。生成された問題群の中には，筆者が知る限り市販の一般の問題集には掲載されていないいくつかの独創的な文章題が含まれていた。

本問題データベース構築システムの詳細や，問題生成パフォーマンスの評価は，小島・三輪（2006）を参照いただきたい。

### 6.5.2 作問学習支援システム

学習者は，作問学習支援システムが提示する例題に基づき，その問題に変形・修正を加えることによって新たな問題を生成する。その際，システムは問題データベースに構築された事例を，組織的に提示することによって，学習者の作問を支援する。学習の流れは，以下のようになる。

① 例題の提示：システムは，例題を提示する。

② 初期問題生成：学習者は，例題を変形して，新たな問題を生成する。入力インタフェースを通して，そのようにして生成した文章題の文と，その

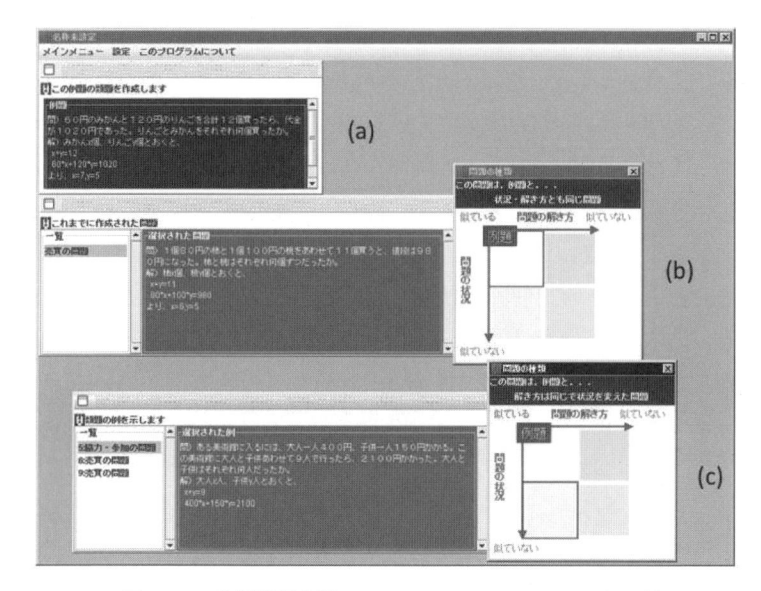

第6章　創造性のモデルとシステム開発

**図6-2　作問学習支援システムのスクリーンショットの例**

学習者は，(a)に提示された例題を変形，修正して，新たな問題を生成し，システムに入力する。(b)は，学習者が生成した問題の「表層的特徴」と「構造的特徴」をシステムが同定し，それが例題と同一の問題タイプであることを提示している。それに基づき，(c)では，システムが同一の解法（構造的特徴），すなわち方程式の形をもち，異なる状況（表層的特徴）をもつ問題の事例を提示している。学習者は，この事例を参照しながら，新たな問題を作問する。

解を導出する方程式を入力する。

③ 問題の診断：システムは，学習者からの入力された文と式に基づき，生成された問題の状況と構造における特徴を同定する。

④ 事例提示：次にシステムは，状況や構造をコントロールして，文章題の事例を提示する。図6-2は，実際のシステムのスクリーンショットの例である。

⑤ 問題生成学習：学習者は，システムより提示された事例を参照しながら，再度作問を行う。この段階が，いわゆる学習フェーズとなる。これにより，状況や構造といった制約を意識しながら，多様な特徴をもつ文章題を生成することができることが期待される。

本作問学習で設定された「例題に基づく新たな問題生成」というような枠組みで作問に従事させると，多くの学習者が，例題にきわめて類似した類題を生成することが知られている（小島・三輪 2010）。典型的には，問題文に現れるオブジェクトを変更して（表6-1の例であれば，鉛筆とボールペンをりんごとバナナに置き換えるなどして），例題に酷似した問題を生成するのである。これは，学習者が，例題の状況が作り出す「表層的制約」と解法がもたらす「構造的制約」という2つの制約に束縛された状態で，文章題を生成していることを意味している。本学習支援システムは，適切な事例提示に基づき，これらの制約を緩和して，多様な問題生成を可能にさせることを意図している。

　プレ・ポストテストデザインの評価実験を行った結果の概要は，以下のとおりである。まず，プレテストの時点では，ほとんどの学習者は，提示された例題と酷似した，すなわち同じ問題タイプに属する問題を生成した。一方，本システムを用いた学習の後に行われたポストテストでは，特に学習者が生成した問題とは異なるタイプの問題事例を提示した学習者群において，多様な問題が生成されることが確認された。ただしそこにおいても，状況を固定して，問題の構造だけを変形するような問題生成は，困難であることが確認された。

　本作問支援システムの詳細や，評価実験の結果は，Kojima and Miwa（2008）を参照いただきたい。

〈参考文献〉

Guilford, J. P.（1967）The Nature of Human Intelligence, Cambridge University Press.

Finke, R. A., Ward, T. B., & Smith, S. M.（1992）*Creative cognition : Theory, research, and applications*, MIT Press. 小橋康章（訳）（1999）『創造的認知——実験で探るクリエイティブな発想のメカニズム』森北出版.

Kaufman, J. C., & Begehetto, R. A.（2009）Beyond big and little : The four C model of creativity, *Review of General Psychology*, 13：1-12.

小島一晃・三輪和久（2006）「作問事例を用いて数学文章題を生成するシステムの実現と評価」『人工知能学会論文誌』21：361-370.

Kojima, K., & Miwa, K.（2008）A System that Facilitates Diverse Thinking in Problem Posing, *International Journal of Artificial Intelligence in Education*, 18：209-236.

小島一晃・三輪和久・松居辰則（2010）「産出課題としての作問学習支援のための実験的検討」『教育

システム情報学会誌』27：302-315.
Langley, P., Simon, H. A., Bradshaw, G. L., & Zytkow, J. M.（1987）*Scientific Discovery：Computational Explorations of the Creative Processes*, The MIT Press.
三輪和久・石井成郎（2004）「創造的活動への認知的アプローチ」『人工知能学会誌』19：196-204.
三輪和久（2006）「学習の科学と工学を結ぶメディアとしての学習支援システム」『人工知能学会誌』21：53-57.
森田純哉・三輪和久（2005）「計算機モデルによるOpen-endな状況での認知の分析」『人工知能学会論文誌』20：306-31.
荷方邦夫・島田英昭（2005）「類題作成経験が類推的問題解決に与える効果」『教育心理学研究』53：381-392.
Polya, G.（1945）*How to Solve it*, Princeton University Press.
Runco, M. A.（1996）Personal creativity：Definition and developmental issues, New Directions in Child Development, 72：3-30. .
Runco, M. A.（2004）Creativity, Annual Review of Psychology, 55：657-687.
Silver, E. A.（1994）On Mathematical Problem Posing, For the Learning of Mathematics, 14：19-28.
Silver, E. A., & Cai, J（1996）An Analysis of Arithmetic Problem Posing by Middle School Students, Journal for Research in Mathematics Education, 27：521-539.
Smith, J. K., & Smith, L. F.（2010）Educational creativity, In Kaufman, R. C., & Sternberg, R. J.(Eds.), *The Cambridge Handbook of Creativity*, Cambridge University Press.
Smith, S. M., Ward, T. B., & Schumacher. J. S.（1993）Constraining effects of examples in a creative generation task, *Memory and Cognition*, 21：837-845.
Ward, T. B., & Wickes, K. N. S.（2009）Stable and dynamic properties of graded category structure in imaginative thought, *Creativity Research Journal*, 21：15-23.
Ward, T. B., & Kolomyts, Y.（2010）Cognition and creativity, In Kaufman, R. C., & Sternberg, R. J. (eds.), *The Cambridge Handbook of Creativity*, Cambridge University Press.
Weisberg, R. W.（1986）*Creativity：Genius and other myths*, Freeman.

# 第 7 章

# マイクロワールドに基づくシステム開発

小西達裕

## 7.1 マイクロワールドとは

マイクロワールドとは，学習者からみてその世界の構造や世界の挙動を司る原理を全て理解可能であり，かつ何らかの働きかけが可能な「小さな世界」を意味する（転じて，この種の小さな世界をコンピュータ上に実現した学習支援システムもマイクロワールドと呼ばれる。本稿では区別のため，後者をマイクロワールド型学習支援システムと呼ぶ）。マイクロワールド型学習支援システムは発見学習の支援に適していると考えられている（大槻 1999）。学習者が対象世界に対して条件設定や操作等の働きかけを行い，その結果の観察を通じて対象世界のメンタルモデルを構築するというのが基本的な学習プロセスである。

マイクロワールド型学習支援システムの最も単純な構成は，対象世界の挙動を再現するシミュレータと，対象世界の状態を学習者に伝達したり世界に対する学習者からの働きかけを受け取るユーザインタフェースの組み合わせである。ただしこれだけでは学習支援システムとしては実用上不十分であり，以下のような点に配慮する必要がある。

① 発見学習のサイクルを支援する機能をもつこと
② 対象世界が学習目標に合致した詳細度でモデル化されていること
③ 学習に適したユーザインタフェースが設計されていること

以下の節では，これら 3 つの観点からマイクロワールド型学習支援システム

## 第7章 マイクロワールドに基づくシステム開発

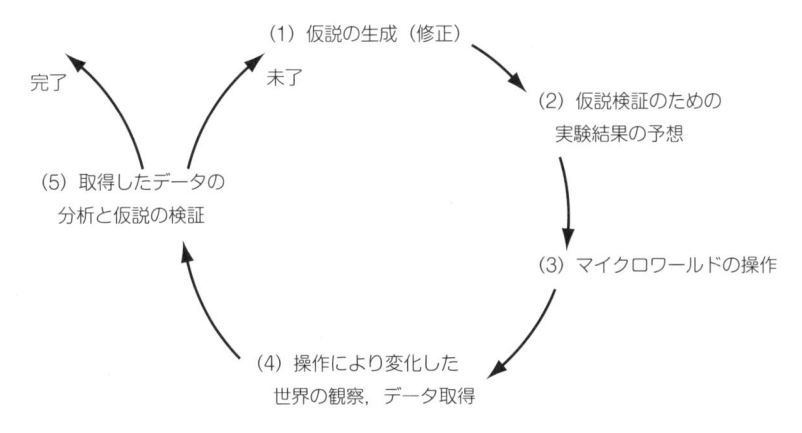

**図7-1 マイクロワールドを用いた発見学習のサイクル**

(1) 仮説の生成（修正）
(2) 仮説検証のための実験結果の予想
(3) マイクロワールドの操作
(4) 操作により変化した世界の観察，データ取得
(5) 取得したデータの分析と仮説の検証
完了／未了

の構築技術について論じ，それらを活用した研究事例を紹介する。

## 7.2 発見学習サイクルの支援機能

マイクロワールドを用いた発見学習は，(1)仮説の生成，(2)仮説検証のための実験結果の予想，(3)マイクロワールドの操作，(4)操作により変化した世界の観察，データ取得，(5)取得したデータの分析および予想との比較による仮説の検証，(6)必要に応じた仮説の修正……というサイクルで行われるのが一般的である（図7-1）。マイクロワールド型学習支援システムは，このサイクルを支援する機能をもつことが望ましい（特に人工知能技術を用いて発見学習を支援する機能をもつシステムを知的学習環境（ILE：Intelligent Learning Environment）と呼ぶ（竹内 2011））。

発見学習の支援にはさまざまな方法があるが，大別すれば以下のようになる。

(1) 仮説生成・検証を行うための場やツールの提供。仮説記述のためのエディタ，得られたデータを数学的に分析するワークシート，グラフ作成ツールなど。

(2) 実験操作や仮説検証を支援するエージェント。前提として，学習者の行動から行き詰まりなどのタスク達成状況を把握して学習者モデルを構築する機能が必要となる。

以下，それぞれについて述べる。

### 7.2.1 仮説生成と検証の場の提供

中池らが構築した仮想的実験環境は，実験における仮説生成と検証のプロセスを支援する機能に力点を置いている（中池・三輪 2005）。このシステムにおける実験は，観測すべき変数が取る値（実験条件）と結果の関係を予測して仮説を生成し，仮説検証に必要な実験条件を設定して実験を行い，実験結果を分析して仮説の妥当性を検証する，という手順を踏む。学習者は仮説生成の段階で，システムに仮説および仮説に基づく結果予想グラフを入力する。次いで実験条件を入力すると，システム内のシミュレータが結果を返す。学習者はこれをもとにグラフを描き，先に入力した結果予想グラフと比較して，仮説の妥当性について考察する。このシステムのように，発見学習中の学習者の思考の外化を促し，学習プロセスをガイドする機能を与えることにより，マイクロワールド型学習支援システムはより強力な学習支援ツールとなりうる。

### 7.2.2 学習者モデルの構築とエージェントによる支援

実験操作や仮説検証の過程での行き詰まりの解消など，適応的な支援を行うには知的チュータ（ITS：Intelligent Tutoring System）と同様に学習者モデルが不可欠である。ITSでは学習者への質問が自然に行えるので学習者モデル構築のための情報を得やすいのに対し，マイクロワールド型学習支援システムでは学習者の世界への操作系列のみを手掛かりにしなければならない点が難しい。

大槻らは電気回路を対象とするマイクロワールド型学習支援システムを構築している（正田ほか 2000）。学習者はスイッチ，電球，電池，抵抗素子などのデバイスを含む回路図を与えられ，故障個所を探すよう求められる。故障個所に関する仮説を立て，それを検証するために各デバイスを操作する。このシステムでは図7-1のサイクルの各ステップにおいて，以下のように診断を行う機

能を実現している。(1)仮説生成において，背景知識との矛盾を検出する。(2)結果の予想時に仮説との矛盾を検出する。(3)マイクロワールドを用いた実験時に操作誤りを検出する。(4)予測と実験結果の矛盾を検出する。これらの機能は，このシステムが知識処理により問題から仮説を生成する能力，仮説に基づいて検証のための操作プランを生成する能力などをもち，学習者の入力とシステム自身の推論結果を突き合わせることで実現されている。システムはこれらの診断結果をもとに，必要に応じて学習者に助言を行うことができる。

また高橋らは高校化学実験を対象として，学習者に与えたタスクを実行するためのプランニングを行い，このプランと学習者の行動を突き合わせることで，プランの達成状況を推定するシステムを構築している。さらにプランの各ステップの達成に必要な化学の知識を手掛かりに学習者に欠けている知識を推定して行き詰まりの解消に役立つ助言をする機能を実現している（高橋ほか 2001）。

## 7.3 学習目標に合致した対象世界モデル

自然科学系科目のマイクロワールドは基本的には実世界の振舞いを模倣したものになるが，実世界がもつ複雑な法則性の全てを忠実に再現することが望ましいとはいえない。むしろ学習者がその時点で考慮する必要がない原理や法則は存在しないものとして世界の挙動を再現するべきである。例えば力学分野で落下する物体の軌跡を学ばせる場合を考える。最初の学習ステップでは簡単のため空気抵抗を無視し，その後空気抵抗の概念を導入するものとする。このとき，最初の学習ステップに用いるマイクロワールドは，空気抵抗を無視した軌跡を再現する必要がある。

このようにマイクロワールドの設計にあたっては，学習目標を踏まえ，実世界のどの側面を捨象してモデル化するかという点を考慮する必要がある。さらに一定期間以上の学習に利用することを想定するなら，学習の進行に伴ってそれまで捨象していた事実をモデルに加えることも必要となる。本節ではこのように段階的に複雑化されるマイクロワールドの構築技術について述べる。

(a) onion model  (b) lettuce model

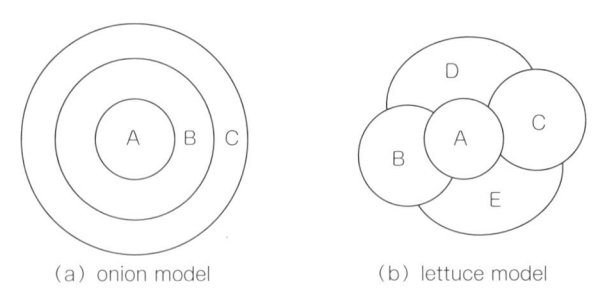

**図 7-2 ICM におけるマイクロワールド間の典型的関係**
出典：Fischer et al.（1988）.

### 7.3.1 ICM（Increasingly Complex Microworld）

複雑なスキルや知識の獲得のためのマイクロワールド設計方法として，最初は単純なマイクロワールドを与え段階的に複雑なものへ移行させることが有効である。このような考え方を ICM という（Burton et al. 1984）。マイクロワールドの複雑さをはかる要因としては，(1)学習者に与えられる道具の数や使用難易度（世界を操作する道具からデータ分析に用いる道具までを含む），(2)学習者が向き合う世界の複雑さ（その世界の挙動を司る原理の複雑さを含む），(3)学習者に与えられる課題の難しさ，を挙げることができる。複雑さの異なるマイクロワールド間の関係は図 7-2 のように模式化できる（Fischer et al. 1988）。(a) 上位の世界が下位の世界を完全に包含する（onion model）。(b) 基盤となる世界（図では A）に何らかの要素を加えた上位の世界が複数あり，上位の世界の間では必ずしも包含関係がない（lettuce model）。ここで，(a) では学習順序が単純な世界から複雑な世界へと一意に定まるが，(b) では次にどの上位世界を用いればよいかを学習状況によって選択しなければならないという問題が生ずる。

### 7.3.2 マイクロワールド間の関係の管理：マイクロワールドグラフ

前項で述べたように，複雑さの異なるマイクロワールドを段階的に用いる場合には学習順序の決定が問題になる。固定的な順序を予め定めておくことも考

第7章 マイクロワールドに基づくシステム開発

えられるが，学習状況により適応的に順序を決定したり，学習者自身に順序を決定させるためには，マイクロワールド同士がどのような論理的関係にあるかを記述する枠組みがあることが望ましい．東本らは個々のマイクロワールドの特徴，及びマイクロワールド間の関係を記述する枠組みとしてマイクロワールドグラフ（GMW：Graph of Micro Worlds）を提案している（東本ほか 2008）．GMWはあるひとつのマイクロワールドで学ぶべき知識（目標知識）と達成すべきタスクをノードにもち，2つのマイクロワールド間におけるこれらの差分をエッジとしてもつグラフ構造である．ここでノードがもつ知識には，そのマイクロワールドにおける世界のモデル，モデル化における仮定，モデルとともに用いられる技能が含まれる．エッジは2つのマイクロワールド間を学習者が移行する可能性がある場合，すなわちノード間の差分が十分に小さい場合に引かれる．エッジにはこの移行の際に学習者が行うべきタスクも記述される．

　GMW間の移行による学習内容の深化は以下のように行われる．いま，カーリングのように氷上で石板を滑らせて別の石板に衝突させる状況のマイクロワールドを考える．最も単純なマイクロワールド1（以下 MW1）では石板の挙動は等速直線運動であると仮定している（すなわち氷面と石板の摩擦は無視している）．やや高度なマイクロワールド2（以下 MW2）では摩擦プロセスと等加速度運動（減速運動）が目標知識に含まれている．このとき，この2つのMWの間の目標知識の差分は，摩擦プロセスを考慮するか否かという十分小さいものであるため，GMWではエッジが引かれる．このエッジには学習者に考え方の移行を促すようなタスク（この場合には，摩擦を無視できない問題）が記述される．学習者がMW1を用いて目標知識を十分に学習し，かつ次に学ぶべき事柄が摩擦プロセスであるならば，MW2への移行を促すタスクを提示すればよい．このようにマイクロワールドグラフは，学習者が次に移行すべきマイクロワールドの候補をエッジにより示すとともに，移行したときに何を新たに学ぶことになるか，またその際にどのような問題を与えればよいかを保持しており，適応的にマイクロワールドを選択する際の指針となりうる．

　マイクロワールド間の移行における問題点として，移行前後の世界の関係が「一般化／特殊化」の関係になっている場合に，学習者が移行前の世界での考

え方を移行後もそのまま適用してしまい，誤りに気付かないおそれがある。たとえば上の MW 1 は MW 2 において摩擦係数が無視できるほど小さい状況にあたると考えられ，すなわち MW 2 の特殊な場合が MW 1 である。このとき学習者は，MW 2 においても摩擦力の概念を導入できないかもしれない。東本らはこのような状況において，モデル間の差異を学習者に説明するために以下の手法を提案している。GMW の各ノードにはモデル化の際の仮定が記述されているが，この仮定が世界の移行によって変化した際に，新しい世界においてパラメータの変化をもたらすか否かをルールとして記述しておく。システムはこのルールを用いて，マイクロワールド間を移行する際に学習者が意識すべきパラメータの変化を問うタスク，もしくは説明を生成する。

### 7.3.3 マイクロワールドから実世界（マクロワールド）へ

ここまでマイクロワールドを段階的に複雑化させる手法についてみてきたが，この方向性は最終的には実世界をマイクロワールドのような発見学習教材として用いるという考え方に至る。野口らは実世界における実験とマイクロワールド内のシミュレーションを統合的に扱うシステムを構築している（野口・田中 1995）。このシステムでは実世界の機器をマイクロワールドに対するインタフェースを用いて操作することが可能であり，また実世界の機器から得られた測定結果などをマイクロワールド内のシミュレーション結果と同様に分析（仮説検証）に用いることができる。この枠組みにより，学習者はコンピュータシミュレーションによる理想化された世界と実世界をシームレスに関係づけることができる。

## 7.4 マイクロワールドにおけるユーザインタフェース

マイクロワールド型学習支援システムの学習者向けインタフェースに望ましい条件として以下を挙げることができる。

① 出力インタフェースにおいては，再現された世界が迫真性をもつとともに，仮説検証に必要な情報を観察することが容易であること。

② 入力インタフェースにおいては，できるだけ特別な訓練なしに直感的に操作できること．直感的な操作感を増す上で，通常のキーボード・マウス以外のデバイスを利用することも効果的である．

③ 学習者の自由な発想に基づく行動を阻害しないこと．例えばタスク達成上不適切な行為や学習シナリオに沿わない行為を一切不可能にすればタスク達成までの時間は短縮できるかもしれないが，特に発見学習を強く指向したシステムでは学習の妨げになりうる．

### 7.4.1　情報提示技術：Virtual Reality とノンリアリティ

近年，3D映像技術や入力デバイス・センサ構築技術の発展に伴い，仮想現実（VR：Virtual Reality）空間にマイクロワールド型学習支援システムを構築する例が少なくない．VRがもたらす臨場感や直感的な操作性は，従来型システムと比べて学習者に高い没入感をもたらすことが期待できる．しかし，学習者が触れる仮想世界を現実に近づけるだけでは必ずしも高い学習効果につながらない．上述のようにマイクロワールドは実世界がもつ複雑な性質の一部を切り出すことによりメンタルモデルの構築を容易にしたものという側面をもっており，VRを利用したマイクロワールド型学習支援システムにおいても，学習者のメンタルモデル構築に役立つような情報提示の方法を工夫する必要がある．

力学を対象とするマイクロワールド型学習教材 Interlude は，ヘッドマウントディスプレイ上に仮想力学実験環境を提示し，これを3Dマウス，ヘッドトラッカなどの入力デバイスを用いて操作するVR型教材である（花房ほか 2007）．Interlude はエデュティメント性を取り入れ，仮想実験室内のオブジェクトの表示に理論的厳密さにこだわらず直感的な表現を敢えて用いている．例えば力学における質点は大きさのない概念だが，これをそのまま極小の点として表示するのではなくボールなどの物体として表示する．このような見え方の変更を花房らはノンリアリティな視覚表現と呼び，印象強調（IE：Information Emphasis）と観察補助（OA：Observation Assistance）に分類している．IE とは，本来は見えないパラメータを視覚的印象の利用により可視化する手法であり，変容（物体の摩擦係数の大きさをテクスチャで表現するなど）・付加（物体の

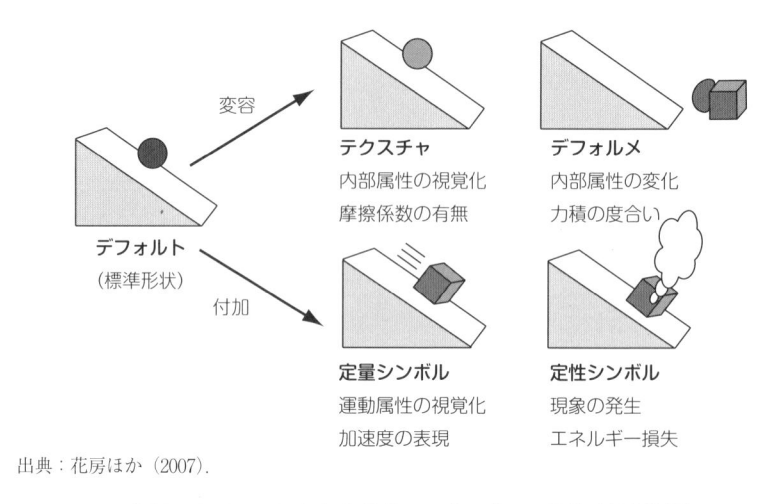

第Ⅰ部　モデルドリブンなシステム開発

**図7-3　Interludeにおけるノンリアリティ表現（印象強調）**

出典：花房ほか（2007）．

速度変化を漫画で用いられる集中線を付加して表現するなど）の2種類がある（図7-3）。OAとは世界に対する観察方法を示唆するものであり，重要な場所を注視させるための空間拡大，距離計測に有用なスケール・メッシュの表示，空間内に分力をイメージするためのベクトル図を描く機能などがある。Interludeでは以上のような表示方法に関する情報（プレゼンテーション側面）と物理原理の情報（マイクロワールド側面）を区別して管理している。そのため，同一の物理現象でも教育上の必要性に応じて表示方法を変更できる。

### 7.4.2　入力インタフェース：先進的デバイスの活用

　情報提示インタフェースの工夫によりある程度までは直感的な操作感を実現できるが，操作をマウスやキーボードで行う限り，マイクロワールド内で行う行為（例えば物体の投げ上げ）と学習者が実際に行う行為（マウスクリックなど）は乖離しており，身体操作との同一性を実現しにくい。そのため世界の中のオブジェクトに直接触れ，力を加えて動かすようなマイクロワールドでは，反力デバイスを用いたシステムの実現例が多い。岩根・松原らはてこのつり合い，滑車の運動，鉛直投げ上げなど多様な題材について反力デバイスを用いた

# 第7章 マイクロワールドに基づくシステム開発

マイクロワールド型学習環境を構築している（濱中ほか 2007 など）。これらのシステムでは学習者が物体に力を加えると，物体の重さなどに応じた手ごたえを感じることができる。この種のデバイスは将来的に7.3.3で述べた実世界とマイクロワールドをシームレスにつなぐ学習環境への応用も期待できる。

〈参考文献〉

Burton, R. R., Brown J. S. and Fischer, G. (1984) "Skiing as a model of instruction," In B. Rogoff & J. Lave (eds.), *Everyday Cognition:Its Development in Social Context*, Harvard University Press, 139-150.

Fischer, G., Lemke, A. and Lemke, H. N. (1988) "Enhancing Incremental Learning Process with Knowledge-Based Systems," *Final Project Report of Grant No.N00014-85-K-0842 from the Office of Naval Research*, 1-27.

濱中啓至・松原行宏・岩根典之（2007）「てこ題材の仮想実験室を共有する初等力学の体験型学習支援システム」『教育システム情報学会誌』24(4)：253-264.

花房佑馬・富永浩之・林敏浩・山崎敏（2007）「VRシミュレーションによる力学実験のためのエデュティメント教材Interlude ——力学現象の多面的理解のためのノンリアリティな視覚表現」『電子情報通信学会技術研究報告』ET, 106(507)：75-80.

中池竜一・三輪和久（2005）「グラフを利用した仮説検証プロセス学習支援システムの開発と評価」『電子情報通信学会論文誌』D-I，J88-D-I(2)：488-497.

野口孝文・田中譲（1995）「実世界と相互作用するマイクロワールド」『人工知能学会誌』10(3)：383-392.

大槻説乎（1999）「マイクロワールドによる学習支援」『教育システム情報学会誌』16(4)：239-246.

正田久美子・草野隆太郎・中村学・大槻説乎（2000）「電気回路の知的マイクロワールドに関する研究」『電子情報通信学会論文誌』D-I，J83-D-I，6：531-538.

高橋勇・小西達裕・伊東幸宏（2001）「高校化学を対象とするマイクロワールドにおける学習者モデルの構築方法」『人工知能学会論文誌』16(6)：483-492.

竹内章（2011）「ILE（知的学習環境）」『電子情報通信学会知識ベース』S3群-11編-4-2：7-11.

東本崇仁・堀口知也・平嶋宗（2008）「シミュレーションに基づく学習環境における漸進的な知識獲得支援のためのマイクロワールドグラフ」『電子情報通信学会論文誌D』J91-D，2：303-313.

第 8 章

# 学習課題系列モデルに基づくシステム開発

松居辰則

　授業設計において，複数の学習課題を順序関係に着目して構造化するアプローチは，教材の構造化法と呼ばれる。教材の構造化法は，学習課題をノード（節），学習課題間の順序関係をアーク（有向枝）にそれぞれ対応させた 2 次元のグラフ構造の形式に表現する技法である。これに対して 2 次元にグラフ構造化された教材をもとにして，授業展開のために 1 次元的に学習課題を配列するための方法は，学習課題系列化法（以下，単に，系列化法と略す）と呼ばれている。系列化においては授業設計者の意図，すなわち教授方略をいかして反映させるかが問題となる。系列化法においては教授方略を数学的モデルとして記述し（教授方略モデル），そのもとで課題の系列化を行う手法が多く提案されている。教授方略モデルの記述に数学的モデルを導入することの目的は「どのような教授方略のもとではどのような課題系列が得られるか」の普遍的な定式化，および教授方略モデルにおいて定義される指標の特性解析である。

　本章では，系列化法を生成方法とその扱いの観点から整理・分類し相違点を明らかにする。その上で系列化法（学習課題系列モデル）に基づくシステム開発の実例を紹介する。なお，本章は（松居・平嶋 2010）をもとに再構成したものである。

## 8.1　教授方略の定量化と系列化法の分類

　系列化に関しては様々な手法が提案され，授業設計や授業展開の場面で利活用されている。ここでは，系列化法を，その生成手法がアルゴリズム的か計算

的か，扱いが静的か動的か，という観点からの分類を試みる。

### 8.1.1 教授方略と代表的な系列化手法

　系列化においては教授方略をいかにして反映させるかが重要である。教授方略は「学習課題間の関係構造で表現される性質をどの程度反映しているか」を定量化するための指標（教授方略指標）を用いることが多い。例えば，竹谷 (1992 a) では，教授方略指標（上位性，下位性，応用性，基礎性，関連性，連続性，合前提性，合目標性，脈絡性など）を，ポテンシャル性とコヒーレンス性の観点から整理し，それらの特性や関係を解析している。ここで，個々の学習課題が教材構造グラフの中で相対的にどのような位置にあるかによって系列の順番が決定されるとき，その教授方略はポテンシャル性に基づくと呼ばれている。また，構成した系列は論理的な流れ，脈絡の通った配列でなければならない。このように課題間の関係に着目した教授方略はコヒーレンス性に基づくと呼ばれている。

　教授方略を反映させる系列化法の原点は，Gagne の学習階層による系列化 (Gagne 1979)，Reigeluth の精緻化理論 (Reigeluth 1978) である。これに数学的モデルを導入した教授方略のもとでの系列化法として，沼野のコースアウトライン（指導順序）決定法（沼野 1976），成瀬・後藤の反応構造による教授項目の系列化法（成瀬 1977），竹谷のクラスタ分析を応用した系列化手法（竹谷 1990 a），脈絡性を重視した課題系列化法（竹谷 1990 b），赤堀・清水の系列化シミュレーション（赤堀 1989）などがある。

　各手法はそれぞれの中で定義されている教授方略指標を用いて系列化を行うわけであるが，教授方略指標は課題間の 1 または 0 を要素とする関係行列（隣接行列）をもとに算出される。しかしながら，授業設計者が課題間の関係を 1 または 0 で表現することは困難な場合もあるため，課題間の関係を 1-0 の連続値で表現し，そこから関連性測度を定義し，教授方略指標を算出する手法（竹谷 1992 b）が提案されている。また，1-0 の連続値で表された隣接行列から，重み付きのクラスタ分析を行い，それをもとに系列化を行う手法（豊田・三枝 1990）も提案されている。さらに，課題間の関係を「とても強い，弱い」など

の言語的表現によるあいまい性を教授方略に反映させる手法（赤堀 1992）も提案されている。

### 8.1.2　系列化法の分類

8.1.1で列挙した系列化法では，得られた系列の扱いという観点からは静的な扱いと考えられる。すなわち，「系列化の対象となる教材構造は静的」，「得られた系列は不変」という扱いである。しかし，系列化の対象となる教材構造が学習者の活動によって動的に変化し，生成された課題系列を更新する必要がある場合も考えられる。これは，CAI（Computer Assisted Instruction）システムにおいて学習者の回答に応じて，適応的に復習課題や次問題を選択する，といった機能を実装する場合などが相当する。例えば，米澤（1992），小泉（1995），Matsui（1997）ではこの点を実現する手法を提案している。特に，小泉（1995），Matsui（1997）ではFuzzy推論を用いて，学習者へ提示する学習課題の最適化機能を実現している。

一方，8.1.1で列挙した系列化法は，系列化における教授方略の扱いという観点からはアルゴリズム的であると考えられる（アルゴリズム化の意味は後述）。すなわち，「系列化の対象となる教材構造における課題間の関係（2項関係）が明確に記述できる」という前提のもとで教授方略指標が定義されている。「系列化に反映させる教授方略は唯一である」という制約の下で系列化手続きが記述されている。この場合は，教授方略指標や系列化手続きの特性や関係に関する詳細な理論的考察が可能となる，という長所が認められる。

しかし，教材構造の中には課題間の2項関係が明確に記述できない，唯一の教授方略で系列化するのは適切ではない対象が存在する。例えば，系列化の対象課題の詳細度が比較的大きい（小さくすることが困難である）場合は，課題間の2項関係の定義は困難であり，唯一の教授方略によって系列化することは不適切である。このような場合には，系列化を多目的最適化問題として定式化し，遺伝的アルゴリズム（GA：Genetic Algorithm）を用いて準最適解として系列を得るという手法が提案されている（松居 2002）（岡本 1998）（関 2003）。

以上の議論をもとに，系列化法の分類の観点を整理する。系列化法は「系列

化の手続き（アルゴリズム）が明確に記述することが可能（アルゴリズム的）」であるか，「系列化の手続きが明確に記述することが困難（計算的）」であるかによって分類することができる．また，「系列化の対象となる教材構造は静的に与えられており，得られた課題系列が変化することはない（静的）」というスタンスか，「系列化の対象となる教材構造が動的に変化し，その変化に基づき課題系列も更新する（動的）」というスタンスに分類することができる．以上より，系列化手法は「アルゴリズム的⇔計算的」「静的⇔動的」という観点から整理・分類することができる．なお，静的な系列化は授業設計段階で行う系列化手法であり，動的な系列化は学習過程で行う系列化手法であるとも考えられる．

## 8.2 系列化法と系列化法に基づくシステム開発の実例

ここでは，8.1で分類を行った系列化法の代表的な手法と，系列化法に基づくシステム開発の実例を紹介する．

### 8.2.1 「アルゴリズム的・静的」系列化法の例

系列化に用いられる戦略（系列化戦略）は，系列化基準と系列化手続で定式化される（竹谷 1992）．系列化基準とは，任意の2課題をどの程度系列上で近接すべきかを定量化したものである．多くの系列化法では，何らかの関連性を表す系列化基準にのっとり，系列の先頭課題から（階層）構造グラフに沿って系列の末尾課題まで順に求めるというアルゴリズムに従っている（ボトムアップ型）．しかしながら，ボトムアップ型の系列化では，途中の最適な部分系列が得られない，という問題点が存在する．そこで，（竹谷 1992）ではトップダウン型，および部分統合型の系列化手順を提案し，この問題点を解消している．この系列化のアルゴリズムは，最も関連性の高い部分系列（先頭課題とは限らない）から順に求めて最終的に一つの系列を求めるものである．例えば，図8-1の教材構造グラフから沼野のコースアウトライン法（ボトムアップ型）によって得られる系列は以下の通りである．しかし，この系列に関しては，沼

野自身も指摘しているように「[1, 6, 2], [10, d, 12] は不自然であり [6, 2, 1], [d, 12, 10] に変更すべき。」という問題点が存在する。

[9, 7, 8, 4, 5, 1, 6, 2, 3, e, 14, 13, 11, 15, 10, d, 12, f, g]

これに対して，竹谷 (1992) で提案されている系列化手法によって得られる系列は次の通りであり，上記の問題点が解消されていることがわかる。特に，図8-1のような単一目標（前提）グラフの場合には合目標（前提）性係数に基づく系列化基準が適していることがわかる。

・関連性に基づく戦略による系列

[(6, 3), 9, 7, 8, 4, 5, 1, 2, e, d, (10, 15, [14, 13, 11]), 12, f, g]

・前提性に基づく戦略による系列

[(6, 3, d), 9, 7, 8, 4, 5, 1, 2, e, (10, 15), 14, 13, 11, 12, f, g]

・目標性に基づく戦略による系列

[([([9, 7, 8, 4, 5], 6), 2], 1, 3), e, ([([14, 13, 11], 15, d), 12], 10), f, g]

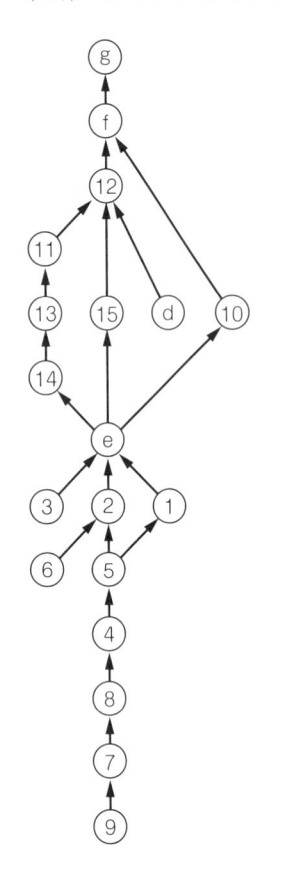

**図8-1** 沼野の国語「文節」の形成関係図（単一目標グラフ）

## 8.2.2 「アルゴリズム的・動的」系列化手法の例

米澤 (1992) では教材構造と学習履歴に基づく復習課題系列の生成手法を提案している。この手法では，教材構造グラフの各ノード間に影響力という方向性のある結合力を導入し，この影響力を要素とするN次正方影響行列でN個のノードからなる教材構造の形状を記述している。復習課題系列は，グラフの有向枝をたどって整列するのではなく，木構造の形状を表す影響行列に学習履

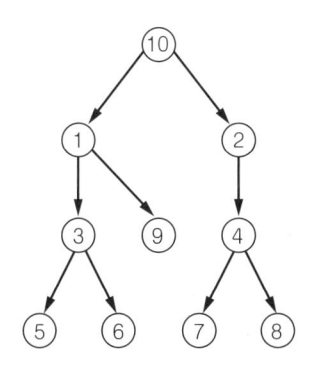

第8章　学習課題系列モデルに基づくシステム開発

**図8-2　教材構造グラフの例**

歴行列を作用せることによって得られる実数値のソートで求めている。さらに，影響力を助長項と抑制係数が付いた抑制項の2成分の和から構成されると考え，抑制係数の値を調整することにより，復習課題系列の精度を向上させるとともに，理解できなかった課題を強調した復習課題系列の生成を可能としている。

例えば，図8-2のような教材構造グラフにおいてノード10，9，8に誤答した場合は，次のような復習課題系列が生成される。ただし，$a$ は抑制係数である。

| | |
|---|---|
| $0 \leqq a < 0.73$ | : 10, 1, 2, 4, 3, 9, 8, (5, 6, 7) |
| $a = 0.73$ | : 10, 1, 2, 4, (9, 3), 8, (5, 6, 7) |
| $0.73 < a < 1.23$ | : 10, 1, 2, 4, 9, 3, 8, (5, 6, 7) |
| $a = 1.23$ | : 10, 1, 2, 4, 9, (8, 3), (5, 6, 7) |

本手法は，復習課題系列の生成は行列による関係演算，および整列アルゴリズムを用いているため，アルゴリズム的な生成手法である。しかし，復習課題系列は学習過程で学習履歴に基づいて生成されるため動的系列として扱われている。

また，小泉（1995）では課題間の関連性に授業設計者のあいまい性を反映させるために関連性をFuzzy数で表現し，復習課題系列を動的に生成する手法を提案している。この手法では，教材構造間および課題系列間の類似度を

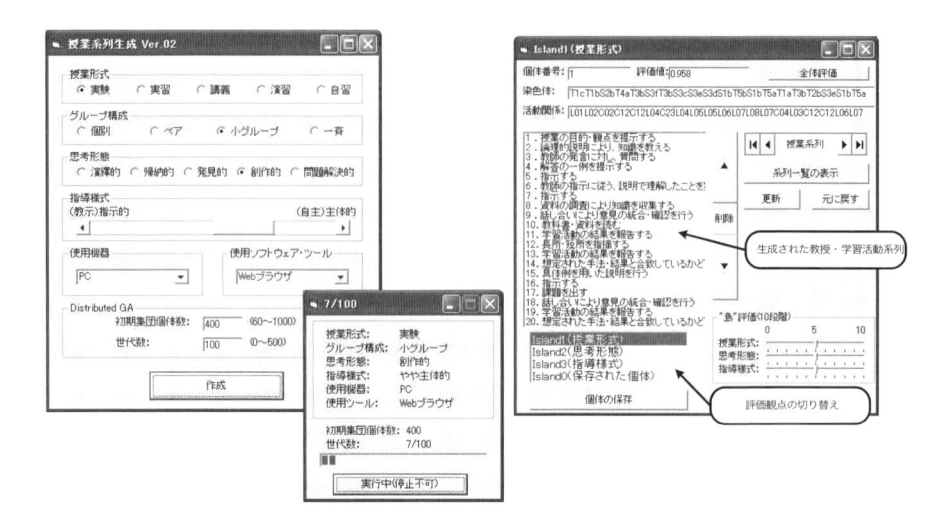

第Ⅰ部　モデルドリブンなシステム開発

**図 8-3　入力インタフェースと生成された教授・学習活動系列の例**

Fuzzy演算を用いて定義し，学習者の回答による類似度の変化を系列化指標に反映させることによって，動的に系列を更新している．

### 8.2.3 「計算的・静的」系列手法の例

松居（2002）では遺伝的アルゴリズム（GA: Genetic Algorithm）を用いた学習活動の系列化手法を提案している．この手法では，「授業形式，グループ構成，思考形態，指導様式，使用機器，使用ソフトウェア・ツール」（※）で記述される1つの授業を，授業の構成要素（教師と生徒の学習活動）の系列として表現することを目的としたものである（本研究の本来的な目的は，この手法を用いて授業を動画像系列として表現し，授業の実践事例ベース推論の機構として実装することである）．図8-3に生成された学習活動系列の例を示す．図8-3は上記の（※）によって「授業」を定義（入力インタフェース）した場合に生成された教授・学習活動系列を示している．このシステムは出力結果に対してユーザが評価の観点等を変更することができ，インタラクティブに授業設計に関する経験を蓄積することを期待して設計されている．

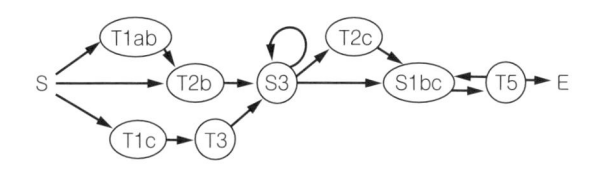

第8章　学習課題系列モデルに基づくシステム開発

**図8-4　思考形態（問題解決的）の状態遷移図**

　本手法では，授業を表現する最適な授業構成要素の系列を求めることを目的とするが，系列化のための明確な指標の定義が困難，複数の系列化方略を同時に用いる必要がある，という理由からアルゴリズム的な手法は適用できない。したがって，本手法では教師・生徒の学習活動を授業の構成要素として抽出し，授業形式，思考形態，指導様式を授業の構成要素の状態遷移図として表現し，生成される系列の評価に用いている。図8-4に思考形態（問題解決的）の状態遷移図を示す。図中のT，Sは教師・生徒の授業の構成要素を表す。思考形態（問題解決的）では問題について質問・討論等によって解決する授業として定義している。特に，問題そのものを学習者自身によって調査・作成することも考慮し，学習者の活動を重視している。

　本手法における系列化の対象は授業の構成要素群である。構成要素間の2項関係は，授業形式や思考形態に依存するため一意に決定することは不可能である。また，明確な系列化基準や系列化手続を記述することも不可能である。さらに，系列化の方略は唯一ではない。したがって，本研究では系列化の問題を多目的最適化問題として定式化して準最適な系列を求めている。評価実験の結果，妥当な授業系列が生成されているとの評価を得ている。

### 8.2.4　「計算的・動的」系列化法の例

　Matsui (1997) の系列化の目的は，米澤 (1992)，小泉 (1995) と同じく復習課題系列の自動生成であるが，教材構造の類似性と教材間の順序性から出題項目の優先度（指向性）をFuzzy推論で行っている点が異なる。つまり，2種類の系列化方略（構造の類似性の向上，順序性の維持）を用いて系列化している点が特徴である。このシステムは図8-5に示すように，物理の力学の問題に対

して学習者が図と運動方程式を入力し，システムは入力情報から動的に出題項目を決定している。

また，関（2003）では学習情報管理システムによって管理される教材情報と学習履歴情報を用いて，学習オブジェクト（学習課題にメタデータを付与したものをここでは学習オブジェクトと定義しておく）の系列化を実現する機能を設計・開発している。本研究における学習オブジェクトの系列化は，学習者のニーズ，学習履歴情報，学習オブジェクトの特徴（学習オブジェクト・メタデータ），および学習対象に関するパラメータ情報（単元項目間の関係，コンピテンシー・モデル）から学習者個々に適した学習オブジェクト系列を求める処理である。本研究においても，松居（2002）と同じく学習オブジェクトの系列化問題を多目的最適化問題として定式化している。具体的には，上述の2種類のパラメータ情報を用いて，系列化のための複数の評価パラメータを定式化している。そして，最適化手法には，多目的GAと分散GAを併用するモデルを適用している。特に，分散GAの移住率を可変パラメータとして扱い，パラメータを調整するインタフェースを学習者に提供することによって，系列化の処理過程に学習者の学習方略を反映させより適応的な系列化手法を実現している。また，GAパラメータのモジュール性を向上させることによって，汎用的な系列化手法を実現している。モジュール性の向上に関しては，数学的モデルに基づく学習課題の系列化法が，学習課題の内容には依存しないレベルでの定式化を行っていることの長所とも考えられる。

## 8.3 学習課題系列化手法の展望

一般的に学習課題系列化手法とは，複数の学習課題を何らかの学習方略に基づいて1次に系列化することである。しかしながら，逆に，与えられた学習課題系列から系列化に用いられた学習方略を推定することは大変興味深い問題である。竹谷（2007）では，単一の学習方略に限定はしているものの，学習課題の構造グラフと系列が与えられたとき，系列化に用いられた学習方略を，学習方略を表現するパラメータの帰属度関数によって推定するアルゴリズムを提案

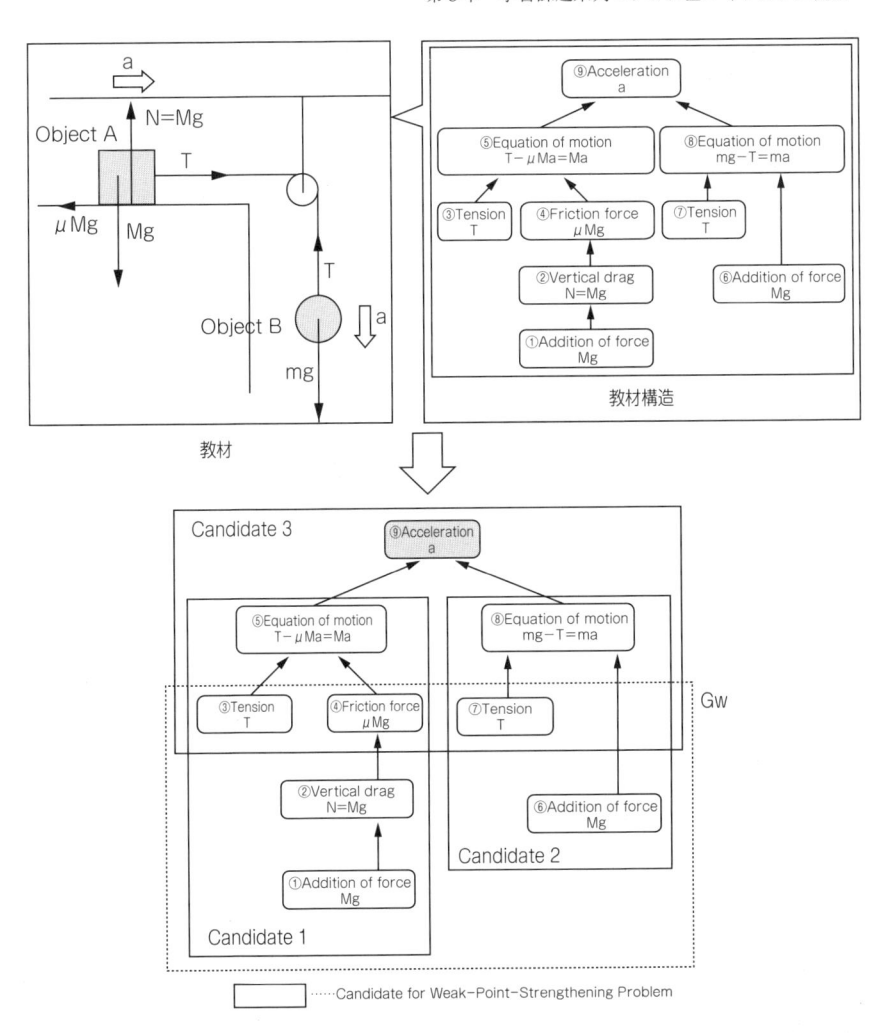

第8章 学習課題系列モデルに基づくシステム開発

図8-5 教材構造の記述と扱い

している。

本章では学習課題系列化を系列化手法および系列の扱いという観点から整理・分類を試みた。また，各手法の概要と有効性に関して実例を通して述べ

第Ⅰ部　モデルドリブンなシステム開発

た。系列化手法は授業設計のみならず，教育システムにおける適応性を実現する機能として重要な理論・技術である。数学的モデルによる手法は統計的手法を理論的基盤におくことが多く，普遍性の高い実装方法が期待される。数学的モデルに基づく手法は知識モデルに基づく手法と頻繁に対比される（松居 2002）。双方の特徴，特性を明らかにし共通性，相補性を見出すことが重要である。

〈参考文献〉

赤堀侃司・清水康敬（1989）「教授方略モデルによる学習課題の系列化シミュレーション」『信学技報』ET89-70：19-24.

赤堀侃司（1992）「あいまいな教授方略を反映した学習課題系列の生成」『電子情報通信学会論文誌』J75-A(2)：382-389.

Gagne R.M. and Briggs L.J.（1979）*Principles of Instructional Design, Holt Rinehart and Winston*, New York.

小泉直範・松居辰則・竹谷誠（1995）「教材構造を反映させた復習課題抽出法」『日本教育工学雑誌』19(1)：1-13.

Tatsunori Matsui（1997）"Optimization Method for Selecting Problems using the Learner's Model in The Intelligent Adaptive Instruction System," IEICE Transactions on Information System E80-D (2)：196-205.

松居辰則・石川智剛・岡本敏雄（2002）「分散遺伝的アルゴリズムを用いた教授・学習活動系列化システム」『人工知能学会論文誌』17 (4)：449-461.

松居辰則・平嶋宗（2010）「学習課題・問題系列のデザイン」『人工知能学会誌』25 (2)：259-267.

成瀬正行・後藤忠彦（1997）「反応構造による教授項目の系列化」『日本教育工学雑誌』2 (4)：137-147.

沼野一男（1976）『授業の設計入門』国土社．

岡本敏雄・松本剛（1998）「遺伝的アルゴリズムを用いた教授項目系列の生成」『人工知能学会誌』13 (1)：91-99.

Reigeluth C.M., Merrill M.D. and Bunderson C.V.（1978）"The Structure of Subject Matter Content and Its Instructional Design Implication", *Instructional Science*, 7.

関一也・松居辰則・岡本敏雄（2003）「e-Learning 環境での学習オブジェクトの適応的系列化手法に関する研究」『電子情報通信学会論文誌』D-I, 86-D-I (5)：330-344.

竹谷誠（1990a）「順序構造をもつデータのクラスタ分析法」『信学技報』ET90-91：29-36.

竹谷誠（1990b）「教授方略に基づく学習課題系列化法［1］ コヒーレンスとポテンシャル概念の導入」『信学技報』ET90-22：55-62.

竹谷誠（1992a）「課題系列化のための教授方略の特性分析」『電子情報通信学会論文誌』J75-A (2)：371-381.

竹谷誠（1992b）「関連測度をもつ課題の系列化法」『電子情報通信学会論文誌』J75-A（3）：624-632.

竹谷誠・船橋芳雄・中内辰哉（2007）「戦略的課題系列化にのっとった課題系列の戦略的推定法」『電子情報通信学会論文誌』D, J90-D（6）：1509-1520.

豊田規人・三枝武男（1999）「重み付きグラフを用いたクラスタ分析に基づく無矛盾な学習項目の系列化法」『電子情報通信学会論文誌』J82-D2（3）：543-555.

米澤宣義（1992）「教材構造と学習履歴に基づく復習課題系列の生成」『電子情報通信学会論文誌』J75-A（2）：362-370.

第9章

# 第Ⅰ部まとめ

平嶋　宗・矢野米雄

　本章では，第1部で紹介した，モデルドリブンなシステム開発に焦点を当てた7つの研究を，潜在ニーズ，モデル，およびシステム開発，の観点から総括する。

## 9.1　学習・教授知識の組織化とシステム開発（第2章）

① 潜在ニーズ

　学ぶ方法あるいは教える方法としては，多種多様な学習理論や教授理論，あるいは経験的な方法などがすでに提唱されている。第2章が対象としている潜在ニーズは，これらのさまざまな方法を教育現場において使い分けるための手段の提供である。学習理論や教授理論，あるいは理論と呼ぶまでには整理されていないような学習・教授の方法に関しても研究が数多く行われてきているが，これらは他の方法との違いを強調することを基本として成立しているといってよく，また，その違いもそれぞれの方法をよしとする立場からの言及であったといえる。このため，それぞれの方法を客観的な立場に立って比較検討するための共通の基盤が存在しない状態になっていたといえる。もしある一つの方法を採用することでことが済むのであれば共通基盤がないことは大きな問題とはならないが，実際の教育・学習の現場においては多種多様な状況・段階と能力や特性の異なる教授者・学習者がかかわっており，それらすべてに対して一つの方法を適用するのは柔軟性に欠ける対応であり，現実的とはいえない。したがって，必要に応じて適切な方法を選択する，あるいはその効果を見積も

第9章 第Ⅰ部まとめ

るといったことが求められることになるが，さまざまな方法を比較検討するための共通の基盤が存在しないために，種々の方法を必要に応じて使い分けるといったことは非常に困難であったといえる．このため，学ぶ方法および教える方法に関しての膨大な知見が蓄積されているにもかかわらず，それを体系的に活用しようというニーズは顕在化していなかったといえる．

② モデル

この研究では，どのような学習・教授の方法であろうとも，「学びを促進する」という目標は共通化できるとの作業仮説のもと，さまざまな方法を，(1)学習目的と，(2)達成方法，によって定式化しようとしている．学習結果とは学習前と学習後の学習者の状態の変化であり，したがって学習目的とはその状態変化であるということになる．そしてその達成方法とは，その変化を起こすために行われる具体的な教授や学習活動ということになる．ここで紹介されているOMNIBUSオントロジーは，さまざまな学習・教授の方法を包括的に整理するための言葉／概念の体系である．そして，このオントロジーで体系化された言葉を共通語彙として使ってさまざまな教授・学習の方法を記述することになる．ここで，OMNIBUSオントロジーが提供する言葉で教授・学習の方法を記述することをモデル化と呼ぶことができる．この意味で，OMNIBUSオントロジーは，メタモデルということができ，それぞれの教授・学習の方法のモデル化は，このメタモデルのもとでのモデル化ということになる．このOMNIBUSオントロジーの妥当性は，OMNIBUSオントロジーによる種々の方法のモデル化が，それらの方法の活用に有用となるかによって確認される必要があり，OMNIBUSオントロジーが構築されたそもそもの目的となる．

③ システム開発

ここではOMNIBUSオントロジーに基づいて開発された授業設計支援のための2つのシステムが紹介されている．一つは，授業全体の学習目標からその目標を達成する学習指導案をさまざまな教授・学習の方法を用いて構成するといったトップダウンな授業設計を支援するSMARTIESであり，もう一つは，

第Ⅰ部　モデルドリブンなシステム開発

一旦作成された学習指導案からその背景にある授業設計の意図を推定することで，教師自身による授業設計への振り返りや改善を促すといったボトムアップな授業設計を支援するFIMA-Lightである。それぞれ小規模ではあるものの，想定ユーザである教師らによる試用が進められており，SMARTIESを用いた授業設計の可能性，およびFIMA-Lightによる授業設計意図の推定の有用性，がそれぞれ示されている。これは，OMNIBUSオントロジーが想定していた潜在ニーズの顕在化が期待できることを意味している。授業設計をよりシステマティックにすることの意義は明らかであり，OMNIBUSオントロジーとそれに基づき開発されたシステムの有用性が示されたことは，今後の大きな発展につながるものと期待できる。

## 9.2　問題メタデータとシステム開発（第3章）

① 潜在ニーズ

　個々の問題および問題間の関係を明示的にしながら行う問題演習の実現がこの研究が対象としている潜在ニーズである。ある知識を使いこなせるようになるためには，その知識を覚えるだけでなく，さまざまな問題に対して使ってみることが必要であり，そのための問題演習の実施は教授・学習において重要な役割を果たしている。このような問題演習では，単に同じような問題を繰り返し解くのではなく，さまざまな問題を解くことが重要となる。実際，多くの問題集は，さまざまな問題が掲載されており，また，簡単な問題から徐々に難しい問題に取り組むように構成されている。しかしながら，「さまざまな問題」とはどのようにさまざまであるかは明示的に定義されているわけではなく，また，網羅的な用意がなされているわけでもない。さらに，徐々に難しくしていくという点についても，それらの問題がどのように難しくなっているかについては，暗黙的なものとなっている。

　問題演習においてある問題が解けないということは，その問題全体が解けないということではなく，その問題の一部の構成要素が解決への障害になっていると考えるのが普通であり，またその障害となる構成要素は，それ以前に解け

た問題とその解けない問題との差分として取り出せるであろうことが期待できる。問題集においては，問題中に部分問題への分割や参考問題あるいは応用問題への参照，さらには個々の問題についての解説といったことが行われており，これらによって前述のことはある程度行われているということができるが，不十分であるといってよいであろう。問題演習を対象とするような学習支援システムにおいても，基本的には問題集を計算機上で実施するという形態で実現されている場合には，問題のバリエーションや問題間の関係には十分な注意が払われていないのが実情であるといえる。

問題及び問題間の構造を明らかにし，問題間の密接な関連構造を明らかにすることができれば，その関連構造に基づくより丁寧な問題演習及び問題の説明が実現できるであろうというのがこの研究の考え方である。

③ モデル

この研究においては，解法についての基本問題を定めた上で，その解法が適用可能なさまざまな問題を基本問題と対応づけることができるとし，それらの問題を基本問題との差分によって特徴づける試みを行っている。これが問題のメタデータとなる。個々の問題は，その問題が提供している情報と求めている情報の構造的な記述として表現され，基本問題との対応づけは，情報の抽象化および情報の補完によって行われるとしている。このようにモデル化することで，ある解法で解けるさまざまな問題間の関係を抽出することが可能となり，より丁寧な問題演習の実施が可能となる。

④ システム開発

問題のメタデータに基づき，個々の問題および問題間の関係を説明する機能，およびある問題が解けた場合の次に取り組むべき問題候補を提示する機能が実現されている。また，ある問題が解けず，それと関連する別の解けた問題があった場合に，それらの差分から問題解決における障害となっている部分の抽出を行う機能も実現されている。ここで紹介されている算数の文章題に関しては，問題演習支援システムとして実践利用が行われたものまでは開発されて

第Ⅰ部　モデルドリブンなシステム開発

いないが，ここから派生した作問学習支援システムや力学の問題演習支援システムに関しては，実践的な利用の試みがすでに行われている。このような問題演習は個別対応が可能な学習支援システムを前提とした初めて考えうるものであり，システムの試作及び試験的な利用を重ねることで潜在的であったニーズを顕在化し，実効性のある教授・学習活動として洗練してゆくことが可能であると期待できる。

## 9.3　誤りの可視化モデルとシステム開発（第4章）

### ① 潜在ニーズ

　この研究では，学習者自身に誤りに気づかせるためのひとつの方法を提案している。学習者が間違いを犯した場合，それが間違いであることを学習者自身に納得させることがその誤りの修正において重要とされている。一般的に行われている誤りに対する指摘の仕方は，学習者に対して正解を提示し，それが学習者の解答と異なっていることを確認させる方法である。問題に対する正解さえ用意しておけばどのような誤りに対しても対応できる一般的な方法であり，正解を教えることと同時に行えるため，効率的であるともいえる。しかしながら，この方法は学習者の解答を単純に否定しているだけであり，なぜその解法が間違いであるかを説明できていないともいえる。このため，誤概念など学習者自身がある程度信念体系をもった上で発生している間違いに対して，十分な効果を発揮しえないとされている。この研究では，学習者の誤りに応じてその誤りを仮に正しいとした場合にどのような結論が導けるかを提示することで，学習者自身に誤りであることに気づかせる方法をとっており，誤概念等の修正の難しいタイプの間違いに対しての効果が期待できる。個々の間違いに応じた間違いであることの指摘は，一般的な教育・学習の場においては非常に困難であることは明らかであり，この研究のような提案があって初めてニーズが顕在化しうるものであるということができる。

② モデル

　この研究では，「誤答を正しいと仮定したときの不都合な帰結の提示」として誤りを可視化するためのモデルが提唱されている。このモデルに基づく誤りの可視化を実現するためには，(1)誤答が正しいと仮定したときの帰結を導く仕組み，と(2)誤りであることが顕在化される帰結の提示法，を明らかにする必要がある。これらの具体的な実現方法についても，事例的ではあるものの実現されており，モデルの妥当性は示されていると考えてよい。

③ システム開発

　誤りの可視化事例としては，力学における抗力の概念の学習を対象としたシステムが開発され，中学校の理科の授業での利用が試みられており，小規模な事例ではあるものの，システム利用の有効性が示されている。力学における抗力はその理解が難しいものであり，誤概念が残る場合が多いことが知られている。したがって，この事例における有用性を示せていることは，この誤り可視化の方法の可能性を示すものであるといえる。ただし，仕組み的に総ての誤りに対応できるものでないことも明らかであり，他の手法との組み合わせての利用が不可欠といえる。

## 9.4　Webベースの学習活動のモデル化とシステム開発（第5章）

① 潜在ニーズ

　Webページを探索的に見て回る（ナビゲーション）ことを通した学習の支援を，学習者による学習活動の自己調整を活性化することによって実現することを目指して行われている研究である。Webを対象とした探究的な情報収集活動が学習としての意義をもつことは経験的にも明らかであり，そのような活動を取り入れている教育現場も存在する。また，そのような学習活動を促進する上での課題設定や学習活動としての特性についての研究も存在する。しかしながら，Webページのナビゲーションおよびそこから学習していくプロセスについては，Webページが基本的に教育・学習のための構造をもっていない

ことと，それぞれの活動の個別性が高いことから，その支援に関しては十分な関心が払われていなかったといえる。このWebページのナビゲーションプロセスに対する教育的な支援の可能性を示すことによるニーズの顕在化が本研究に期待されることである。

② モデル

　Webページのブラウジングを通した学習を，ブラウジング活動自体（リソースナビゲーション）と，ブラウジング活動の制御およびそこで集めた情報の構造化としての知識の構築を行う自己調整活動に分離し，主に自己調整活動の詳細を論じることで，その活動に対する促進方法の検討を行っている。このような整理によって，単なる情報収集ではなく，収集した情報に基づく学習，および学習目標に合わせたリソースナビゲーションといった，学習の観点からのWeb利用活動のモデル化がなされており，このモデルに基づくことで学習の促進を目的としたシステム開発が可能となる。

③ システム開発

　Webページからの情報収集を通した学習を促進するために，この研究ではIH（Interactive History）というWebページのナビゲーション過程を記録・可視化するとともに，それに基づく学習者による知識の構築を可能にするツールの開発を行っている。さらに，このような支援を段階的に取り除くことによって，ツールなしでも同様な学習活動が実施できるようにするための方法論まで提示している。これらのツール群はすでに開発され，運用実験も行われており，すでにこの研究が想定している形態での学習が可能であることが示されている。Webに蓄積された膨大な情報からさまざまなことを学ぶことができる。しかしながら，その学びを意義のあるものにするためには，学習者に高い能力が要求されることになり，教育的に活用することは必ずしも簡単ではなかった。この研究は学習者の自己調整と呼ばれるメタ認知に属する活動を補助することによって，Webページのナビゲーションおよびそこからの知識構築の促進を実現しており，今後さらに発展し，また適用範囲を広げていくことができ

る研究と期待できる。

## 9.5 創造性のモデルとシステム開発（第6章）

### ① 潜在ニーズ

　創造性を獲得することの教育的意義は論を待たないが，ではどのようにすればその創造性が獲得できるかについては，明確な方法論があるわけではない。多くの場合，創造性が重視される教科・学習課題といったものを教えるあるいは学ぶことをもって，創造性の育成としている場合が多いであろう。これに対してこの研究では，心理学・学習科学の知見に基づいて，創造的活動をモデル化し，そのモデルに沿った活動を学習者に行わせることで，よりシステマティックな創造性の育成を実現しようとしている。創造性及びその育成方法のこのような捉え方は，さまざまな教科・学習課題における創造性の育成を指向した教授・学習の可能性を示しており，さまざまな潜在ニーズを顕在化する契機となりえると期待できる。

### ② モデル

　これまでに行われてきたさまざまな創造性に関する研究を踏まえた上で，事例からの創造的活動に着目しており，元の事例を変更する活動を創造的活動として定式化している。事例および事例の変更可能性をあらかじめ制限しておけば，その活動は計算機処理可能なものとなり，その中で学習者にとっての創造的活動を捉えることが可能となる。この研究においては，対象となる事例をその構造を明確にしやすい「問題」とし，問題の変更として創造的活動をモデル化した上で，その活動を促進するシステム開発が行われている。

### ③ システム開発

　創造的活動を体験することが創造性の育成につながるとの仮定のもと，(1)システムによる問題事例の提示，(2)学習者による問題の変更，(3)システムによる作成された問題の診断，(4)診断結果に基づく提示事例の制御，を基本とするシ

ステムの開発が行われている。このシステムは実験的な使用が行われており，学習者の行う問題変更活動に対するシステムからの提示事例の制御によって，作成される問題の多様性を増すことができることが確認されている。現時点では創造的活動とされる活動を体験させることができているといった段階ではあるが，一般的な教科・学習課題を対象とした創造性の育成を試みている点で，今後の発展や波及効果を期待できる試みであるということができる。

## 9.6 マイクロワールドに基づくシステム開発（第7章）

① 潜在ニーズ

法則や原理を発見的に学習することの意義は広く認識されており，教育現場においても実験や観察を通した授業においては，そのような学習が指向されているといえる。しかしながら，本来発見する上で必要となるような活動は，質の異なるいくつかの段階と豊富なインタラクションを必要としており，現状の教育現場での実施は困難であるといえる。たとえば，学習者自身がさまざまな試行錯誤的な試みを自発的に行うことは，発見的学習においては非常に重要な役割を果たしているが，そのような個別性があり，また多様な活動を学習者に許容することは実践の場においては現実的とはいえない。このため，実際には発見のプロセスをなぞるような実験・対話を行う程度しかできていなかったということができる。これに対して，発見的な学習活動をモデル化し，その活動を学習者が行えるようなシステムを開発・提供することで，発見的学習を実施可能なものとしようとしているのがここで紹介されているマイクロワールドに基づくシステム開発の例となっている。このような学習活動の可能性が示されて初めてニーズが現れることになる潜在ニーズであると考えることができる。

② モデル

発見するためには，(1)仮説の生成，(2)仮説検証のための実験の設定とその結果の予測，(3)実験の実施，(4)実験結果の観察，(5)観察結果と予測の比較による仮説の検証，(6)必要に応じた仮説の検証，といった活動が必要となる。この章

ではまずこの活動のモデルとして標準的に合意されているものが示されている。さらにもう一つのモデルとして，実験の対象となる対象世界のモデル化についても解説が行われている。一般に発見といっても，ある体系自体を発見することはその範囲としておらず，ある体系内での漸進的で整合性のとれたモデルの洗練・複雑化としての発見が取り扱われている。

③ システム開発

発見的学習は多くの段階を経ることが必要となるため，これまで開発されていたシステムにおいては，それぞれ特徴的となっている部分が異なっていることが多い。このため，本章は一つのシステムとしてではなく，発見学習の活動モデルにおける部分活動においてその取り扱いを特徴とするいくつかのシステムが事例的に紹介されている。具体的には，(1)仮説の生成と検証，(2)対象世界のシミュレータとしてのマイクロワールドの構成，(3)学習の進捗に合わせたマイクロワールドの拡張法，および(4)学習者とシステムの情報のやりとりの方法，に関してシステム事例の紹介が行われている。これらの事例は学習者に発見させることの可能性を示しているが，同時に，学習者に発見させることの困難さも明らかになってきているといえる。本章で示されたような潜在ニーズを顕在化し，実用化していくためには，教育・学習にいて意義のある「発見」とは何か，どのような意味をそれに与えるべきかをさらに明確にし，モデルや技術の役割を検討していく必要があるであろう。

## 9.7 学習課題系列モデルに基づくシステム開発（第8章）

① 潜在ニーズ

個々の学習課題は互いにさまざまな関連をもっている。この関連性は，教える・学ぶ順序に影響を与えるとともに，その関連性自体も学習者が理解する対象となる。したがって，個々の学習課題だけでなく，学習課題間の関連も教育・学習における重要な要素であるということができる。しかしながら，学習課題に取り組む際には一度に一つの課題にしか取り組めないため，教える・学

ぶといった活動においてはこれらの学習課題は1次元化することが必要となる。したがって，どのように1次元化するのか，そして，1次元化によって取り扱われなかった関連をどのようにして補足するのか，といったことが解決すべき問題となる。これらの問題に関しては個々の科目や単元においてすでにさまざまな議論が行われており，標準的な1次元化された学習課題系列およびその他の関係の補足方法，が用意されているといってよい。したがって，それらに従うのが標準的な解決方法であるということができる。しかしながら，学習者の個々やグループの能力や興味に応じた教え方・学び方を追求することができるのであれば，それぞれに応じた1次元化や補足方法があり得るであろう。つまり，学習課題間構造の1次元化を必要に応じて行うといったニーズが存在しうることになる。第8章では，数理的モデルを用いて学習課題間の構造の1次元化を行う方法の分類・整理している。

② モデル

　第8章では，まず，学習課題間構造を，学習課題をノードとし，課題間の順序関係をアークとする2次元のグラフ構造の形式で表現する。この2次元グラフを1次元的な学習課題の配列とすることが学習課題の系列化である。このような定式化を行うことにより，系列化は数理的に処理可能な問題となる。ある2次元の課題間構造から取り出せる1次元の課題系列は複数ありえるが，授業設計者の意図を反映した系列化が重要な目標となる。第8章では，この系列化の方法を，その系列化の際の手順（それが段階的に示せるか（アルゴリズム的），示せないか（計算的）），および学習課題間構造の性質（変化しないことを前提とするか（静的），しないか（動的））によって分類しており，それらの組み合わせとしての4タイプの手法をそれぞれ紹介している。

③ システム開発

　第8章では系列化の手法およびその実装としての機能が紹介されているが，具体的な運用例は示されていない。これらの手法を運用しようとすれば，学習課題間構造を取り扱うため，教材としては比較的規模の大きなものを取り扱う

こととなる。このため，これらの手法を運用すること自体が簡単ではない。また，運用した場合にも，従来の系列に比べてその良さを示すためには比較的規模の大きな実験を行うことが必要となってしまう。さらに，これらの手法を提供するためには学習課題間の関係を明示化しておくことも必要となる。これらのことは，系列化の手法を運用する上での障害となっており，現時点でもまだ解決されていないといえる。しかしながら，教材の電子化，メタデータの付与，個別利用，などの諸条件が整ってきていることから，今後，使われる技術になっていく可能性をもっているということができる。

# 第Ⅱ部

# 技術ドリブンなシステム開発

# 第1章

# 技術ドリブンなシステム開発とは

緒方広明

　新しい技術の誕生や普及により教育や学習の方法が大きく変化することがある。例えばインターネットの普及・発展によって，遠隔講義やe-Learningなどの研究が活発となり，距離的に離れた空間を結んで，教育や学習が可能になった。また，近年では携帯電話やスマートフォンが普及し，それを用いた学習環境へと変化している。この章ではこのような技術ドリブンな研究の方法や特徴を述べる。

　ここでは，どのような技術の発展によって，どのような教育支援システムの研究がされてきたかについて述べていく（図1-1参照）。

① コンピュータの登場

　1945年にパーソナルコンピュータが登場した。そこで教育をコンピュータで実現させるCAI (Computer Assisted Instruction) が開発されていった。1950年代にはオペランド条件づけによるティーチングマシンや，学習者ごとに学習内容が可変となる枝分かれ型ティーチングマシンが登場した。これらのシステムは学習者の理解度に応じた学習内容を提供できると考えられていたが，理想的なシステムを構築することは困難であった。そこで教材に関する知識，教授戦略に関する知識ベース，学習者の理解度を動的に表現する学習者モデルを構成し，より知的にインタラクティブな振る舞いを行うITS (Intelligent Tutoring System) が研究開発されてきた。

第1章　技術ドリブンなシステム開発とは

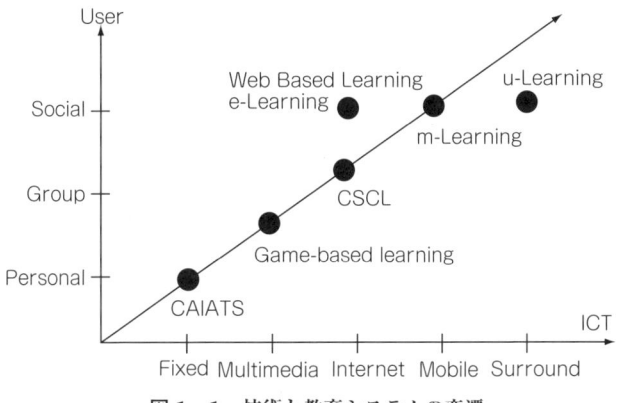

**図1-1　技術と教育システムの変遷**

## ② マルチメディアの発達

1980年代，映像や音声データなどの本来別々のデータをデジタルデータに変換することでまとめて取り扱うことが可能になった。このような複数の情報をひとまとめにして扱うメディアのことをマルチメディア（Multimedia）と呼ぶ。これにより学習用コンテンツを取り入れた家庭用テレビゲームを用いた学習（Game based learning）が可能となった。しかし，この時代までに登場した教育システムは学習者個人（Personal）とシステムで対話するものが主であった。

## ③ インターネットの登場

1960年代からインターネット（Internet）の概念はあったが，1980年代後半になり，インターネットが普及してきた。これによりCSCL（Computer Supported Collaborative Learning）やWBL（Web Based Learning）などの研究が盛んに行われるようになった。この時代から個人的に支援を受けるシステムではなく，CSCLのようなグループ（Group）学習やWBLのようにWebにアクセスすることでさまざまな人や物とつながることで，ソーシャル（Social）な場で学習を行う学習環境が研究されてきた。

## ④ データストレージの大容量化

1980年代に入るとさまざまなメーカーがハードディスクの小型化，大容量化，高速度化を開発していった。80年代前半だと5インチだったものが80年代後半には3.5インチになり1901年には2.5インチで 100 MB の容量をもったハードディスクが誕生した。また90年代からは大容量化，高速化が実現していった。このようなことから大量のデータを扱うことが可能になってきた。このことから大量データから有用な情報を抽出するデータマイニング技術が開発され，それを教育・学習に利用する研究も盛んになってきた。

## ⑤ モバイル技術の普及

1990年代になると PDA（Personal Digital Assistant）や携帯電話といったさまざまなモバイル機器（Mobile Device）が登場した。モバイル機器には移動しながらインターネットにつなぐことが可能である。その技術を用いて，さまざまな場所からインターネットにアクセスして学習するモバイルラーニング（m-Learning）の研究が盛んになった。

## ⑥ ユビキタス技術

生活環境の中の至るところに，コンピュータ機器やとネットワーク機器が埋め込まれ（surround），コンピュータを意識することなく利用できる環境のことをユビキタスコンピューティング環境という。また，さまざまな人々や機器同士がネットワークでつながり，いつでもどこでも情報交換が行える環境を構築することをユビキタスネットワークという。このようなユビキタス技術の発展により，学校や教室の中だけに限らず，家庭や屋外などのさまざまなコンテキストで学習をサポートする u-Learning システムが研究されている。

## ⑦ 技術ドリブンな教育システムの研究手法

ここまでは教育システムがどのような技術を用いて変わってきたかを述べた。次に，新しい技術を用いてどのように研究していくかを示していく。

① まず，社会のニーズから，どのような新しい技術が発展してきているか

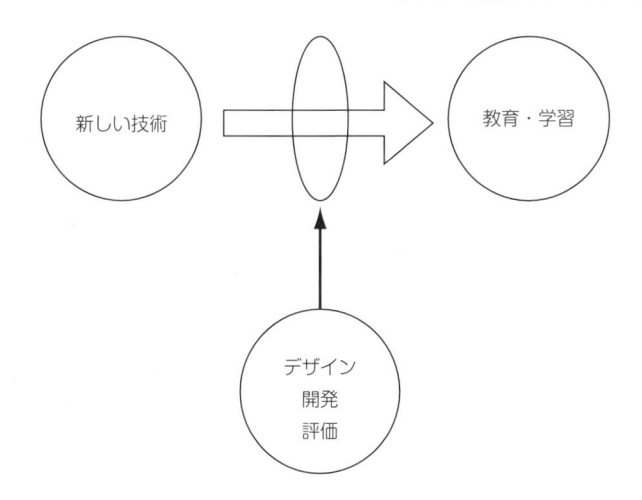

**図1-2　技術ドリブンな教育システムの研究手法**

調査を行い，その特徴を調べることが重要である．例えば，モバイル技術は，いつでもどこでもコミュニケーションを可能とするために開発されたが，これを教育システムに利用することにより，学習も至るところで可能となる．

② その技術の特徴を活かして，教育支援システムやそれを含めた学習環境をデザイン（設計）する．これには以下の2つに分類できる．

(1) 今までの学習方法が，新しい技術を用いることによって，より効果的・効率的に行えるようになるものである．この評価は，システムを使うグループと使わないグループで，どれだけ学習効果が向上するかを調査する必要がある．

(2) 新しい技術によって，今までにはできなかった，新しい学習方法を可能とするものである．例えば，Second Life などの仮想世界の普及によって，遠隔の人々が出会い，そこで言語学習や遠隔授業が可能となった．

③ その技術を用いて開発を行い，その教育・学習効果を調べる．

④ ②～③を何度も繰り返し，改善する必要がある．

## 第 2 章

## モバイル・ユビキタス技術を用いたシステム開発

緒方広明

## 2.1 背　景

　近年，携帯電話やスマートフォン，タブレット PC，PDA（Personal Digital Assistant），Wi-Fi など用いて，いつでもどこでも情報にアクセスできる，モバイルコンピューティングの環境が普及・発展してきている。具体的には，PDA などの携帯情報端末を用いて，大学やオフィスはもちろん，家庭や駅，空港などでもワイヤレス通信を用いて情報にアクセスできるようになってきている。そこで，このような技術を用いたモバイル学習環境の研究も盛んに行われている。

　さらには，環境に埋め込まれたセンサやさまざまなコンピュータが互いに連携して人々の生活を支援するという，ユビキタスコンピューティング技術（Ubiquitous Computing）やパーベイシブコンピューティング技術（Pervasive Computing）を用いたユビキタス学習環境やパーベイシブ学習環境も注目されている。具体的には，インターネット家電や QRCode などの 2 次元バーコード，RFID（Radio Frequency Identification）タグが付いた商品のように身の回りのモノとの情報交換も可能になりつつあり，これらの技術を用いた学習の支援も提案されている。本章では，このようなユビキタス・モバイル学習環境の概要とそれぞれの分類を行い，現在，行われている研究を紹介する。

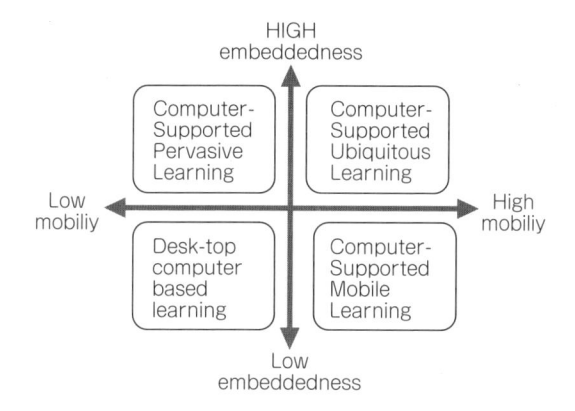

図2-1 ユビキタス・モバイル学習環境の分類
出典：緒方・矢野（2004）.

## 2.2 ユビキタス学習環境

### 2.2.1 分 類

　まず，ユビキタス学習環境（CSUL：Computer Supported Ubiquitous Learning）の特徴を明確にするために，文献を元に，従来のデスクトップコンピュータを用いた学習環境（DCBL：Desktop Computer Based Learning）と，Pervasive 学習環境（CSPL：Computer Supported Pervasive Learning），モバイル学習環境（CSML：Computer Supported Mobile Learning）の分類を示す（緒方・矢野 2004, 2005, 2006）。

　図2-1中の縦軸はユーザの周囲の学習環境に計算機器デバイスが埋め込まれているかどうか，を示す。また，横軸は学習者が移動してもどこでも学習環境を利用できるかどうか，を示す。ここで，DCBL は，移動性が低く，システムの利用が時間的に場所的に限られる。また，マウスとキーボードを用いたコンピュータに帯する学習者の入力をもとに学習を支援する，という特徴をもつ。例えば，デスクトップコンピュータを用いた CAI（Computer Assisted Instruction）システムや ITS（Intelligent Tutoring System）はこれに含まれる。

　一方，CSML では，時間と場所の制約を受けずに常時学習を支援する。例えば，携帯電話を用いた英語学習システムなど，携帯情報端末を用いた

e-Learning システムはこれに含まれる。ここでは，学習者の周囲の環境に埋め込まれた計算機資源（例えば，インターネット家電や RFID タグなど）とデータ交換を行い，学習を支援することは含まれない。

これに対して，CSPL では，学習者の周囲の環境にあるオブジェクトと互いに連携しながら，学習活動を支援する。例えば，教室内にコンピュータが埋め込まれた環境 Roomware を利用して，学校教育を支援する試みがされている。しかし，CSPL では，CSML のようにその環境から学習者が移動するとコンピュータによる学習支援を享受できないという問題もある。

一方，本稿で解説するユビキタス学習環境（CSUL）は図2-1に示すように，社会や生活の至るところに計算機器が埋め込まれており（high embeddedness），それらが互いに意識されることなく（invisible），お互いに連携して（collaborate），学習活動を活かし，かつ，学習者が移動しても（high mobility）日常的に学習（everyday learning）が行える環境である。また近年では，学習者の環境に合わせて適した学習を提供するための技術として，コンテキストアウェアネスを活用した学習環境が考えられている。具体的には学習者のもつ携帯できる計算機器デバイスにそなわったセンサを利用し，現在おかれている環境を推測し，そこで効果的な学習の提案をする。たとえば言語学習者において，GPS で取得した位置情報から場所を特定し，その場所に関わる単語やエピソードを提案することでより，効果的な学習効果が期待できる。

本章では，このように狭義の定義を用いるが，広義に解釈して，CSPL，CSML を含めて CSUL と捉えられることもある。

### 2.2.2 特 徴

図2-1 はシステムの機能的な側面からみた分類であるが，次に，学習者の側からみたユビキタス学習環境の特徴を以下に示す。

① 学習環境の常設性（Permanency）：各学習者が日頃使い慣れた学習環境をいつでもどこでも利用できる。これにより，日常生活での学習において，日々学習した知識や経験を蓄積していくことができる。

② 学習ニーズに対する即時性（Immediacy）：ユビキタス学習環境では，いつ

でもどこでも時間・場所にとらわれることなく，学習が必要な時に十分な学習が行え，学習の要求と行動との間のタイムラグが小さい。

③ 学習時の接続性（Accessibility）：電子メールや掲示板，ビデオなどを用いて，学習者はいつでもどこでも，Web などの教材にアクセスしたり，教師や専門家と同期・非同期にコミュニケーションできる。また，学習者同士で協調学習も行える。

④ 学習効果の実用性（Practicality）：仮想空間に限らず，現実世界での出来事が学習の機会につながる。また，学習したことが現実世界の問題解決につながる。

⑤ 学習活動の状況性（Situated-ness）：学習活動が，現実世界の日常生活における，ある状況に埋め込まれる。つまり，ユビキタス学習環境では，学習者がその状況下にいることで，問題の理解やそれに関連する知識の獲得が促進される。

## 2.3 ユビキタス・モバイル学習環境を実現する技術

本節では，ユビキタス学習環境やモバイル学習環境の実現する上で助長している技術を具体的に紹介する。

(1) 携帯デバイス

学習者が常用できるデバイスとして携帯電話，スマートフォン，タブレットPC，ゲーム機（PSP，DS），PDA，iPod，UMPC などがあり，従来に比べ高性能で小型化したデバイスがより安価で手に入るようになってきた。バッテリーの駆動時間が短いなどの問題があったが，近年は，バッテリーの大容量化や小型化が進んでいる。また，デバイスの中にはアプリケーションの開発環境が公開されているものがあり，学習者のニーズに合わせた学習環境の開発をすることができる。

(2) 通　信

通信の技術として，3G や WiMAX，Wi-Fi などワイヤレス通信環境が整備され，いつでもどこでも，ネットワークを介して情報にアクセスできるように

なってきている．携帯電話における通信（3G）では，通信速度が遅い，通信コストが高いことが言われてきたが，アンテナ増設，Wi-Fi スポットのサービスなどにより改善されてきた．また，4G では速度が速い反面，高い周波数帯を使うため遠方への伝搬損失がおき通信エリアの縮小（電波伝搬特性），直進性が高いことによる屋内へ電波が届きにくい問題がある．そのため3G との併用などが考えられている．

(3) センサ

学習者の空間情報・時間情報などを取得するセンサとして RFID リーダ，加速度センサ，温度湿度センサ，GPS などがあげられる．こういったセンサが前述の携帯デバイスに搭載されており，それらのデータを元に，学習者のコンテキストに依存した学習環境を提供することが考えられている．

(4) ユーザインタフェイス

学習者とデバイスとのやりとりの技術としてさまざまなインタフェイスが考えられてきた．タッチパネル（スマートフォン，タブレット PC，DS），入力デバイス（Kinect，Wii コントローラ），タンジブルインタフェイス，テーブルトップインタフェイスなどを活用したインタラクティブな学習環境の研究が盛んに行われている．

(5) ディスプレイ

液晶ディスプレイや有機 EL ディスクプレイなど，応答速度が高く高解像度のものが開発され，前述の携帯デバイスなどで使われている．また，頭部に装着しバーチャルリアリティを実現するヘッドマウントディスプレイ，紙のような薄さのペーパーディスプレイ，左右の眼に別々の画像を見せることで立体感を与えて三次元映像表示する三次元ディスプレイなどがある．三次元ディスプレイは一部のスマートフォンやゲーム機器などで採用されている．近年では，ユーザのウェアラブル機器としてのディスプレイだけでなく，主に広告媒体として環境に設置されるデジタルサイネージ（電子看板），ディスプレイということを意識させない環境に溶け込んだアンビエント・ディスプレイなどについて研究がされている．

(6) アプリケーションライブラリ

　学習環境の開発を支えるものとしてオープンソースやフリーのライブラリがある．環境に依存しない開発，専門的な知識なしに扱える，開発期間の短縮などが挙げられる．具体例としては画像処理ライブラリである OpenCV，スマートフォンの OS である iOS や AndroidOS，仮想現実（AR）を実装する ARToolKit などがある．

## 2.4　CSUL の研究事例

　筆者らの研究グループは，ユビキタスコンピューティング環境において，学習者一人一人に適した形で日常的な学びを支援するユビキタス学習環境として，スマートフォン（Android）を用いた SCROLL (System for Capturing and Reminding Of Learning Log) を開発している (Ogata et al. 2011)．このシステムは，日常生活での学習の体験映像を Learning log として蓄積し，他の学習者と共有することで，知識やスキルの獲得を支援する，場所や時間など学習者の周囲の状況に適した情報を学習者に知らせ，学習者の環境やニーズと調和して適切な情報コンテンツを提供し，学習プロセスを支援する学習環境の構築を目指している．

### 2.4.1　SCROLL の学習環境の特徴
　SCROLL の学習環境の特徴を以下に示す．
① Mobile and ubiquitous learning：スマートフォン等を用いて，時間や場所の制約なく学習を可能にする．
② Authentic and situated learning：現実世界の中での問題を取り上げることにより，状況や解決方法の理解を促進する．
③ Personalized and context aware learning：個人の状況や理解度などに適したコンテンツを提供する．
④ Lifelong and seamless learning：ラーニングログを知識することで，生涯にわたり，シームレスな学習環境を提供する．

⑤ Collaborative and intercultural learning：日常生活での疑問や問題の解決を互いに協力して解決できる環境を提供する．特に，語学学習においては，母語話者の協力を得て，問題を解決する．

### 2.4.2 学習プロセス

システムにおける学習者の学習サイクル LORE（Log Organize Recall Evaluate）を示す．

① Log：日常生活で何か疑問に思った時や分からないことがあった時，自身でさまざまな方法を活用して調べたり，他者に質問することで，学習したことを過程も含めてログとして記録する．

② Organize：学習データの登録時に，他の学習データと比較して分類を行う．また，類似データを合わせることでデータを組織化する．

③ Recall：過去の学習した内容を忘れないように，クイズ等を提示して，思い出させたり，体験や実践を通じて知識の獲得を促す．

④ Evaluate：これまでの学習履歴から自分の学習過程を評価をし，学習方法を改善する．

### 2.4.3 SCROLLのインタフェース

このシステムは，Android 端末と Web ブラウザ上で動作する．以下に，Android 端末のユーザインタフェイスを説明する．

① 登録：図2-2（左）に示すように学習データを登録する際，写真，オブジェクトについて他言語への質問や，コメント，タグ，位置情報などを登録することができる．

② 検索：学習者が学習データを登録する場合，システムは似たオブジェクトがすでにラーニングログに登録されているかどうかを提示したり，タグ，場所などで検索できる．

③ クイズ：図2-2（右）に示すように，システムが登録されたログをもとに簡単な選択式のクイズを出題することで，その理解度をチェックするだけでなく，それらのクイズを通して，学習者が過去に何を学んだかを再び思い出

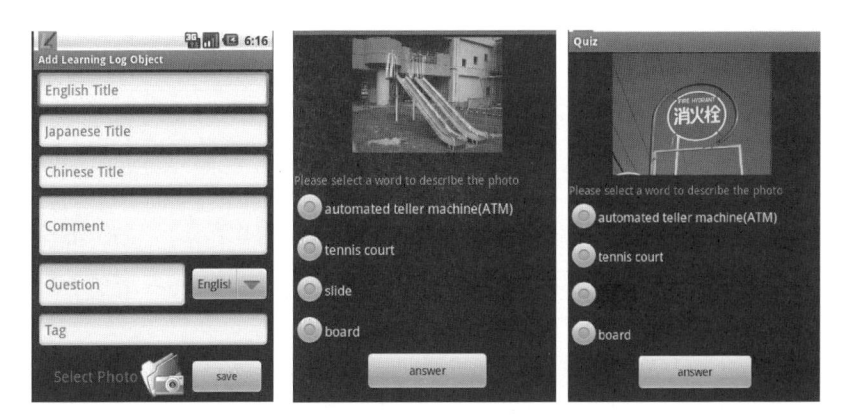

第2章 モバイル・ユビキタス技術を用いたシステム開発

図 2-2　Android 版 SCROLL のインタフェイス

させることができる。さらに，クイズの出題は，学習者が過去に学んだことを思い出させるだけでなく，現在の場所と時間に合わせた他の学習者の知識も推薦してくれる。

④ Learning log Navigator：Mobile Augmented Reality 技術を用いて，学習者の周辺で登録された Learning log object に気づかせてくれる機能である。

## 2.5　まとめ

本章では，ユビキタス学習環境（CSUL），モバイル学習環境（CSML），パーベイシブ学習環境（CSPL）の分類を行い，その研究事例を紹介した。特に，近年，PDA や携帯電話を用いて実践的に研究されている，モバイル学習環境（CSML）について詳しく述べた。また，ユビキタスラーニング環境として，日々の学習支援を対象とした SCROLL を紹介した。

来たるべき，ユビキタス情報社会に向けて，人々の学びをどのように支援できるのか，また，それが人々の生活にどのように影響を与えるかを検討することは，非常に重要な研究課題のひとつであると考えられる。現在の技術で実現できるもの，2 年後，3 年後の技術で実現を図るもの，また，10 年以上の未来を予想した研究などさまざまであるが，これらが有機的につながり，人々の生

活を豊かで充実したものにすることが期待される。

〈参考文献〉

緒方広明・矢野米雄（2004）「CLUE：語学学習を対象としたユビキタスラーニング環境の試作と実験」『情報処理学会論文誌』45(10)：2354-2363.

緒方広明・矢野米雄（2005）「ユビキタスラーニング環境の研究動向」『教育システム情報学会学会誌』22(3)：152-160.

緒方広明・矢野米雄（2006）「ユビキタスラーニング環境のデザインとチャレンジ」『人工知能学会学会誌』21(1)：70-76.

Ogata, Hiroaki, Li, Mengmeng, Hou, Bin, Uosaki,Noriko El-Bishouty, Moushir M. and Yano, Yoneo (2011)"SCROLL: Supporting to Share and Reuse Ubiquitous Learning Log in the Context of Language Learning," *International Journal of Research and Practice in Technology Enhanced Learning*, 6(2)：69-82.

第 3 章

# コラボレーション支援技術を用いたシステム開発

小尻智子・林　佑樹

## 3.1　協調学習とコラボレーション技術

　複数の学習者のグループによる学習形態として，協調学習がある。協調学習とは，複数の学習者が協力し合って共通の目的を達成する学習形態である（Dillenbourg 1999）。自身のわからない箇所を他者に教えてもらうことによる知識の獲得や，他者に教えることによる知識の定着等の効果が言われている。協調学習では，他者との対話が学習手段であるという側面と，複数の学習者間で知識を共有し，醸造していくという2つの特徴が存在する。

　このような協調学習の計算機上での実施を支援する CSCL (Computer Supported Collaborative Learning) が近年盛んに行われている（Adelsberger et al. 2002）。CSCL では，主に分散環境下に存在する複数の学習者が計算機上で協調しながら学習することを支援する。CSCL には非同期の協調学習を対象としたものと，同期の協調学習を対象としたものが存在する。非同期の協調学習では，時間と空間が離れたところにいる学習者同士で知識を共有・育成させることのできる環境を提供している（Goodman et al. 2001）。このような非同期の協調学習環境を実現するためには，分散データベースのような，複数の学習者間での知識共有を可能とする技術が必要となる。一方，一般的に多く実施されている同期の協調学習では，学習者間の対話支援に重点が置かれている。同期の協調学習では，現実世界に即した円滑な対話の実現に焦点があてられている。対話が行えなければ，知識を相互作用させることも不可能になるからである。

石井は，共同作業を行う過程を，コラボレーション，コミュニケーション，アウェアネスの3つの階層構造として捉えている（石井 1994）。コラボレーションは他者と協調して作業をする過程であり，コミュニケーションの上位概念として存在する。コラボレーションを円滑に行うためには情報交換や意思疎通などのコミュニケーションが要求される。このコミュニケーションの契機となるのがアウェアネスである。アウェアネスはコミュニケーションの下位概念であり，作業場に誰がいて，どのような活動があり，誰と誰が話しているかといった状況情報への気づきを意味する。アウェアネスが不足した状況では，学習者間の一体感を維持しにくくなり，孤立感を味わうことにもなりかねない。分散環境での協調学習で効果的なコラボレーションを実現するためには，円滑なコミュニケーションを達成できる必要があり，そのためにはアウェアネスを支援するインタフェース技術が必要となる。本章ではコラボレーションの実現に必要不可欠なアウェアネス支援に焦点をあて，さまざまなアウェアネスを紹介すると共に，我々が開発したアウェアネス・インタフェースを紹介する。

## 3.2 協調学習におけるアウェアネス支援技術

アウェアネスとは「他者の存在や活動に関する気づき・認識」であり，複数のユーザによる共通のタスクの遂行や，そのための対話の実現に必要不可欠な要素である（Goldman 1992）。CSCLの分野では，協調学習中の議論を効率的に行うためのアウェアネスとして，Goldman（1992）の Social, Task, Concept Awareness，および Gutwin ら（1995）の Workspace Awareness が提案されている。Social Awareness は問題を解決するためのグループ中の各学習者の役割に関する認識である。Task Awareness は問題を解決するために必要な知識や道具など，問題に関する認識である。Concept Awareness は自身の知識と問題を解決するために必要な知識との関係に関する認識である。Workspace Awareness は，他者の動作や状態に関する認識である。これらのアウェアネスに加えて，緒方ら（1997）は，協調学習を開始させることを目的とした Knowledge Awareness を提唱している。Knowledge Awareness は議論のき

っかけとなる知識や個別学習空間における他の学習者の行動に関する認識であり，共通の興味のある他者の発見を促す。GoldmanやGutwinらのアウェアネスは議論の相手となる学習者がすでに協調学習空間内に存在しているのに対し，緒方らは知識の存在に気づくことでその知識に興味のある学習者によって学習空間が構成され，議論が始まるという立場をとっている。

対話を通して共に学びあう協調学習では，円滑なコミュニケーションにつながる学習環境のアウェアネス情報に学習者が気づくことが必要である。一方で，上述したようにさまざまなアウェアネス情報があるため，それらすべてを網羅した支援は難しい。また，限られた仮想空間に過度にアウェアネス情報を表現し過ぎると，認知的負荷による効率的な活動を妨げる要因になることが指摘されており (Hudson and Smith 1996)，学習者の個々の意識に応じた適切なアウェアネス情報に学習者自身が気づけることが必要である。

協調学習における効果的な学習過程を実現するための学習環境への要求として，Watanabe は「空間の共有」と，「場の共有」の概念を提唱している (Watanabe 2007, 2008)。空間の共有は，物理的に異なった場所にいる学習者が論理的に一つの空間にいるかのように仮想的な構成を実現するという概念であり，従来の対面感 (face to face) の下に探求されてきた概念でもある。場の共有は，個々の学習者が同一空間で活動している他者と共存していることを実感しつつ，自身の存在を他者に知らしめる環境を実現する概念である。学習者間の相互作用がもたらす意識の変化に応じて，学習環境にいる他者や対話のやりとりを直接的に観察できることを必要とし，face to face を超えた連帯感 (hand in hand) の実現が求められる。Hand in hand には，他者と共存しているという「他者との共存感」，自身が学習に参加しているという「自己の存在感」を学習者が実感できることが必要であり，これらの感覚を与えることのできるアウェアネス情報が望まれる。

## 3.3 「場の共有」意識を提供するアウェアネス・インタフェース

コラボレーション技術を用いたシステム開発の例として，「場の共有」意識

を提供することを目的としたアウェアネス・インタフェースを紹介する．本インタフェースでは，「他者との共存感」と「自己の存在感」を与えるアウェアネス情報を提供する．

### 3.3.1 「場の共有」意識を提供するアウェアネス情報

林らは遠隔分散環境下の同期的な協調学習において，「他者との共存感」と「自己の存在感」を促進するアウェアネス・インタフェースを構築している．本インタフェースでは他者の存在を認識できる円卓状の協調学習空間（以後，円卓場インタフェースと呼ぶ）を構築し，その上に学習者が円滑に議論するためのアウェアネス情報を表現している．

対面環境の協調学習では，学習者は学習状況に応じて変化する関心のある他者の表情や動作を観察することで，その空間に集う他者を身近に感じ，共に学習していると実感できる．また，発言のやりとりの中でも理解に役立つ発言に注目することで，互いの知識や知見を深め合うことができ，仲間と共存しながら対話しているという実感を得る．一方，他者がいるという安心感から協調学習への参加意識が低下し，他者や議論内容を踏まえた発言への意識が低下してしまう恐れがある．ここでは，以下のようなアウェアネス情報を提供することで，仲間と共に学習しているという実感をもちながら，参加意識を高めるための仕組みを提供する．

(1) 学習者の注目意識に応じた他者の表情や動作，発言に対する情報取得
(2) 自身の学習活動に対するフィードバック情報の取得

図3-1に，場を共有するために本インタフェースで提供するアウェアネス情報を示す．円卓場インタフェース上に(1)を実現するために，(i)他者への気づき及び，(ii)発言に対する気づきを提供する（Hayashi et al. 2010；林ほか 2012a）．ここでは，個々の学習者の注目対象を推測し，その注目対象の情報をアウェアネス情報として提示する．また，(2)を実現するために，(iii)自身の貢献への気づきをアウェアネス情報として提供する（林ほか 2012b）．他者の学習活動のきっかけ発言を提示することで，個々の学習者が他者にどれくらい貢献しているかを気づくことができ，学習の参加が誘発される．

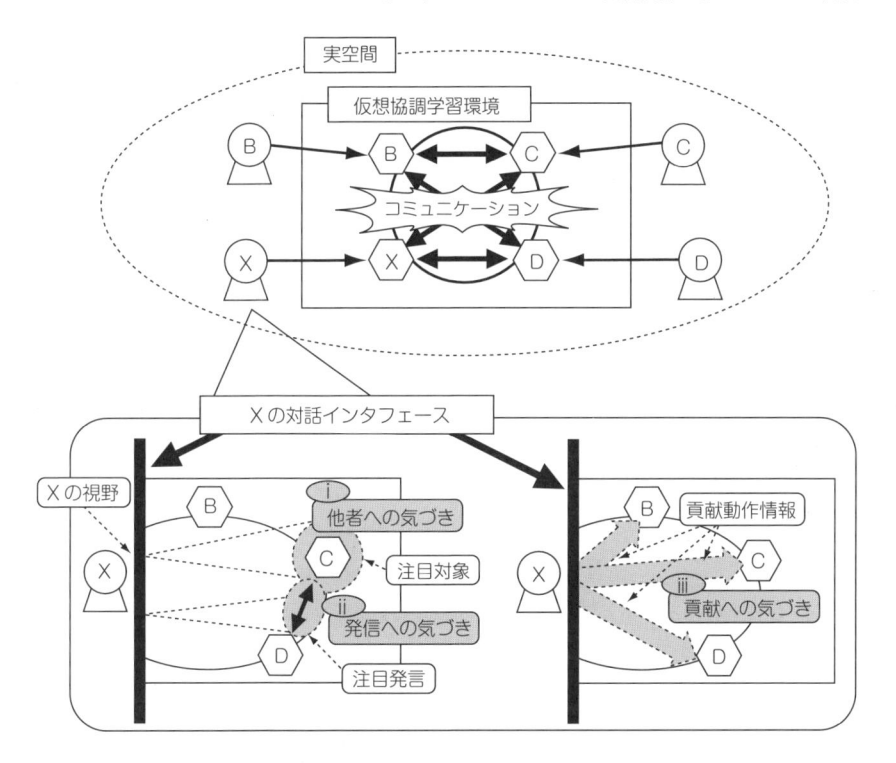

第3章　コラボレーション支援技術を用いたシステム開発

図3-1　場を共有するためのアウェアネス

　本インタフェースは，学習目標ごとに設定された対話プロセスをシステムが主導的に制御するのではなく，コミュニケーションを促すための気づきをインタフェースに表現することで，学習者の主体的な対話を保証している。

### 3.3.2　他者に対するアウェアネス

　対面環境の協調学習では，学習者は関心のある他者を注目対象として注視することで，相手の表情や動作といった情報を集中的に獲得できる。また，注目の度合いに応じて，注目対象が視野を占める割合が変化する。すなわち，注目の度合いが高くない場合，注目対象の周囲に存在する情報も同時に認識できる。一方，注目対象に意識が集中している場合，周囲の情報は全く無視され

る。このような人間の視覚的な特徴をインタフェースの機能として実現することは，学習者の主体的な情報収集を促進する。

視覚的特徴を実現するため，注目対象とその注目度の変化に応じて，円卓場インタフェース中の視線方向と視野を動的に変化させる。すなわち，学習者自身の注目対象となる他者と，その他者に対する注目の度合いに応じて学習空間内の視線・視野を動的に変更している。学習時に注目している他者の情報を円卓場インタフェースに強調して表示することで，他者と共に学習しているという実感を与えることができる。

注目対象者は学習者が議論中に注視したい他者であり，議論中になされた他者の発言，メモを記述するなどの行動から判断できると考えられる。そこで注目対象を推定するために，学習者の行為対象に応じた注目変化対象の分析に基づき，行為をトリガとして他のすべての学習者に対する注目度を計算する。算出した注目度を用いて学習者の視線・視野を表示する機能を実現する。

図3-2に他者に対するアウェアネスの表現例を示す。本インタフェースでは，視線方向に注目対象者を，注目対象者との距離を注目度合いに反映させている。図3-2の上部は学習者Xの注目対象が学習者C，注目度が0.2の時の，学習者Xに対して提供されるインタフェースを示している。注目対象者である学習者Cが中央に表示されている。一方，図3-2の下部は注目対象者が学習者Dに変化し，注目度が0.55に上昇した状態を表現している。インタフェースの中心が学習者Dに変化し，より学習者Dの情報を取得しやすいように個々の学習者のカメラ画像の大きさが大きくなっていることがわかる。また，図3-2の下部では個々の学習者のカメラ画像が各注目対象の方に回転するよう表示されている。例えば，学習者Cは学習者Dに注目しているため，そのカメラ画像が学習者Dの方に回転していることがわかる。このように他者のカメラ画像の方向によって他者の注目対象者にも気づくことができるようになっている。

### 3.3.3 発言に対するアウェアネス

現実世界では声色や声の特徴で個々の学習者の発言を識別することができ

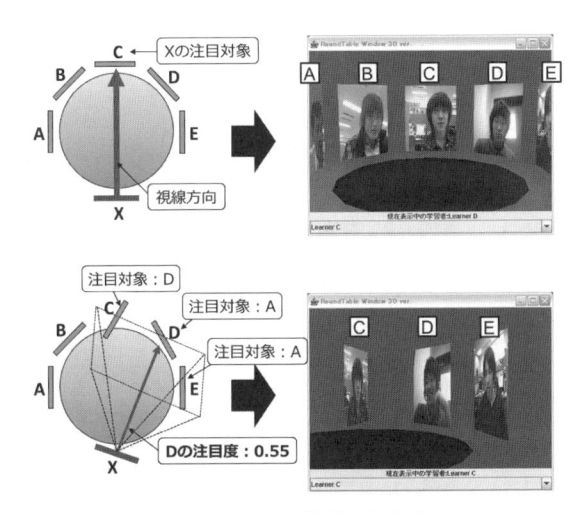

第3章　コラボレーション支援技術を用いたシステム開発

図3-2　他者情報の表示例

る。また，発言者に応じて個々の発言の有効性を暗黙的に選別することもある。しかし，現時点のチャットなどの対話インタフェースでは，文字列がテキストエリアに一律に表示されるだけであり，個々の発言を瞬時に意味づけることは困難である。そこで，認知負荷とならない直感的な発言のやりとりを意識させるために，発言者と，その対象者を直感的に認識できるように発言を表示する。さらに，学習者が注目する発言を特定し，その注目意識に応じた発言への気づきを表現することで，他者との共存感を高める支援をする。学習空間で展開される発言のやりとりに基づいて，注目発言を学習者に印象づけるように強調して表示することで，「発言への気づき」を直感的に表現する。

現実世界の注目発言を分析した結果，学習者の注目すべき発言は，発言意図が「説明」であり，学習者にとって新たなキーワードを多く含む発言だということが明らかになった。キーワードが学習者にとって新しいものかどうかを判断するため，対話時に現れる個々のキーワードに対する学習者の理解度を推定し，他者の「説明」発言の中から未知のキーワードを多く含む発言を注目発言として検出する。

図3-3に発言情報の表示例を示す。学習者Dから学習者Aに発言がなさ

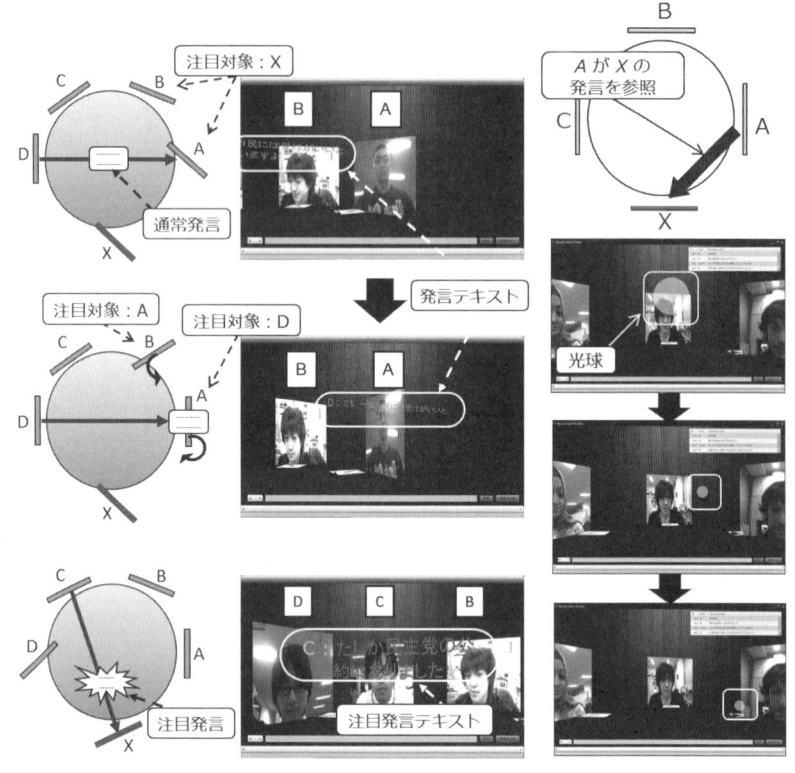

第Ⅱ部　技術ドリブンなシステム開発

図3-3　発言の表示例　　　　　　図3-4　貢献発言の表示例

れた場合，図3-3の上2つの図で表示されるように，Dのカメラ画像の位置からAのカメラ画像の位置まで発言の内容を記したテキストが遷移する。また，発言が注目発言と判断された場合は，図3-3の一番下の図のように，テキストの色が強調色となり，表示時間も長く表示される。

### 3.3.4　貢献に対するアウェアネス

　協調学習では，議論を通して学習課題に関連する知識を得ることができる。個々の学習者がメンバの一員として学習に参加していると自覚し，学習課題を意識した多くの発言がやりとりされることで有益な議論を達成できる。学習者

第3章 コラボレーション支援技術を用いたシステム開発

が他者の知識獲得に貢献しているという実感を得ることは，自己の存在感を自覚できると仮定できる。そこで，有益な発言への動機付けを支援するという目的のもとで，発言の議論への貢献への気づきを表現する。発言の貢献には，発言がその場の状況に与える即時的な貢献と，議論を最終的に見たときに学習に貢献していたという包括的な貢献が存在する。このうち，特に即時的な貢献は対話の進行に大きく影響する。即時的な貢献は，他の学習者の発言に対する反応から判断できる。そこで，他の学習者の発言参照動作を，「貢献への気づき」として反映する。発言参照動作は，各学習者がメモウィンドウへ発言に関して記述する内容から取得する。

図3-4に発言の貢献の表現方法を示す。各発言の即時的な貢献への気づきを反映するために，他者の発言参照動作に基づき被参照者から参照者の位置まで光球を移動させる。この例は，学習者Aの発言に対して，学習者Xがその発言を参照した場合を示している。図の上部から下部に示すように，学習者Aからその発言を参照した学習者Xへ光球が表示されるようになっている。このように発言に対する他者の反応を瞬時に把握できるようにすることで，自身の発言に対する客観的な評価を得ることができ，自身がグループに参加しているという実感を得ることができる。

## 3.4 学習形態とコラボレーション技術

本章ではコラボレーション技術のひとつとして，アウェアネス技術に焦点をあて，協調学習を支援するためのアウェアネス・インタフェースの開発例を紹介した。今回紹介したアウェアネス・インタフェースは，複数の学習者によるテスト勉強のような学習形態を想定している。すなわち，グループで1つの解を生成するというよりも，各自で共通の問題の解を導出するための手段として他者との対話が存在している。したがって，対話が学習を進める上で重要な要素となる。

協調的な協調学習は，非同期・同期だけでなく，学習目的，教師の有無，グループの人数，などに応じてさまざまな形態が存在する。対象とする形態に応

じて重要となる学習活動が異なる。対象とする学習を実現・支援できる適切なコラボレーション技術を選別することは大切である。

〈参考文献〉

Adelsberger, H. H., Collis, B., and Pawlowski, J. M. (eds.)(2002) *Handbook on Information Technologies for Education and Training*, Springer-Verlag.

Dillenbourg, P. (Eds.)(1999) *Collaborative Learning : Cognitive and Computational Approaches*, Elsevies Science Ltd..

Goldman, S. V. (1992) "Computer resources for supporting student conversations about science concepts," *SIGCUE Outlook*, 21(3) : 4-7.

Goodman, B., Geier, M., Haverty, L., Linton, F. and McCready, R. (2001) "A Framework for Asynchronous Collaborative Learning and Problem," In J. D. Moore et al. (Eds.) *Artificial Intelligence in Education*, IOS Press.

Gutwin, C., Stark, G. and Greenberg, S. (1995) "Support for workspace awareness in educational groupware," Proc. ACM Conf. on CSCL, 147-156.

Hayashi, Y., Kojiri, T. and Watanabe, T. (2010) "Focus Support Interface Based on Actions for Collaborative Learning," *International Journal of Neurocomputing*, 73 : 669-675.

林佑樹・小尻智子・渡邉豊英 (2012a)「発言アウェアネスに基づいた対話インタフェースの構築」『ヒューマンインタフェース学会論文誌』14(1) : 77-88.

林佑樹・小尻智子・渡邉豊英 (2012b)「貢献への気づきを反映した議論支援インタフェース」『情報処理学会論文誌』53(4) : 1461-1471.

Hudson, S. E. and Smith, I. (1996) "Techniques for Addressing Fundamental Privacy and Disruption Tradeoffs in Awareness Support Systems," Proc. of ACM CSCW1996, 248-257.

石井裕 (1994)『CSCWとグループウェア――協創メディアとしてのコンピューター』オーム社.

緒方広明・矢野米雄 (1997)「アウェアネスを指向した開放型グループ学習支援システムSharlokの構築」『電子情報通信学会論文誌』D-II, J80-D-II, 4 : 874-883.

Watanabe, T. (2007) "Learning Collaboration in a Round Table," Proc. of ED-MEDIA 2007, 1235-1240.

Watanabe, T. (2008) "The Next Advanced Framework of Collaborative Interaction Environment," Proc. of ED-MEDIA 2008, 1350-1358.

第 4 章

# WEB2.0 技術を用いたシステム開発

松浦健二

## 4.1 WEB 技術を用いた教育・学習支援

　WEB は，今日のインターネット社会における「コミュニケーション基盤」であり，「アーカイブ基盤」ともいえる。すなわち WEB 環境は，電話と同様のリアルタイムな遠隔コミュニケーションに限らず，むしろ非同期通信を行う際の代表的なコミュニケーションメディアとして広く利用される。非同期コミュニケーションのためには，特にコンテンツの蓄積と共有または公開の機能が必要であり，集中と分散の別なく増大していくコンテンツ量に対するさまざまな工夫が生み出されている。このように必要性に応じて各種の関連技術開発が行われた結果，初期の WEB 空間とは質的に異なる新しいハイパー空間の概念が「WEB2.0」としてオライリー（O'Reilly, T.）によって提起され，この言葉は研究者に限らず広く知られている。

　WEB2.0 は，技術的というよりもむしろ概念的側面が強いと捉えられるが，この概念自体は回顧分析的でもあり，かつ未来志向でもある。例えば，橋本大也は「ビジネス，コミュニティ，テクノロジーの3つの分野のプラットフォーム」として考察し，現在の WEB に見られる多分野の融合を捉えている（橋本 2006：1197）。これは結果としての現状を俯瞰し，近未来の次世代 WEB の位置づけを示唆するものであった。一方で，技術的な定義としては例示を中心とするが，具体的な基礎技術というより，むしろそれを応用したツールや記述方式あるいはその流通方法に関する概念が示されている。その中心的考え方にはユ

ーザ指向があり，ブログ，RSS，SNS といったユーザに近い部分の技術で論じられる。川崎有亮はその実装面から「Web2.0 を支える具体的な技術として RSS や Atom，SOAP/WSDL および REST を利用した WebAPI，また Ajax を中心とした JavaScript 技術の発展」としてまとめている（川崎 2006：1213）。

　こうして発展し続けている WEB は，普及初期のそれと比較して質的変化が生じているといえ，あらゆるものの電子化機能を飛躍的に発展させることとなった。その結果として膨大なコンテンツが，かつてはアクセスに特化した読み手であったユーザ層からも日々書き手として蓄積され続ける状況を生み出した。すなわち，質的変化が量的変化に繋がり，検索エンジンや推薦エンジンを要する情報爆発時代に至っている。今やスマートフォン等の携帯端末一つあれば，リアルタイムにさまざまな場所の情報を自ら公開できたり，他者の発信を中継できたりする。こうして増え続ける WEB コンテンツは，人間の知識獲得やスキル学習にとっても欠かせず，WEB を含む生活は知識基盤社会の上に成り立っている。一方で，人間が生来備える学習機能にとって，情報過多による影響や認知負荷による影響も考慮していく必要性は忘れてはならない。

　教育・学習支援分野への応用としては，WEB 技術を用いた e ラーニングがすでに国策としても一定の成果を出してきた。安定的な仕組みの上に良質のコンテンツを乗せるという思想と並行して，やはり新たな教育や学習の方法論や実践論を生みだすシーズ研究も盛んである。本章では，上記のような WEB 環境による教育・学習支援文脈における背景の下，まず技術的な視点から，WEB における特徴や固有技術について取り上げる。その後，教育や学習支援の側面から，これらの技術がもたらした応用として，研究の具体例を示すこととする。

## 4.2　WEB 環境を構成する要素技術

### 4.2.1　基本的 WEB 技術

　WEB 技術といっても，どこの技術に着目して，設計・開発していくのかは，そのアーキテクチャを知らねばならない。図 4 - 1 に示すように，(1)通信上は

第4章　WEB2.0技術を用いたシステム開発

WEBを取り巻く基本的な構成要素

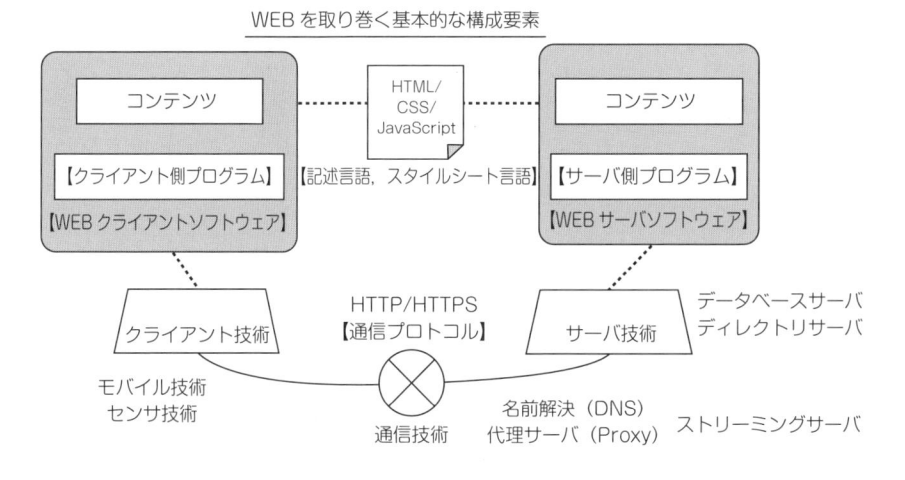

**図4-1　WEB環境を取り巻く基本的な技術**

http/httpsがどういったプロトコルであるか，(2)コンテンツとしてはHTMLやXMLをはじめ，どのような記述が適用可能か，CSS等そのデザインがどのような仕組みで実装できるか等を踏まえて設計しなければならない。特に，教材として考える際には，ハイパーリンク構造を目的に沿って適正に設計する必要はあるが，個々の頁におけるユーザインタフェースを洗練するといった観点も重要である。無論映像ファイルやストリーミング配信，あるいはAjax等による非同期通信技術を用いた動的コンテンツも効果を発揮する学習シナリオは多い。また，(3)コンテンツに対してビューの整形やローカルキャッシュを提供するブラウザ，レンダリングエンジンの特徴・機能はどのようなものか，さらにそれはモバイルのクライアントデバイス技術を利用するかどうかで設計していく教育・学習支援シナリオが全く異なるものになる。加えて(4)サーバサイド技術としてはPHPやJSP等のスクリプト言語をはじめ，データベース等どのような特徴をもった技術が適用可能かが把握されていなければならない。

　WEB環境を考える上で，通信ネットワークも重要な構成要素である。例えば必須技術としてDNSがあり，さらにはProxy等のオプショナルな技術，あるいは通信経路そのものにNAT（ネットワークアドレス変換）やFirewallが

介在するような場合には，陰に陽にシステムの系全体の構成技術あるいはユーザアクセスに対して影響を与える（図4-1参照）。

これら通信路を利用してインターネット上でワールドワイドに公開するシステムやコンテンツのアプローチと，イントラネット上にユーザや組織を限定してコンテンツ公開し，利用されることを目的とするアプローチとでは，前提や目的，および採用する技術も異なってくる。したがって，仲介役となる技術および適用条件を加味した，システム設計や開発を行うことは重要である。

### 4.2.2 基本的な要素技術のみを用いたシステム設計事例

教育や学習支援へのWEB環境の採用は，現在では例えばeラーニングという言葉とともに一般化されている。自学自習環境としての利用のみならず，授業においても取り入れられ，それらのクライアントは汎用PCとは限らず，携帯機器も利用される。例えば，徳島大学のシステムでは，授業中に携帯電話のメールを通じて教員とのインタラクションをWEB経由で行っている（Matsuura et al. 2008：119）。

一般的なeラーニングでは，事前に用意されたコンテンツの配信が中心であるが，一方でインタラクティブな機能やライブの授業を支援するダイナミクスはさまざまなアプローチで実現される。大きくは，WEB環境を(1)掲載コンテンツを自学自習目的として運用する場合，(2)システム自体やシステムを通じた他者とのインタラクションの場とする場合で，その構成方法が異なってくる。さらに，これらはそれぞれ，コンテンツ配信の場の時間進行や他者との時間進行の相違によって，(A) 同期と (B) 非同期という軸で分類することができる。例えば，WEBコンテンツを教材化してオンデマンド利用させるようなケースは，((1)と (B))のパタンであり，テレビ会議システムによるリアルタイムコラボレーションは ((2)と (A))のパタンである。

典型的なWEBの要素技術のみであっても，技術ドリブンアプローチで新しい概念創出を指向して開発された研究事例としては，松浦健二らによるAVC (Asynchronous Virtual Classroom) がある（松浦ほか 2000：319）。これは，実時間上のタイムフローと仮想教室における相対時間上のタイムフローの関係を整理し

ながら，仮想教室を構成するものである。上記の分類では，(1)，(2)と (B) を組み合わせて，擬似的に (A) の環境ともできる設計立場に立っている。特に，この実装においては，http 通信がクライアントからのリクエストに対するサーバからのレスポンスで実現される原理が応用される。つまり，仮想教室で時間進行するコンテンツのタイムフロー自体はSMIL等により映像とともに進んでいくが，実世界で教材としてこれを参照している学習者は，任意のタイミングでこのフローの中に割り込む事ができる。このため，相対時間内のどの時点での割り込みかをサーバ側にhttpリクエストの形で伝える。このリクエストは，極力短い時間間隔で定期実施するなどで実現できる。後に，サンドボックスモデルを採用してリメークし，教材と仮想教室内のユーザ間対話の同期環境をより高度なレベルで柔軟に運用できるように研究展開が行われた（松浦ほか 2001：2540）。これらの研究では，割り込んだ行為が次回の再生時には，同期的に統合参照されるという効果をもつ。

## 4.3 周辺技術の統合

### 4.3.1 周辺技術統合の目的

　古典的なWEBの構成要素および通信路に介在する技術に加えて，実世界とのインタラクションやそのための周辺機能をWEBと関連づけて統合利用するアプローチも盛んに行われている。すなわち，センサ技術や映像分析・加工等のメディア処理技術といったWEBそのものの構成要素とは異なる間接的な技術を利用して，WEB環境を拡張するものである。したがって，基本的な構成要素のみからなるWEBだけを意識したシステム開発以外に，これら新しい技術や既存の周辺技術を統合することで，コンテンツの充実化やインタラクティビティを高めることを目的とした設計方法論も今後ますます増えていく。

### 4.3.2 センサ技術の統合やマッシュアップ技術の事例

　センサは，本質的には人間が体感的あるいは主観的に感知する何らかの信号を，化学や物理的な力，反応によってモニタする技術である。すなわち，

WEBの世界とリアルの世界を結ぶ技術とも言える。デバイス制御などは，従来はOSネイティブなインタフェースを用いて開発されてきたが，例えばセンサデバイスにはhttp/httpsを利用して通信を直接行えるものも出ている。また，センサデバイスが直接httpによるWEBサーバとの通信を行わずとも，その実世界データを取り込み，教育や学習コンテンツに活用する試みもある。例えば，GPSのデータを利用した地図情報の有効活用として，後藤田中らはジョギングを学習の対象として捉えたシステムを開発し，その中でGoogleMapsを導入している（後藤田ほか 2010 a : 1144）。httpリクエストを受けたWEBサービスが別のWEBサービスにWEBリクエストを発行し，別のWEBサービスからのレスポンスを受けてクライアント側にはそのサーバ自身の応答と統合してレスポンスを返す仕組みは「マッシュアップ」技術と呼ばれる。後藤田らのシステムでは，開発したWEBサービスがGoogleMapsサービスを統合しており，このようなアプローチは今では一般化している。

なお，この研究においては，前述のAVCと同様に，実世界上の他者と同じ地理情報を共有しながらも，時間的な意味からは非同期性を有する関係を擬似的に同期表示させる技術を開発し，対象となる学習領域に適用している。同期表示を行う目的は，他者との地図上の相対位置表示であり，これによって，リアリティ向上と時間推移による変化を表示するためのアニメーションを実現している。

### 4.3.3 映像分析・加工技術の統合事例

周辺技術のWEBへの統合が行われる際には，ユーザデータの入力・送信位置はクライアントが主であるが，その加工や分析位置は，サーバサイドでの処理が中心となる。前述のセンサについては，実世界での学習を支援する目的を含むが，実世界の事象をモニタして利用する技術はセンサに限らない。例えば，ビデオ映像の利用が多用される。映像解析技術は，OpenCVといったツールの普及により，以前よりも簡単に組み込むことができるようになった。

後藤田中らは，WEBサーバに対してブラウザを経由して映像ファイルを投稿させ，それを分析・加工する技術によってナワトビを対象とした学習支援シ

ステムを設計，開発している（後藤田ほか 2010 b：269）。具体的にはアップロードされた映像ファイルを，OpenCV を活用して分析する機能を実現し，ナワトビ運動における反復運動の回数カウントや反復運動の安定度を求め，スキル学習に役立てている。このシステムでは，クライアント環境が特定されない学習者にも一様に見せるためのメディアコンバート機能を開発したり，環境依存性を排除するための加工など細かな工夫も実装している。さらに，ユーザビリティを高めるためには，映像解析といった高負荷処理を要するボトルネックを考慮し，サーバ側での負荷分散の仕組みを実現している。

## 4.4 クラウド時代の WEB 技術

### 4.4.1 時系列表示による学習契機の実装事例

　かつての WEB コンテンツのオーサに対する WEB サイトのビジタとしてのユーザがいる，という構造は今では劇的に変化し，スマートフォンやその他の携帯機器により，誰もがいつでもどこからでも WEB コンテンツのオーサになる事ができ，コンテンツのフォワーダや単なるビジタとしても関与することができる。これらの行為を媒介するメディアタイプとしても，Ustream 等を用いることで，誰もが動画配信も簡単に実現できるようになった。利便性の飛躍的に高まった WEB の変化において，コンテンツの蓄積・拡充に最も重要な貢献をしている概念のひとつは，「時系列表示」である。その典型的なアプリケーションは，ブログであり，ブログを書き込むスペースは，今では SNS（ソーシャルネットワーキングサービス）が一般的である。なお，時系列表示は掲示板的に最新のものから表示し，さまざまな WEB サイトや機能とマッシュアップ可能となっており，これらを含めて「タイムライン」表示と呼ばれるようになった。

　ある一貫した学習目標をもつ場合や，学習者が所属するコミュニティにおいて共通的な目標をもつ場合，その環境中でブログを続けることには，暗黙的にメタ認知を行わせていることも多い。諏訪正樹によれば，「メタ認知とは自分の認知過程を認知すること」と定義され，日々の学習や訓練をブログに残して

いく活動はこれに合致するといえる（古川 2009：157）。また，別の見方をすれば，人間の脳内活動におけるワーキングメモリを外部記憶として保持するための行為として捉えることも可能である。中沢一俊はその著書の中で，ワーキングメモリに対して意味記憶とエピソード記憶を採り上げ，「意味記憶とは単語の意味や概念などに関する記憶で特定の場所や時間にとらわれない」とし，「エピソード記憶は特定の場所や時間などの文脈情報を含む，個人が過去に経験した特定の出来事に関する記憶」と解説している（甘利 2008：142）。ブログは，これらいずれの側面に対しても記録できる媒体となり，実世界の事実や，個人の思想を日々記録していくツールとなっている。これは，後に個人あるいは他者が回顧する用途としても使われるが，特定の場所や実世界のある場面を客観的に記録するには，例えば前述の地図情報や，映像を記録するといったアプローチも有効である。

### 4.4.2　ソーシャル技術を用いた WEB ベース学習事例

前述のブログ環境の多くは，今では SNS の中で実現され，さまざまな記事をトリガとして学習者間の学習文脈が比較的自由に生まれている。これらの分類や学習支援への適用時の留意事項については，松浦健二らが解説している（松浦・中村 2011：21）。例えば，SNS における学習支援を捉える際に，事前に学習目標設定したコミュニティ空間を定義するアプローチと，ある程度自由度の高い学習目標を許容して，むしろ学習の中身自体はユーザ間に任せるようなアプローチがある。

前者は，機能面ではある程度特化したレベルまで詳細化および制限でき，それを支える技術や機能開発が行われる。前者の例として，先に述べた後藤田中らによるナワトビ学習支援の SNS では，映像解析技術，映像加工技術，ブログ環境，SNS におけるメッセージング機能を統合して，コミュニティ内外のユーザ間コミュニケーションを誘導する事で，学習を促進している。一方で，後者の事例として，学習者自身にスキル習得における学習目標を入力させることで，当該スキルコミュニティを定義し，それと類似するコミュニティを関連づけ，誘導することで，幅広いトレーニング手法を異なるスキル間で共有させ

る誘導戦略が提案されている（Watanabe and Lakhmi 2011：215）。前者は一定の学習目標が達成される事を目指すが，後者では，特定の学習目標が達成される事はシステムとしては感知せず，学習行為そのものはオープンエンドである。

### 4.4.3　クラウドおよびエンタープライズ環境での設計事例

　ブログスペースやSNSが登場して進化し続けているが，多くのサービスは無償のパブリッククラウドサービス上で運用されている。クラウドサービスは，曖昧性や多義性をもつ言葉とされることもあるが，概念自体の浸透は2008年前後から著しい。ここで，何ら設計手法の提案やシステム開発そのものを伴わずにこれらを利用して実践データを解析する立場の研究は，本節ではシーズ型の対象としない。ただし，昨今のクラウド浸透に伴い，物理的なサーバというよりも論理的なサーバを要する開発については，図4-1に包含されていると考える。なぜなら，基本的な構成要素としては，物理サーバも論理サーバもネットワーク上のアドレスが異なるのみであり，機能レベルでは同等と見なせるからである。また，このような技術が学習支援に与える影響は，学習支援に直結しなくても，前提条件やユーザ数から間接的に影響を与えうる。この中には，先に挙げた実世界とのインタラクションを含むものも含まれる。

　クラウドという概念を捉える際には，一般にSaaS（Software as a Service），PaaS（Platform as a Service），IaaS（Infrastructure as a Service）といったサービスモデルの層に分類して議論される事が多い。特に，SaaS層のみで開発や運用が行える事も多くなり，現代のシステム技術者による設計や開発にとっては，迅速な開発が行える有用な環境となっている。また，容易にインターネット上のユーザに公開できる利点は大きく，一方で，ユーザサイドの立場からは現実的にはセキュリティ面を注意しながら利用していく必要もある。

　ここで，このような時代では，先に述べた人と人を結ぶサービスとしてのSNSに加え，マッシュアップの範囲をより広範に，かつ安全安心にするための連携技術が必要になる。すなわち，単一機能，単一目的に特化した教育や学習支援システム研究を容易に実践に繋げられる状況にあるため，次はこれらを結ぶことで，より利便性の高い教育や学習支援システムを提供することができ

る．それに貢献する技術のひとつは認証連携であり，組織を跨いだセキュアな認証連携方式やオープンな枠組みでの認証連携も活発に研究開発が進んでいる．例えば，国立情報学研究所を中心とした「学認」等を採用して，自身の機関におけるeラーニングと他の組織のそれとを結ぶ枠組みはすでに地域コンソーシアム等では実践段階にある．この枠組みは，コンテンツを公開利用させる従来の枠組みとは異なり，コンテンツの相互利用による強みを共有して弱みを補強するWinWinの関係を組織間で構築することができる．今後さらに，このような動きは活発になってくるものと予想される．

## 4.5 WEB技術援用学習環境の今後

以上述べてきた技術ドリブンアプローチ，シーズ指向研究の動向は，新しい教育や学習支援のシナリオを今後も創造していくこととなる．「Ajax」，「マッシュアップ」，「RSS/ATOM」，「SOAP/WSDL」といった技術や，「ブログ」「SNS」に見られるタイムライン表示機能など，多用されるWEB関連技術がもたらす可能性はすでに大きく広がっている．加えて，HTML5のようなクライアント側のコンテンツ技術は，通信路に対する考え方にもシステム設計上影響を与える可能性がある．例えば，オフライン機能が充実し，組み込みデータベースの機能が一層高まれば，ネットワークへの常時接続を前提としたWEB開発を超えた新しい領域やシナリオ設計も可能となる．また，スマートフォンでのHTML5を利用しての学習シナリオの開発など，今後もさらなるWEB利用の学習支援研究は展開されていくものと予想されている．

〈参考文献〉

甘利俊一監修（2008）『認識と行動の脳科学』東京大学出版会．
古川康一編著（2009）『スキルサイエンス入門』オーム社．
後藤田中・松浦健二・大塚真二・鍋島豊晶・金西計英・矢野米雄（2010a）「仮想的に訓練集団を構成することによるジョギング支援サイト」『電子情報通信学会論文誌（D）』J93-D，7：1144-1153．
後藤田中・松浦健二・鍋島豊晶・金西計英・矢野米雄（2010b）「SNS上でのナワトビスキルの学習者を対象とする個別記事閲覧とその全体像俯瞰の支援」『日本教育工学会論文誌』34(3)：269-277．

第 4 章　WEB2.0 技術を用いたシステム開発

橋本大也（2006）「WEB2.0 とは何か」『情報処理』501：1195-1204.
川崎有亮（2006）「Web2.0の情報アーキテクチャ」『情報処理』501：1205-1213.
松浦健二・緒方広明・矢野米雄（2000）「講義・教室型の非同期バーチャルクラスルームの試作」『教育システム情報学会誌』17(3)：319-328.
松浦健二・緒方広明・矢野米雄（2001）「非同期参加型仮想教室における教材・対話の同期手法」『情報処理学会論文誌』42(11)：2540-2549.
Matsuura, K., Gotoda, N., Niki, K., Kanenishi, K. and Yano, Y.（2008）"Supporting multi-step annotation to promote reflective learning: triggered by a cell-phone," *International Journal of Mobile Learning and Organization*, 2(2)：119-132.
松浦健二・中村勝一（2011）「SNS を用いた学習・教育支援システムの設計・開発」『教育システム情報学会誌』28(1)：21-35.
Watanabe, T. and Lakhmi, J.（Eds）（2011）*Innovations in Intelligent Machines -2*, Springer-Verlag.

# 第5章

# データマイニング技術を用いたシステム開発

植野真臣

## 5.1 さまざまなデータマイニング手法

データマイニングは,膨大なデータの中からユーザーにとって有用なデータ,知識を発見しようというもので,要素技術としてデータベース工学と統計解析を用いる新しい手法である。本章では,データベースに蓄積された膨大な学習履歴データの解析のための代表的なデータマイニング手法と教育システム開発への適用例を紹介することにしよう。

## 5.2 相関ルール

近年のデータマイニングの発展は,AGRAWALら(1993)が提起した相関ルール(Association rule)が基点となっているともいえる。相関ルールでは,$I = \{i_1, i_2, \cdots, i_m\}$をアイテム集合(例えば,マーケットの商品集合)とし,データベースはトランザクションの集合,トランザクションはアイテムの集合(例えば,ある顧客が購入したアイテム集合)として,任意の2つのアイテム$X \in I$, $Y \in I$について,以下のようなSupport(支持度)とConfidence(確信度)という2つの尺度が定義される。

$$Support\ (X \Rightarrow Y) = \frac{n(X \cup Y)}{n} \quad (1)$$

$$\text{Confidence}(X \Rightarrow Y) = \frac{n(X \cup Y)}{n(X)} \quad (2)$$

ここで，$n(X \cup Y)$ はデータベース中の $X \cup Y$ を含むトランザクションの数を示し，$n$ は全トランザクション数を示している．すなわち，データベース中の $X \cup Y$ を含むトランザクションの全トランザクションに対する割合がs%であるとき，「相関ルール $[X] \Rightarrow [Y]$ はデータベース $D$ において s%の支持度（support）をもつといい，$Support([X] \Rightarrow [Y]) = $ s % と表記する．データベース $D$ 中の任意のアイテム集合 $X$ を含むトランザクションのうち，$Y$ を含むものの割合が c%であるとき，「相関ルール $[X] \Rightarrow [Y]$ はデータベース $D$ において c%の確信度（confidence）で成立している」といい，$Confidence([X] \Rightarrow [Y])$ = c%と表記する．相関ルールは，これら確信度と支持度の閾値を設定し，それ以上の値をもつルールだけを抽出することにより知識発見が行われる手法である．相関ルールの問題点として，(1)確信度では，真の相関を反映できない，(2)頻出アイテムセットが多数出現した場合，組み合わせ爆発により計算が不可能になる可能性がある，(3)抽出されるルールが多すぎて解釈できない場合がある，(4)閾値を大きくして，ルールを減らすとその内容は既知のことばかりとなり，解析自体が無意味となる，が挙げられる．

相関ルールのeラーニングへの応用で最も多いのは，学習プロセスの解析，そのコンテンツのリコメンデーション・システム，もしくはハイパーメディア・ナビゲーション・システムへの適用である．たとえば，Donnellan and Pahl (2002)，Wang and Shao (2004) は，それぞれ独立にハイパーメディア構造をもつeラーニング教材の学習履歴データ（学習コンテンツの遷移データを共起とみなす）の分析により，学習遷移マップを作成し，学習者へのハイパーメディア教材への学習ナビゲーション・システムへ応用しようとしている．Kashihara (2006)，柏原 (2006) は上のようなナビゲーションマップの作成にページのブラウジング履歴のみを用いることでは正しくページ間の意味的な関係を反映できないことを指摘し，その代わりに学習者自身にページ間の関係をアノテーションさせ，それを学習履歴として蓄積し相関ルールに適用して学習ナ

ビゲーションを実現させるシステムを開発している。一方，松居・岡本（2002）は，上のような学習コンテンツ遷移データではなく，学習者一人の学習活動のプロセス（例えば，ログイン⇒チャット⇒コース⇒フォーラムへの参加など）の分析に適用し，学習プロセスルールの抽出を行っている。Becker and Vanzin（2003）は，学習者集団の学習活動データごとにルール抽出を試みている。また，Minaei-Bidgoli ら（2003）は，学習履歴データに相関ルールを適用し，目的変数のある教師つき学習のように「問題 A と B に正答⇒90%で合格，レポート提出⇒85%で合格，レポート不提出⇒で90%で不合格」などの最終成績の要因となるルールのみの抽出を行い効果的な学習プロセスのマイニングを図っている。Hamalainen ら（2006）も最終成績と各セッションの達成度合いを相関ルールにより予測する手法を提案している。一般には相関ルールのシステム応用は，リコメンデーション・システムが多いが，e ラーニング分野ではコンテンツや学習活動の遷移データを対象にしたリコメンデーション・システム，すなわちナビゲーション・システムと呼ばれる研究が多いのが特徴である。

## 5.3　決定木

決定木（decision tree）は，予測したい目的変数とそれを予測するための説明変数がある場合，データベース中の膨大なデータより，それらの関係を木構造として教師あり学習する分類器の一種である。決定木の学習アルゴリズムはさまざまなものがあるが，最も基本的な ID3（Quinlan 1986）から，C4.5（Quinlan 1992），さらに改良された Rainforest（Gehrke Ramakrishnan and Ganti 2000）が知られている。問題点としては，変数が多い場合，計算量が指数的に増加する，または大きな木が生成され解釈が難しい，などが挙げられる。

e ラーニングへの応用では，次のような研究がある。中野ら（2003）は，英語分野における問題の特徴変数（単語数やコンマ，ing の数など）を説明変数として，各学習者の正答／誤答を目的変数として決定木に適用し，どのような問題特徴で学習者が誤答するかをフィードバックしている。植野（2007）は，e

ラーニングに得られる学習履歴データを説明変数として最終得点を目的変数として，どのような学習履歴の学習者が最終的に良い成績を取るのか，または失敗や途中放棄するのかなどを教師へフィードバックする手法を提案している。植野（2007）はeラーニングにおける毎週の学習履歴データのさまざまな説明変数（学習トピック数，学習平均所要時間，掲示板への参加数，アクセス数，など）より，目的変数である学習者の最終成績（1. 失敗，2. 途中放棄，3. 合格，4. 優秀に分類）を決定木により逐次学習し，学習者の最終成績を逐次予測するシステムを開発している。さらにこのシステムでは，「優秀」と判定される学習履歴と当該の学習者の学習履歴との差異を抽出することにより，その差異に対応したアドバイス（例えば，「1トピック当たりの学習時間が短すぎます。毎回完了してますか？ よりきっちり学習するようにしましょう。」など）を自動的に生成し提示するアニメ・エージェント機能をもつ。Baeら（2006）は，学習者のさまざまな学習履歴を説明変数とし，多次元の才能変数を目的変数として決定木を構築し，新しく参加した学習者の才能を早くから見つけ出し，その才能をより伸ばすのに適したカリキュラムの生成を試みている。松河ら（2007）は，学習履歴データではなく学習方略に関するアンケートより得られたデータを説明変数として，各教科の得点データを目的変数として決定木をCARTにより学習させている。そしてWEB上で各学習者に学習方略に関するアンケートを実施し，その結果より優秀な成績を導き出すアンケート結果の差異を抽出し，その差異をフィードバックするシステムを構築している。eラーニング分野での決定木の応用は，成績やパフォーマンスを外的基準として，その原因変数を説明変数とすることが多い。

## 5.4 サポートベクターマシン

サポートベクターマシン（Support Vector Machine, SVM）は，その予測効率の良さから非常に注目されている教師あり分類器である。基本的なアイデアは，目的変数を二値 $\{-1, 1\}$ に対応させて，この目的変数の分離を最適化するようなカーネル関数のパラメータを求めるというものである。数学的には，$N$個

の説明変数と目的変数の組 $(X_i, Y_i)$ を考える。ここで，$Y_i \in \{-1, 1\}$ である。このとき，識別平面は以下のように定義される。

$$f(X_q) = \sum_{i=1}^{N} y_i a_i K(X_q, X_i) + b \quad (3)$$

ここで，$K(X_q, X_i)$ はカーネル関数を示している。この関数に線形関数を用いればニューラルネットワークの一種でよく知られたボルツマンマシンとなるが，うまい非線形写像関数を選択することにより予測効率のよい分類が実現される。この手法の問題点は，膨大なデータベースでは膨大な計算時間とコンピュータのメモリを消費することである。SVM の e ラーニングへの応用はまだ少ないが，吉田ら（2005），中上ら（2006）は，テスト問題への学習者の成績を説明変数とし，その成績に応じた次に学習者に提示すべきコンテンツを教師へアンケート調査し，その結果を目的変数として SVM に適用している。それより学習者のテスト問題への成績に適応したコンテンツ提示機能の開発を行っている。Li and Chitra（2006）は，SVM を用いて専門用語特有の音声データの特徴を学習させることにより，e ラーニング・コンテンツの音声検索の精度を向上させている。Huang ら（2007）は，学習履歴データを説明変数として学習効率（成績 / 時間）を目的変数とした学習を SVM により行い，各学習者の学習成果を予測しながら宿題などを自動的に構成してくれるシステムを開発している。

## 5.5 ナイーブベイズ

ナイーブベイズ（Naïve Bayes）（例えば，Pedro and Pazzani 1997）は，最も一般的なベイジアン分類器である。ナイーブベイズでは，一つの目的変数（Class）を所与として各変数が局所独立の関係にあると仮定した教師あり学習である。データ $X = \{x_1, \cdots, x_N\}$ を所与としたとき，それが $k$ 番目のクラス $c_k$, ($k = 1, \cdots, m$) である確率はベイズの定理より以下のように示される。

$$p(c_k \mid X) = \frac{p(x_1, \cdots, x_N \mid c_k) p(c_k)}{p(x_1, \cdots, x_N)} = \frac{p(c_k)}{p(x_1, \cdots, x_N)} \prod_{i=1}^{N} p(x_i \mid c_k) \quad (4)$$

実際には(4)式の対数をとった識別関数を最大にするクラス $c_k$ を推定値とする。ナイーブベイズでは，変数選択が予測効率向上のために最も重要であることが知られている。また，局所独立モデルによる予測効率の損失を補うために他の変数間の確率構造を木構造に仮定した Tree Augmanted Naïve-Bayes (TAN) やさらにそれをネットワーク構造に一般化し，Bayesian-networks Augmanted Naïve-Bayes (BAN) (Friedman et al. 1997) は現在最も予測効率のよい分類器として知られている (Cheng and Greiner 1999)。

eラーニングへの応用では，Kamentz and Mandl (2003) が学習者のアンケートより得られるeラーニングでの学習スタイルを説明変数として学習文化（国）を目的変数とした推論をするためにSVM，決定木，ナイーブベイズを用いて予測効率の比較を行っている。その結果，ナイーブベイズが最も予測効率が高く，これを用いて学習文化を推定しながら適応的な学習スタイルを推薦するシステムを開発している。Talavera and Gadioso (2004) もコンテンツの閲覧回数や所要時間などの学習履歴を説明変数にし，学習者の授業の最終状態（合格，不合格）を予測させるモデルとして，決定木，ナイーブベイズを比較しているが，ナイーブベイズのほうがよいと報告している。

## 5.6 ベイジアン・ネットワーク

確率変数間の因果関係をデータより学習し，それにより推論を行えるベイジアン・ネットワークが近年注目されている（例えば，繁桝・植野・本村 2006）。ベイジアン・ネットワークは，推論効率が最も良いことで知られるだけでなく，変数間の因果モデルも自動的に推定できる最先端の人工知能技術である。分類機，推論マシン，因果分析など多くの機能を実現できる。Nkambou and Tchetagni (2004) は，eラーニングでの問題解決過程における誤り同定をベイジアン・ネットワークによって実現したシステムを開発している。鈴木ら

(2004) ではベイジアン・ネットワークの推論機能を直接用いて学習者の理解度を予測しながら適応的なコンテンツ提示を行うシステムを開発している。Moreno and Moreno (2005) もベイジアン・ネットワークによる適応的 e ラーニングについて提案しているが，実装はされていない。Tselios ら (2006) は，Models Creator という教育向けモデリングソフトの操作ログデータにベイジアン・ネットワークを適用し，次の操作がわからない学習者にヒントを与えるシステムを開発している。さらに彼らは，ナイーブベイズ，決定木 (ID3)，決定木 (C4.5) と予測効率を比較し，ベイジアン・ネットワークが最適であることを示している。植野 (2007) では，e ラーニングにおける学習者の学習履歴からベイジアン・ネットワークを用いて優秀な過去の学習者との差異を推論し，学習者へのアドバイスメッセージを生成するアニメ・エージェントを開発している。現在，ベイジアン・ネットワークの LMS への実装のネックとなっているのが大規模変数に対して計算量が爆発的に増えてしまうことであるが，最新研究では大規模データのためのベイジアン・ネットワーク・アルゴリズムの研究も増え，近くには本格的な応用研究が実現すると期待できる。

## 5.7 クラスタリング

クラスタリング (Clustering) とは，内的結合 (internal cohesion) と外的分離 (external isolation) が達成されるようなクラスタと呼ぶ部分集合に，データの集合を分割すること (Everitt 1993) である。近年，クラスタリング手法はデータマイニングの重要なツールとなり (Fayyad 1996)，大規模データ処理のための技術改善がされつつある。クラスタリング手法は，最短距離法などの階層的手法 (hierarchical) と $k$-means などの分割最適化手法 (partitioning-optimization) に大別される。前者は，1個の対象だけを含む $N$ 個のクラスタがある初期状態から，クラスタ間の距離（非類似度）関数に基づき，最も距離の近い2つのクラスタを逐次的に併合する。そして，この併合を，全ての対象が1つのクラスタに併合されるまで繰り返すことで階層構造を獲得する。このとき，クラスタ間の距離の定義は以下のようなものがある。

## 第5章 データマイニング技術を用いたシステム開発

(1) 最短距離法：2つのクラスタに存在するそれぞれのデータで最短距離
(2) 最長距離法：2つのクラスタに存在するそれぞれのデータで最長距離
(3) 群平均法：2つのクラスタに存在する全てのデータの組み合わせの平均距離
(4) ウォード法：クラスタの各値からそのセントロイドまでの最短距離

一方，$k$-means 法は，セントロイドをクラスタの代表点とし，クラスタ内のデータ間の距離を最小にする。データマイニングでは非常に大規模のデータを処理する必要があるが，上の既存の手法には2つの問題点がある。一つは，N個のデータのすべてを主記憶上には保持できないこと，もう一つは，計算量に関する問題で，階層的手法では $O(N^2)$，$k$-means では $O(Nk)$（k はクラスタ数）であるが，$O(N)$ であることが望ましいことである。このような問題を解決するために，大規模データのための手法，CLARANS (Clustering Large Applications based on RANdomized Search) (Ng and Han 1994)，Zhang らの BIRCH (Balanced Iterative Reducing and Clustering using Hierarchies) (Zhang 1997)，Xu らの DBCLASD (Distribution Based Clustering of Large Spatial Databases) (Xu 1998)，VFKM (Domingos 2001) などが提案されている。

e ラーニングの応用では，Wang and Shao (2004) が学習者のクラスタリングを行い，同一のクラスタに属する学習者に学習コンテンツのリコメンデーションを行うシステムを開発している。野澤ら (2005) は，大学における電子シラバスのクラスタリング・システムを開発している。鄭ら (2006) は，単語のクラスタリングを用いて，単語の連想情報を検索可能にする Web 上の言語学習システム ACSS (Associative Composition Support System) を開発している。瀬下ら (2005) はさまざまな学習活動の所要時間比のクラスタリングを行い，学習履歴の分類と可視化を行っている。Su ら (2006) は e ラーニングにおける学習コンテンツの遷移パターンのクラスタリングを行い，Activity Tree を生成して学習者へのガイドラインとしている。椿本と赤堀 (2007) は，大量のレポートをクラスタリングして可視化することにより教師の採点を支援するシステムを開発している。

## 5.8 外れ値／異常値検出

　外れ値／異常値の検出問題も，データマイニングの基本問題の一つであり，これまでにも多く提案されてきている。その範囲は，クレジットカード不正利用や携帯電話のなりすまし利用などの詐欺，ネットワークへの不正アクセスの検出，保険金請求データの例外事象検出などがある。これまで用いられてきた異常値の検出方法の手法としては，統計学では，検定手法に基づく方法 (Barnet and Lewis 1994)，情報科学分野からは，教師ありニューラルネットワークを用いる方法 (Bonchi 1994 ; Fawcett and Provost 1997 ; Lee et al. 1999 ; Rosset 1999) などが挙げられる。また，最近では Yamanishi ら (2004) が，教師無しで統計的外れ値を検出するシステムを提案しているし，Takeuchi and Yamanishi (2006) では，外れ値検出と時系列での変化点の抽出アルゴリズムを織り交ぜた手法を提案している。

　e ラーニングでの研究では，植野 (2007) によるコンテンツを学習する学習者の能力と課題の難易度を逐次考慮しながらベイズ的に異常学習プロセスを抽出する手法が知られている。この手法は学習者のコンテンツの飛ばし学習や飽きて他事をする，行き詰まりにより悩むなどの異常反応を高い確率で抽出し，教師やメンタに知らせることができる。実用上非常に有用な領域であり，より深く研究されるべきであると考える。

## 5.9 情報論的アプローチ

　近年では情報理論的アプローチにおける学習理論をデータマイニング分野に用いることも多い。最もよく用いられるのは，情報量基準である MDL (Minimum Description Length) (Rissanen 1978) である。与えられたデータから MDL の値を最小にするようにモデルを選択する。例えば，因子分析の因子数，決定木やベイジアン・ネットワークの構造の決定などに用いることができる。情報量基準には AIC などさまざまなものがあるが，MDL は強一致性（データ数が増

加すれば必ず真のモデルを選択する保障がある）をもつなど好ましい性質がある。情報論的アプローチのeラーニングへの応用では，植野（2007）が eラーニングにおける学習所要時間の分布として情報量最大化原理により拡張型ガンマ分布を導いている。この手法では大量に蓄積されるコンテンツへの学習所要時間データから複合度パラメータ $\alpha$ と冗長度パラメータ $\beta$ に情報圧縮することができ，単に平均値を見ただけではわからないような特長を分析することができる。また，植野（2007）では電子掲示板で得られる発言者推移データをマルコフ過程とみなして，その確率構造を推定し，可視化することにより，現在の議論過程や学習者間の人間関係の可視化を行うことができるシステムを開発している。さらに，植野（2007）は，CSCLにおいて学習者が発言時にその内容を反映したカテゴリを選択できるシステムを導入し，蓄積された大量のカテゴリ系列データを議論過程のデータとしてマルコフ過程とみなし，MDLによりデータ圧縮し，可視化させる手法を提案している。宇都・植野（2011）は，MDL原理の中で最も予測効率が良いとされるベイズ符号を用いて過去の優秀論文の構成パターンを学習し，アカデミック・ライティングの初心者に論文執筆を支援するシステムを開発している。

## 5.10 テキストマイニング

古典的なテキストマイニングでは大量のテキストデータを形態素解析し，tf（Term Frequency）-idf（Inverse Document Frequency）法（Allan 1998）などを用いてキーワード重要度の評価を行ってフィルタリング，重み付けが行われる。近年では tf-idf法を前処理として，予測効率の高いSVM（山田ほか 2002；吉谷ほか 2004；鈴木・内海 2006）やナイーブベイズ（磯崎 2006），ベイジアン・ネットワーク（植野 2007）などを用いた手法が提案されている。eラーニング分野では，石原・赤堀（1998）が語の共起性を用いて重要度を定義し，議論の要約システムを開発している。松河ら（2004）は，CSCLにおける電子掲示板データの形態素解析を行い，そのエントロピー尺度を計算することにより議論の活性化の指標として評価できるシステムを開発している。望月ら（2004）は，電子掲示

板のデータからオンラインで教師の選択した重要キーワードについて対応分析（コレスポンデンス分析）を行うシステムを開発している。さらに望月ら（2005）はそれらのシステムに蜂と学習者，花とキーワードというメタファを用いてより容易に解釈できるように改良している。植野（2007）も電子掲示板データの重要キーワードを数量化Ⅰ類手法によりオンライン解析するシステムを開発している。さらに植野（2007）はテキストマイニングにおける対応分析や数量化Ⅰ類理論などが記述的統計手法で一致性をもたず予測効率を最大化しないことを指摘し，数理モデルである多重ロジスティック潜在変数モデルを利用したCSCLにおける電子掲示板でのオンライン・キーワード分析システムを開発している。また，前述の野澤ら（2005），Suら（2006）のようにコンテンツやコースのテキストマイニングによる分類やリコメンデーション・システムへの応用も典型的な応用例である。近年では，Latent Dirichret Allocation（LDA）（Blei, Ng, Jordan 2003）が最も高い精度のワード処理であることが知らており，教育分野でより活用されるべきである。

〈参考文献〉

Agrawal, R., Imielinski, T. and Swami, A. N.（1993）"Mining association rules between sets of items in large database," Proc. SIGMOD, 207-216.

Allan, J., Carbonell, J., Doddington, G., Yamron, J. and Yang, Y.（1998）"Topic detection and tracking pilot study final report," Proc. of the DARPA Broadcast News Transcription and Understanding Workshop, 194-218.

Bae, S., H, S. H., and Park, S. C.（2006）"Identifying students and their learning paths using data mining techniques," In Romero, C and Ventura, S.（eds.）, *Data Mining in e-Learning*, WIT Press, 191-206.

Barnet, V. and Lewis, T.（1994）*Outliers in Statistical Data*, John Wiley & Sons.

Becker, K. and Vanzin, M.（2003）"Discovering increasing usage patterns in web based learning environments," Proc. the Int. Workshop on Utility,Usability and Complexity of e-Information Systems, 57-72.

Blei, D. M., Ng., A.Y., Jordan,M.I.（2003）Latent Dirichlet Allocation, *Journal of Machine Learning Research*, 3, 993-1022.

Bonchi, F., Giannotti, F., Mainetto, G. and Pedeschi, D.（1994）"A classification-based methodology for planning audit strategies in fraud detection," Proc. KDD99, 175-184.

Domingos, P. and Hulten, G.(2001)"A General Method for Scaling Up Machine Learning Algorithms and its Application to Clustering," Proc. of the 18th Int'l Conf. on Machine Learning, 106-113.

Donnellan, D. and Pahl, C.(2002)"Data Mining for the evaluation of web based teaching and learning environments," Proc. E-Learn2002, 747-752.

Everitt, B. S.(1993)"Cluster Analysis" Edward Arnold, third edition

Fawcett, T. and Provost, F.(1997)"Combining data mining and machine learning for effective fraud detection," Proc. AI Approaches to Fraud detection and Risk Management, 14-19.

Fayyad, U. M., Piatesky-Shapiro, G., and Smyth, P.(1996)"From Data Mining to Knowledge Discovery, An Overview," In FAYYAD, U. M., DIATETSKY-SHAPIRO, G., SMYTH, P., and UTHURUSAMY, R.(eds.), *Advances in Knowledge Discovery and Data Mining*, California: AAAI Press/The MIT Press, chapter 1, 1-34.

Fridman, N. Geiger, D., and Goldszmidt, M.(1997)"Bayesian network classifiers," *Machine Learning*, 29(131): 335-361.

Gehrke, R., Ramakrishnan, R., and Ganti, V.(2000) "Rainforest-A framework for fast decision tree construction of large datasets," *Data Mining and Knowledge Discovery*, 4: 127-162.

Hamalainen, W., Laine, T. H., and Suitnen, E.(2006)"Data mining in personalizing distance education courses," In Romero, C. and Ventura, S.(eds.), *Data Mining in e-Learning*, WIT Press, 157-171.

Huang, C. J., Chu, S. S. and Guan, C. T.(2007)"Implementation and performance evaluation of parameter improvement mechanisms for intelligent e-Learning systems," Volume 49, Issue 3, 597-614.

石原雅芳・赤堀侃司(1998)「課題付き討論支援のための議論要約システムの開発」『日本教育工学雑誌』22:1-12.

磯崎隆司(2006)「ベイズネット分類器による重要文書推定における構造学習の効果」『人工知能学会第64回人工知能基本問題研究会論文SIG-FPAI』,27-32.

Kaments, E. and Mandl, T.(2003)"Culture and E-Learning: Automatic Detection of a Users' Culture from Survey Data," Proc. the Fifth International Workshop on Internationalization of Products and Systems(IWIPS 2003), 227-239.

Kashihara, A., Nakayama, M. and Ota, K.(2006)"Guided Map for Scaffolding Navigation Planning as Meta-Cognitive Activity in Hyperspace," Proc. International Conference on Computers in Education(ICCE2006), Beijing, China, 465-472.

柏原昭博・中谷充敬・太田光一(2006)「ハイパー空間における学習履歴マイニングに基づくナビゲーションガイド」『2006年度人工知能学会(第20回)全国大会論文集』.

Lee, W., Stolfo, S. J. and Mok, K. W.(1999)"Mining in a data-flow environment: experience in network intrusion detection," Proc. KDD-99, 114-124.

Li, Y. and Chitra, D. (2006) "Instructional video content analysis using audio information," IEEE transactions on audio, speech and language processing, 14(6): 2264-2274.

松居辰則・岡本敏雄 (2002)「インターネット学習場における学習履歴情報の知識化に基づく総合的評価機構」『日本教育工学会第18回全国大会論文集』, 177-180.

松河秀哉・北村智・永盛祐介・久松慎一・山内祐平・中野真依・金森保智・宮下直子 (2007)「データマイニングを活用した学習方略フィードバックシステムの開発」『日本教育工学会論文誌』31(3):307-316.

松河秀哉・中原淳・西森年寿・望月俊男・山内祐平 (2004)「電子掲示板上での学習者の活動を把握する指標の検討」『日本教育工学雑誌』28(1):57-68.

Minaei-Bidgoli, B., Kash, D. A., Kortemeyer, G. and Punch, W. F. (2003) "Predicting student performance: an application of data mining methods with an educational web-based system," IEEE conf. on Frontier in Education FIE.

望月俊男・藤谷哲・一色裕里・中原淳・山内祐平・久松慎一・加藤浩 (2004)「電子会議室の発言内容分析による協調学習の評価方法の提案」『日本教育工学会論文誌』28(1):15-27.

望月俊男・久松慎一・八重樫文・永田智子・藤谷哲・中原淳・西森年寿・鈴木真理子・加藤浩 (2005)「電子会議室における議論内容とプロセスを可視化するソフトウェアの開発と評価」『日本教育工学会論文誌』29(1):23-33.

Moreno, F.J.T. and Moreno, M.J.G. (2005) "Using Bayesian Networks in the Global Adaptive E-Learning Process," Proc. EUNIS2005.

中上香代子・吉田賢史・中山弘隆 (2006)「サポートベクターマシンによるe-Learningの適正コンテンツの決定」, PCカンファレンス発表論文集, 453-456.

中野智文・小山由紀江・竹内将吾 (2003)「e-Learningに基づいた英語学習者の弱点分析」『日本教育工学会第19回全国大会論文集』, 583-586.

Ng, R. T. and Han, J. (1994) "Efficient and Effective Clustering Methods for Spatial Data Mining," Proc. the $20^{th}$ Very Large Database Conf, 144-155.

野澤孝之・井田正明・芳鐘冬樹・宮崎和光・喜多一 (2005)「シラバスの文書クラスタリングに基づくカリキュラム分析システムの構築」『情報処理学会論文誌』46(1):289-300.

Nkambou, R. and Tchetagni, J. P. M. (2004) "Diagnosing Student Errors in E-Learning Environment using MPE Theory," Proc. Web Based Education 2004.

Pedro, D. and Pazzani, M. (1997) "On the optimality of the simple Bayesian classifier under zero-one loss," *Machine Learning*, 29:103-137.

Quinlan,J.R. (1986) "Induction of decision trees," *Machine Learning*, 1:81-106.

Quinlan,J.R. (1992) *C4.5: Programs for Machine Learning*, Morgan Kaufmann, San Maeteo, CA.

Rissanen, J. (1978) "Modeling by shortest data description," *Automatica*, 14:465-471.

Rosset, S., Murad, U., Neumann, E., Idan, Y. and Pinkas, G. (1999) "Discovery of fraud rules for telecommunications challenges and solutions," Proc. KDD99:409-413.

瀬下仁志・田中明通・丸山美奈・鈴木秀夫・高橋時市朗（2005）「学習者指導の学習活動における活動プロセスの可視化・分析」『日本教育工学会論文誌』29(3)：359-369.

ソンムアン・ポクポン／植野真臣（2003）「決定木によるeラーニング履歴データの分析」『日本教育工学会19回大会講演論文集』，587-590.

繁桝算男・植野真臣・本村陽一（2006）『ベイジアンネットワーク概説』倍風館.

Su, J. M., Tseng, S. S., Wang, W., Weng, J. F., Yang, J. T. D., and Tsai, W. N. (2006) "Learning portfolio analysis and mining for scorm compliment environment," *Educational Technology & Society*, 9(1)：262-275.

鈴木智樹・藤原祥隆・岡田信一郎・吉田秀樹（2004）「ユーザ適応型e-Learningシステム KUSEL の設計」『情報処理学会研究報告』2004(29)：169-174.

鈴木大介・内海 彰（2006）「Support Vector Machine を用いた文書の重要文節抽出」『人工知能学会論文誌』21(4)：330-339.

Talavera, L. and Gadioso, E. (2004) "Mining student data to characterize similar behavior groups in unstructured collaboration spaces," Proc. the workshop on Artificial Intelligence in CSCL, 16th European Conference on Artificial Intelligence, ECAI2004, 17-23.

Takeuchi, J. and Yamanishi, K. (2006) "A Unifying Framework for Detecting Outliers and Change-points from Time Series" IEEE Transactions on Knowledge and Data Engineering, 18 (44)：482-492.

鄭在玲・三宅真紀・馬越庸恭・赤間啓之（2006）「グラフ理論を用いた日本語連想作文支援システムの開発と評価」『PCカンファレンス論文集』，27-30.

Tselios, N., Storica, A., Maragoudakis, M., Avouris, N., and Komis, V. (2006) "Enhancing user support in open problem solving environments through Bayesian network inference techniques," *Educational Technology & Society*, 9(4)：150-165.

椿本弥生・赤堀侃司（2007）「主観的レポート評価の系列効果を軽減するツールの開発と評価」『日本教育工学会論文誌』30(4)：275-282.

植野真臣（2007）『知識社会におけるeラーニング』培風館

宇都雅輝・植野真臣（2011）「ベイズ符号を用いた論文構築支援システム」『電子情報通信学会論文誌』J94-D，12：2069-2081.

Wang, F. H. and Shao, H. M. (2004) "Effective personalized recommendation based on time-framed navigation clustering and association mining," *Expert Systems with Applications*, 27(3)：365-377.

Xu, X., Ester, M.,Krigel, H. -P. and Sander, J. (1998) "A Distribution-Based Clustering Algorithm for Mining in Large Spatial Databases," Proc.the 14th Int'l Conf. on Data Engineering, 324-331.

山田寛康・工藤拓・松本裕治（2002）「Support Vector Machineを用いた日本語固有表現抽出」『情報処理学会論誌』43(1)：44-53.

Yamanishi, K., Takeuchi, J., Williams, G. and Miline, P. (2004) "On-line Unsupervised Outlier Detection Using Finite Mixtures with Discounting Learning Algorithms," *Data Mining and*

*Knowledge Discovery Journal*, 8, Issue 3：275-300.

吉田賢史・宮崎光二・中上香代子・中山弘隆（2005）「e-Learning における適応的コンテンツ配信制御」『メディア教育研究』2(1)：81-91.

吉谷仁志・黄瀬浩一・松本啓之（2004）「サポートベクトルマシンを用いた新聞記事からのプロフィール情報抽出」『電気学会論文誌』124(11)：2260-2266.

Zhang, T., Ra, akarishan, R., and Livny, M.（1997）"BIRCH：A New Data Clustering Algorithm and Its Applications," *Journal of Data Mining and Knowledge Discovery*, 1：141-182.

第6章

# VR／AR を用いたシステム開発

松原行宏

　ヒトが学習を行うのは，直面した事象に関してそれは何故そのようになるのか，といった知的な好奇心による，いわゆる内発的動機に基いている側面があることがいわれている。内発的動機に基く学習行為はきわめて本質的であり，学習支援システムにおいて近年あらためて注目されている。

　このような内発的動機を喚起するために，従来より，学習者自らが仮説を立て，それをいろいろな手段を用いて検証し，確認したり，新たな仮説をたてたりすることにより，理解を深めていく「発見的学習」の方法が注目されている。そこでICT を用いて発見的学習を支援することはきわめて重要であり多くのシステムが提案されている。また近年のVR 技術の発展により，リアリティをもたせたシミュレーションシステムの開発が可能となり，これは発見的学習のサポートツールとして有益である。用意された題材（環境）に対して，学習者がパラメータの設定や行為を行うことにより，対象世界の振る舞いを観察して，仮説を検証することができる。

　一方，対象世界，具体的には実験環境そのものは，あらかじめシステム設計者が用意しているものに限定されてしまうという制約もある。VR システム上に当該教材の実験環境そのものを設計するにはプログラミング等のスキルが必要となるからである。自由に実験環境を設計するには，エンドユーザである学習者にプログラミングやシステム設計の負担を担わせることになり，本来の目的と異なってくる。しかしながら，実験環境そのものを学習者自らが設計できれば，より幅広く多面的な仮説の設定と検証が可能となり，より能動的で自発的な学習の行為が期待できる。

第Ⅱ部　技術ドリブンなシステム開発

　また近年は AR や MR といった，仮想世界と現実世界を融合させる技術が発展してきている．ここで使われるマーカ技術やマーカ認識技術を導入すれば，簡単な操作でユーザが VR 空間に操作の意図を伝えることが可能となり，これを学習支援システム上で利用できるためのメカニズムを開発することにより自由に実験環境の構築が可能となるとも期待できる．このように，VR や AR 技術の導入により，学習支援システムの可能性が広くなってきている．

　本章では，VR や AR 技術についてまず整理し，学習支援システムとしての利用の方向性を述べる．またそれぞれの方向性に基いたシステムの事例について概説する．

## 6.1　VR／AR について

　舘は，「VR（Virtual Rarity，バーチャルリアリティ，人工現実感）とは，実体そのものではないが本質的あるいは効果として実体であるものを意味する」と定義している（舘 2000）．つまり，物理的には存在していないが人間にとっては存在していると認識できる状況があることを意味している．コンピュータを使った学習支援システムは，そこに実際に物理的な教材（教科書やノート）は存在していないが，コンピュータのソフトウェアとして，モデルやデータ，プログラムのような形態で教材が存在しており，学習者は，視覚や聴覚，触覚などを通じてその世界に浸り学習を進めている．つまり大きく解釈すると，人工現実感のなかで学習行為を行っているといえる．

　一方，より具体的に理科等の科目で実験を行うことを考えてみると，学校では実験器具や材料などが物理的に存在し，それに対し手を使って触ったり混ぜたりするなどの行為を行い，現象の変化を観察する．これを学習支援システムで実現するには，シミュレーション型のシステムとして古くから検討がされており，一種のマイクロワールドを形成し，提供されてきた．マイクロワールドはやはり，学習支援環境におけるある種のバーチャルリアリティということになる．

　他方，バーチャルリアリティとして「本質的あるいは効果として実体であ

第6章　VR／AR を用いたシステム開発

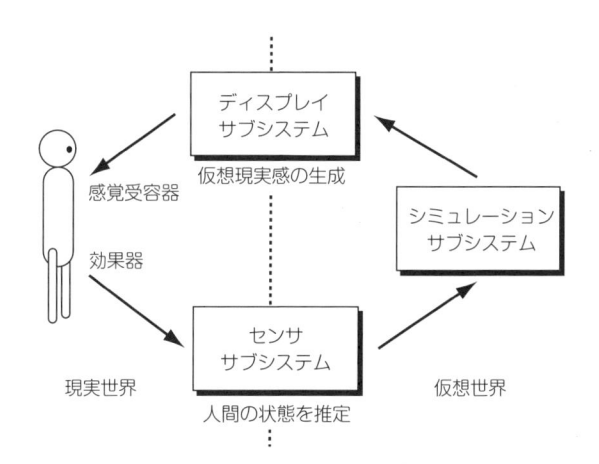

図6-1　バーチャルリアリティ生成の枠組み

る」ために，更にいくつか重要な要件が指摘されている．廣瀬らは，「presence」（1．写実的リアリティ，没入的リアリティ），「interaction」（2．操作的リアリティ），「autonomy」（3．振る舞いのリアリティ）の3要素が必要であることを示唆している．別の言い方をすれば人間にとって自然な三次元空間を構成して（4．三次元の空間性），人間がそのなかで環境と実時間の相互作用をしながら自由に行動でき（5．実時間の相互作用性），その環境と使用している人間との境目がない状態が作られていること（6．自己投射性），ということになる．またこれら6種の要件は相互に関連している（廣瀬 1992，1993）．

この要件を実現するため一般的に，ディスプレイサブシステム，センササブシステム，シミュレーションサブシステムを含んだシステムの枠組みが提案されている．各サブシステムが有機的に結合される事によって上記の6つの要求を満たす理想的なバーチャルリアリティシステムが実現される（図6-1）．

例えば，あたかも自分がそこにいるかのような感覚を生じさせるためには，人間の感覚器に，現実にある刺激と同様な物理的刺激を与える手段が必要となる．この役割を担うのがディスプレイサブシステムである．人間の感覚として視覚，聴覚，触覚等があるが，ある水準以上の品質を有しているディスプレイサブシステムを用意し，各感覚器に対してリアルな物理的刺激を与えることが

できれば，写実的・没入的リアリティが得られることになる．具体的には，視覚ディスプレイ，聴覚ディスプレイ，触覚ディスプレイ，力覚ディスプレイ，平衡感覚ディスプレイ，歩行感覚ディスプレイなどが開発されている．特に，人間の視覚系は情報伝達，臨場感演出において重要な役割を果たしており，視覚ディスプレイを通して人間にとって自然な三次元空間を構成して提示する必要がある．

一方，AR（Augmented Rearity，オーグメンティッドリアリティ）は現実空間にVRの情報空間を重畳して現実空間を補強するやり方であり，VRのひとつの実現形態となっている．

## 6.2 学校教育でのVRシステムと制約

小・中学校などの初等中等教育現場でバーチャルリアリティシステムを利用しようとした場合は制約条件がある．近年ではほとんどの学校がインターネットに接続され，教育に活用されるようになった．すなわち，計算機環境はすでに整備されているが，その多くは一般的なパーソナルコンピュータである．導入台数，一台あたりのコストの面から考えても，高価なコンピュータの設置は難しい．さらに，「総合的な学習」等への取り組みにおいて，クラスルームでのパーソナルコンピュータ活用については大きな期待があり，具体的な事例も報告されている．そこで，バーチャルリアリティシステム使用を想定した場合の制約条件は以下の通りである．
・本体は汎用的で情報リテラシーで用いることが可能なコンピュータ
・安価であること
・ネットワークが利用可能であること
したがって，この条件でバーチャルリアリティシステムを構成するサブシステムを実現しようとした場合，
・本体：十数万円程度のパーソナルコンピュータ
・プラットフォーム／ソフト：3次元でモデル化された画像が簡易に扱え，ウォークスルーができるということを重視したツールを使用

第6章　VR／ARを用いたシステム開発

・ディスプレイサブシステム：通常のディスプレイを使用（一般的には3次元モデルを2次元画像で表現）
・サンササブシステム：通常のマウスやタッチパネル（タブレットPC等）を使用
・インターネットを有効活用

　という組み合わせが基本モデルになり，予算と目的に応じてその他のデバイスを追加するということになる。磁気センサーやデータグローブ，力覚デバイスなど各種デバイスは年々低価格化しており，これらと組み合わされたシステムの開発や導入がされつつある。

## 6.3　VR／ARと学習支援システム

　ここではVR／AR指向の学習支援ステムに関して大まかな分類を行う。図6-2に，計算機環境のレベルと利用者レベル（ユーザ数やネットワーク環境）の二次元で整理したマップを示す。大きく4つのエリアに区分される。Aは「標準・スタンドアロンタイプ」で，基本的に個人での利用を想定し標準的なコンピュータで実現するシステムである。従来型のCAIシステム（あるいはITS）の多くはこれに該当するであろう。また簡易三次元環境をコンピュータに実現し，マイクロワールドを個人に体験させるVRシステムもここに入る。
　Bは「標準・ネットワークタイプ」で，多人数の利用を想定した標準構成のコンピュータシステムである。ネットワーク経由でサーバ／クライアント間で教材や学習情報をやりとりするWeb型の教育システムや，学習者間で情報をやりとりしながら学ぶCSCL型のシステムがこのタイプに入る。また疑似学習者やエージェントを登場させて実現したシステムは，Bタイプのバーチャルリアリティシステムである。さらに，現在報告されている多くの仮想実験室や仮想学校／仮想スクールはこの範疇にあると考えられる。
　Cは「高機能・スタンドアロンタイプ」である。例えばCAVEのような多面投影型ディスプレイ・環境の中でマイクロワールドを実現し体験をさせるシステムである。CAVEまでは達成できなくとも，高機能なディスプレイサブ

第Ⅱ部　技術ドリブンなシステム開発

```
┌─────────────────┐
│ パソコン単体＋          │
│ 通常のディスプレイ＋     │
│ マウス                │
├─────────────────┤
│ パソコン              │
│ ＋ディスプレイサブシステム │
│ (液晶メガネ等)         │
├─────────────────┤
│ パソコン              │
│ ＋ディスプレイサブシステム │
│ (液晶メガネ, HMD等)    │
│ ＋センササブシステム     │
│ (磁気センサ, データグローブ等)│
├─────────────────┤
│ グラフィックWS         │
│ ＋ディスプレイサブシステム │
│ (液晶メガネ, HMD等)    │
│ (大型ディスプレイ)      │
│ ＋センササブシステム     │
│ (磁気センサ, データグローブ等)│
├─────────────────┤
│ グラフィックWS         │
│ ＋多面投影型ディスプレイ  │
│ (CAVE等)            │
│ ＋センササブシステム     │
│ (磁気センサ, データグローブ等)│
└─────────────────┘
```

利用者レベル（人間との関係）
個人　　　　　　　　多数
スタンドアロン系　　サーバ／クライアント系

計算機環境のレベル

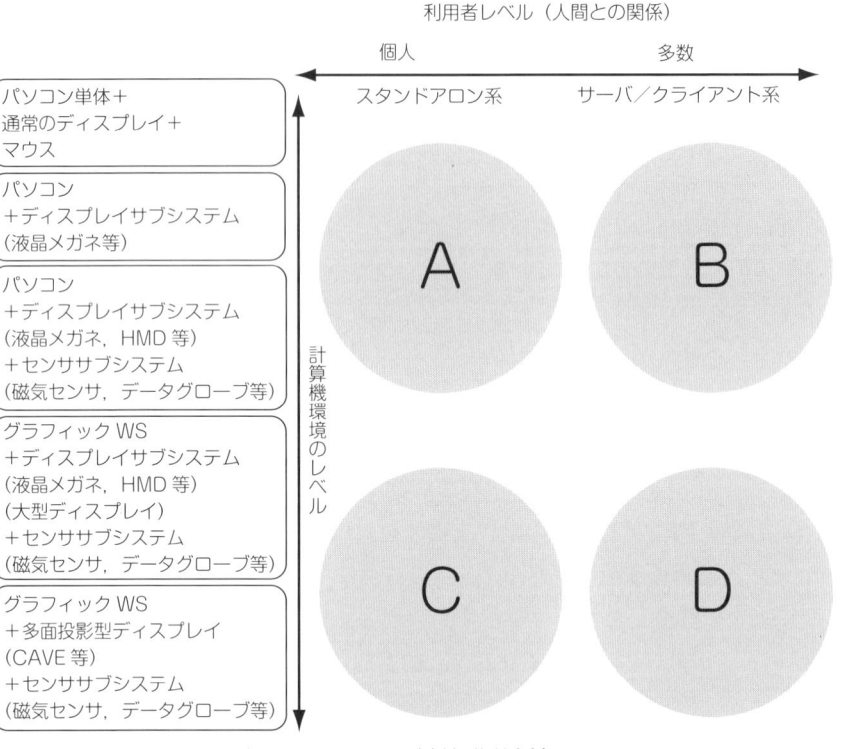

A　　B

C　　D

**図6-2　VRシステムの分類と学習支援システム**

システムやセンササブシステムを装備し，没入感が得られるシステムはこの分類に入る。企業で開発されているVRでの操作・訓練システムや仮想モックアップ（実物大模型）を利用した教育システムが該当する。

　Dは「高機能・ネットワークタイプ」である。高機能なバーチャルリアリティシステムと，それと同じレベルのシステム，あるいは現実環境がネットワークを介してつながっている状態である。教育システムとして実現された例は報告されていないが，その他の分野では，バーチャルリアリティ環境から実際のロボットシステムを操作しようとするRキューブ構想はこれに相当する。バーチャルリアリティ空間に人間が入り，その動作を遠隔にいるヒューマノイド（人型）ロボットが，そのまま模倣して動作するというわけである。これを実

現するために RCML（R-Cubed Manipulation Language）が開発されている。

　教育システムでは，Dタイプは操作・訓練システムの発展系や，CSCLの発展系として期待したい。また仮想学校もこの形態で実現できれば，その場にいながらにして学校で勉強していることができることになる。今後の教育支援システムとして有力なカテゴリであるが，高額なコスト，未開発技術が多い等の困難な課題が多い。

## 6.4　システム開発例

　VR/AR技術の枠組みを導入した教育・学習支援システムとして，以下が挙げられる。

### 6.4.1　マイクロワールドをVR/VE上に実現したシステム

　伝統的教授法は物事を体系化し演繹的に整理して教える方法であり，系統立てて効率的に教授できる方法である。これに対して，学習者が主体的な行為で発見的に学習を進めていくやり方も有益である。これは帰納型の教育システムであり，マイクロワールドでの発見的学習はこのタイプになる。第一の方向は，このマイクロワールドをVR/AR環境上に構築し，よりリアルなマイクロワールドを提供するという考え方である。例えば図6-3のように，反力を実際に感じることが可能な仮想空間内の物体を操作し，物理法則を体験的に学習させる等が考えられる（小山・原田 2005；神邊ほか 2008）。また，これは図6-2のAとCの中間のタイプに相当する。

### 6.4.2　訓練システム等での操作系の訓練環境

　通常，オペレータの訓練はシミュレータ等を利用して行うことが多いが，簡易に体験させることが可能である，臨場感のある訓練が行える，実機シミュレータの設置よりコスト面で優位である，等から，VR/AR環境上での訓練システム構築が望まれている（原田 2006）。訓練では特に操作を伴うことから，操作的リアリティ（interaction）が特に重要であり，力覚ディスプレイや触圧覚デ

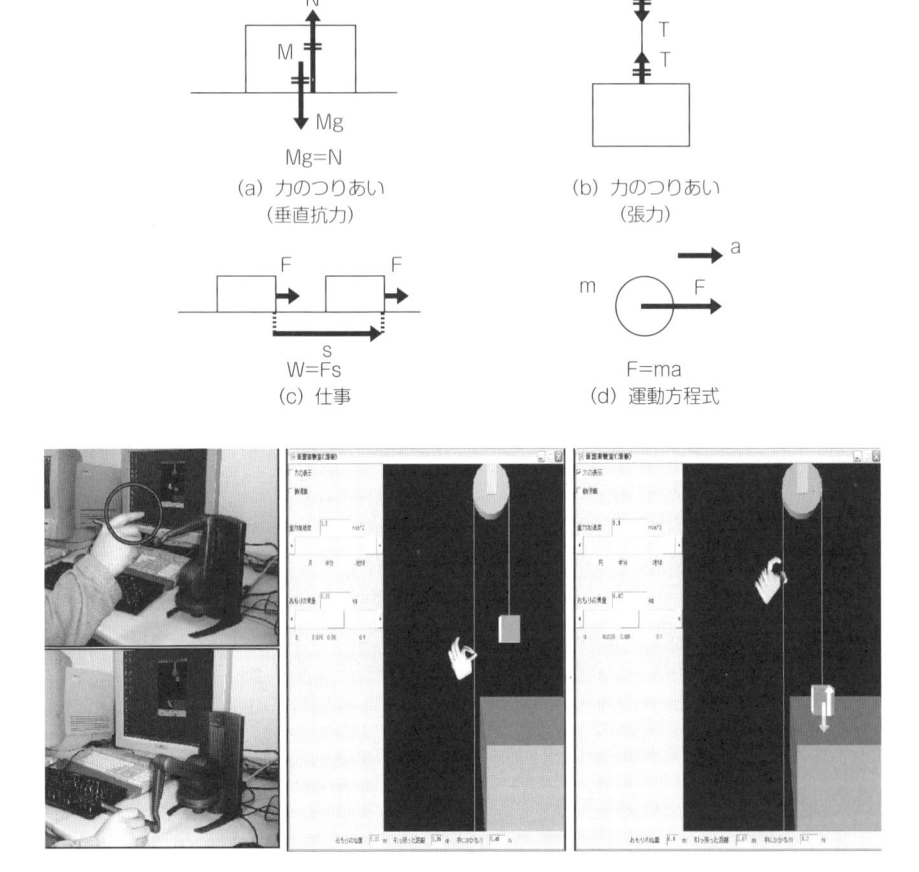

第Ⅱ部 技術ドリブンなシステム開発

(a) 力のつりあい
(垂直抗力)
Mg=N

(b) 力のつりあい
(張力)

(c) 仕事
W=Fs

(d) 運動方程式
F=ma

図6-3 反力デバイスを用いた初等力学（滑車の題材）学習支援の例

ィスプレイを導入したシステムが開発されている。また，これは図6-2のCのタイプに相当する。

### 6.4.3 協調学習環境／グループ学習支援環境でのシステム

複数のユーザ（学習者，指導者双方を含む）が同一環境を共有し，双方向でやりとりをしながら学習を進めるのは，まさにVR／ARの概念と一致する（図

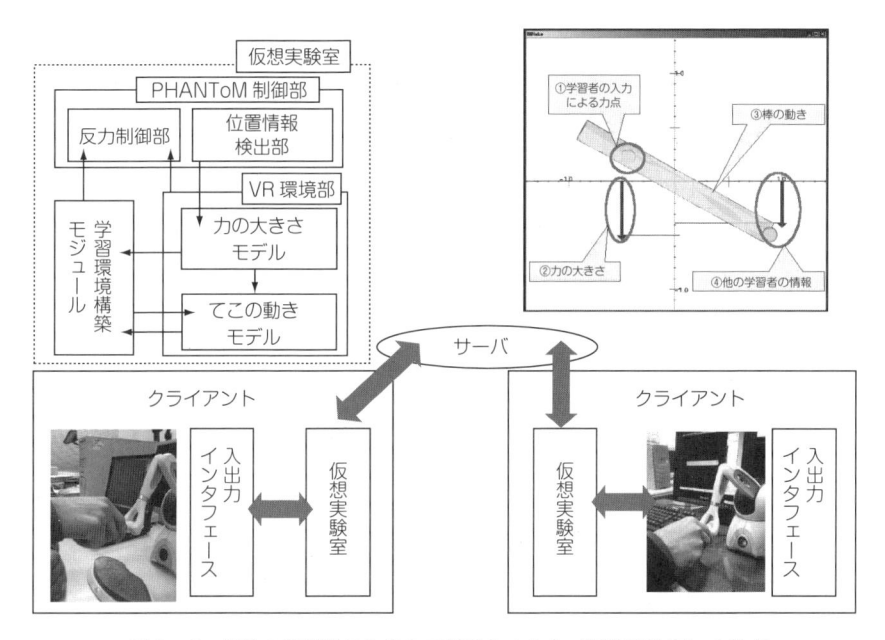

図6-4 複数の学習者による人工現実システム（仮想実験室）の共有

6-4）。この場合，各ユーザが現実世界で同一の場所にいる必要が無く，むしろ遠隔に存在することの方が一般的であることから，通信技術，ネットワーク技術との連携により実現が期待できる。またコンピュータによるエージェントがユーザの役割を担う場合もあり，エージェントとのやりとりを通してVR／AR環境上で学習する枠組みの検討がなされている（濱中ほか2007）。また仮想世界と現実世界を複合した複合現実感の技術を応用し，学習者の体験を増幅させることによって効果的な学習を目指した取組もなされている（杉本2008）。これは図6-2のBとDの中間のタイプに相当する。

### 6.4.4 仮想実験環境を構築するインタフェースとして活用する事例

6.4.1の図6-3では初等力学「滑車を用いた力のはたらきと仕事」を題材として，3種類のテンプレートパターンの滑車組み合わせを体験できるVR実験室を示している。またそれは，そのテンプレートパターンでの滑車の糸にか

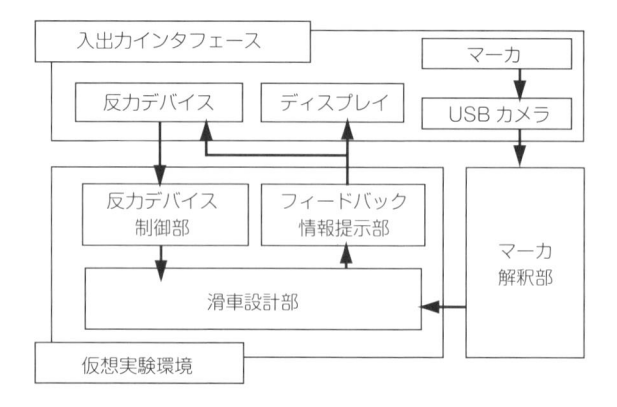

**図6-5　自由に実験環境が設計可能なVR実験室のフレームワーク**

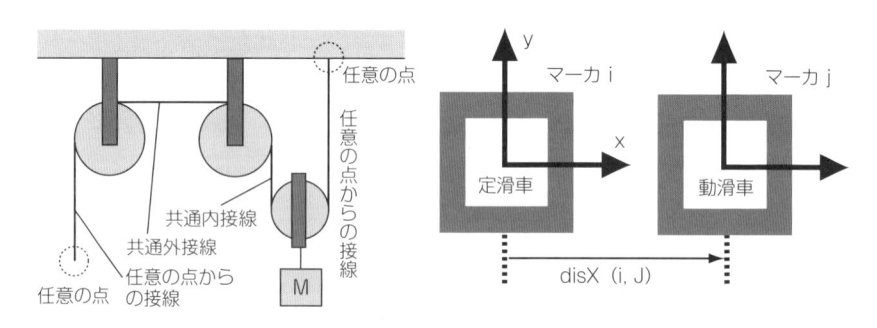

**図6-6　滑車実験環境の例とマーカの例**

かる力を，力覚を感じることのできるデバイスを用いて，実際に力を体験できるよう工夫してあり，体験を伴う学習ができるようになっている．この考え方を拡張し，テンプレートに含まれているパーツ（定滑車，動滑車，おもり，糸，天井や床の設定，等）を分解し，それぞれ独立したオブジェクトとして，テンプレート以外の形態を自由に設計することが可能となれば，仮説に基いた自由な実験が可能となる．そこで，AR技術で用いられているマーカ関連の手法を活用し，各マーカとパーツのオブジェクトを対応させ，マーカを自由に机上に配置させることによって滑車の実験環境が実現できるような仕組みが有効である（図6-5）．マーカの位置を認識させる手法はARtoolKitの手法を参考にし，取得した位置情報からオブジェクトの接続関係と全体のとしての接続関

第 6 章　VR／AR を用いたシステム開発

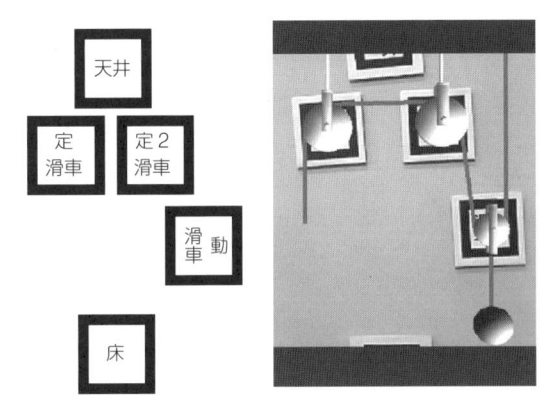

**図 6-7　マーカの配置と滑車実験環境構築**

係を同定する。

　例えば，定滑車 2 個，動滑車 1 個の組み合わせにおいて考えると図 6-7 のように配置したマーカをカメラで取得すると，現実空間の上に重畳して滑車を配置して実験が行えるようになる。

〈参考文献〉

小山達也・原田哲也（2005）「力覚提示デバイスを用いた体験型学習環境の試作」『人工知能学会研究会資料』SIG-ALST-A403：25-30.

神邊篤史・松原行宏・岩根典之（2008）「上肢運動リハビリテーション支援システムのための力覚フィードバック機能の検討」『電子情報通信学会論文誌』J91-D(2)：314-323.

杉本雅則（2008）「体験の増幅を目指した学習支援」『人工知能学会誌』23(2)：210-242.

舘暲監修（編）（2000）『人工現実感の基礎』培風館.

濱中啓至・松原行宏・岩根典之（2007）「てこ題材の仮想実験室を共有する初等力学の体験型学習支援システム」『教育システム情報学会誌』24(4)：253-264.

原田哲也・大澤範高（2006）「『教育・訓練』特集号」『日本バーチャルリアリティ学会論文誌』11(4)：451-544.

廣瀬通孝（1992）「人工現実感の教育応用」『計測と制御』31(12)：1218-1223.

廣瀬通孝（1993）『バーチャル・リアリティ』"産業図書.

松原行宏（2000）「VR 技術と教育システム」『教育システム情報学会誌』17(1)：56-63.

# 第7章

# 技術標準化とシステム開発

仲林　清

## 7.1　技術標準化とeラーニング

　eラーニングの分野で技術標準化の流れが世界的に定着してきている（Fallon and Brown 2003）。一方，インターネットを中心とするICTの急速な進化・普及において，技術標準化は本質的な役割を果たしている（Baldwin and Clark 2000）。eラーニングにおいてICTは当然のことながら不可欠の技術基盤である。本章では，このような背景を踏まえて，eラーニング分野における技術標準化に関する解説を行う。個々の技術標準化の技術内容はもちろん重要であるが，それにも増して標準化が技術分野を進化させるメカニズムを理解しておくことは非常に重要である（仲林 2008 a，2010）。そこで，まず，ICT分野における技術標準化の役割について述べ，次にeラーニング技術標準化の動向を解説し，最後に，今後の技術標準化の展開・意義について考察する。

## 7.2　技術標準化とは

　技術標準化の歴史はフランス革命の時代にまでさかのぼる（橋本 2002）。当時，故障した砲車の部品交換を簡単にするため，部品に互換性をもたせる，という発想が生まれた。この考え方はアメリカに持ち込まれ，規格に従って分業生産された部品を組み立てることで機械の製造を効率化する，というアイデアが生まれた。これはフォードによる自動車の「流れ作業」による大量生産につ

表 7-1 モジュール化オペレータ

| オペレータ | 説　明 |
|---|---|
| 分　離 | システムの複数のモジュールへの分離 |
| 交　換 | あるモジュールの他モジュールへの交換 |
| 追　加 | 新たなモジュールのシステムへの追加 |
| 削　除 | あるモジュールのシステムからの削除 |
| 抽　出 | ある特殊なモジュールの汎用的なものへの抽出 |
| 転　用 | あるモジュールの他のシステムへの転用 |

ながっていく。このように，システム全体を部品（＝モジュール）に分割し，モジュール間の界面（＝インターフェース）を規格化することによって，システム全体の機能を損なわずにモジュールの交換や分割製造を可能にするのが技術標準化の発想の基本である。この発想は，現在の ICT システムにおける標準化でも変わっておらず，技術の進化に大きな影響を与えている。

技術標準化による技術進化のメカニズムを具体例で考えてみよう。技術標準化，すなわち，モジュール化による技術進化は，表 7-1 の 6 つの「モジュール化オペレータ」で説明できると考えられる（Baldwin and Clark, 2000）。図 7-1 に示したコンピュータのモジュール構造を例に，この意味を説明する。初期のコンピュータは，アプリケーションプログラムがハードウェアを直接制御していて，ハードウェアが更新されるとアプリケーションプログラムも書き換える必要があった。しかし，現在のコンピュータでは，統一的な CPU 命令セットと OS が提供する API（Application Programing Interface）という標準化された界面（＝デザインルール）によって，アプリケーションプログラムはハードウェアから「分離」されている。このため，CPU，メモリ，ディスクなどのハードウェアは，アプリケーションプログラムに影響を与えることなく，より高性能・低価格のモジュールに「交換」可能となっている。さらに，デザインルールに則った，当初想定されていない新たな機能モジュールを容易に「追加」できる。Web ブラウザやそこから利用可能な Web アプリ，各種 USB 機器などは，当初想定されていない付加価値の高い機能モジュールである。

このようなモジュール化構造を明確に意識して設計された最初のコンピュー

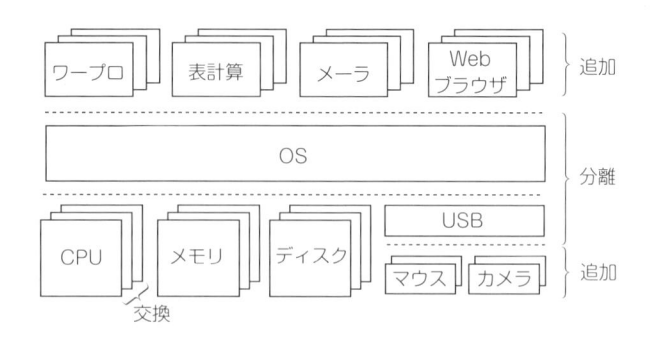

第Ⅱ部 技術ドリブンなシステム開発

**図7-1 コンピュータのモジュール化構造とモジュール化オペレータ**

タは IBM System/360 である。当時は事務処理や科学技術計算などの適用分野や性能ごとに，命令セットの異なるコンピュータを設計するのが一般的で，顧客は異機種に移行するたびにプログラムの書き換えを強いられていた。IBMはこれを解決すべく，命令セットや OS を統一した大小6種のモデルからなるコンピュータ・ファミリーを開発した。これによって，アプリケーションプログラムはハードウェアの異なるすべてのモデルでの動作が保証されるようになり，System/360 は圧倒的なシェアを得たのである。このモジュール化アーキテクチャによる「分離と交換」のオプション価値は，モジュール化なしの場合に比べて約25倍と試算されている（Baldwin and Clark 2000）。

同様のモジュール化による価値向上は近年のインターネットの技術進化においても見ることができる。インターネットのプロトコルは TCP/IP を中心に，最下位のリンク層から最上位のアプリケーション層までの各通信レイヤを受け持つモジュールに「分離」されている。各レイヤのモジュールは類似の機能を有するが，より高性能な，あるいは，より低価格なモジュールに「交換」したり，新たな機能モジュールを「追加」することができる。インターネットの開発当初想定されていなかった WWW という新たなモジュールの「追加」が，インターネットの爆発的な価値向上をもたらしたことは明らかであろう。

以上の議論で重要な点は，「交換」や「追加」の際に，コンピュータシステムやインターネット全体の機能は影響を受けることはなく，個々のモジュール

の開発者は誰に相談する必要もなく,「交換」や「追加」を行うことができる，ということである．このように，モジュール化は，システムが，全体の機能を保持したまま，自律分散的に素早く進化するメカニズムを生むのである．

## 7.3 eラーニングにおける技術標準規格

eラーニングの学習サイクルは，学習者の知識やスキルを表す「学習者プロファイル」と，学習の目標となる知識やスキルレベルの体系的な記述である「コンピテンシマップ」を比較して学習計画を立案し，「コンテンツ」を用いて実際の学習を行い，その結果を評価する，というPCDAサイクルと考えることができる（仲林 2002）．ここに挙げた，「学習者プロファイル」「コンピテンシマップ」「コンテンツ」という3種の情報は，効果的な学習サイクルを継続するために不可欠であり，かつ，一朝一夕に生成・収集できるものではない．このため，eラーニング標準化は，eラーニングプラットフォームが変わってもこれらの情報が継続的に利用可能となることを目的に始められた．近年では，周辺の規格として，コンテンツリポジトリ，ポートフォリオ，アクセシビリティ，教育品質，学習設計，などに関する標準化も進められている（仲林 2008 b）．本節では，以下，コンテンツの標準規格としてSharable Content Object Reference Model (SCORM)，学習設計に関する規格としてLearning Design (LD) について述べる．また，いくつかの新たな標準化の動向を紹介する．

### 7.3.1 SCORM

SCORMは独習型eラーニングコンテンツの標準規格である（ADL 2009）．2004年に策定されたSCORM 2004が最新版で，その後，2年に1回程度のペースで改訂が行われている．規格開発元のADLのサイトに登録されているSCORMを実装したLMSの数は2009年の時点で300を超え，オーサリングツールなども多数開発されている．SCORMの概要を図7-2に示す．SCORMはWeb環境で動作するeラーニングコンテンツとプラットフォーム（LMS：Learning Management System）の関係を規定しており，コンテンツとプラットフ

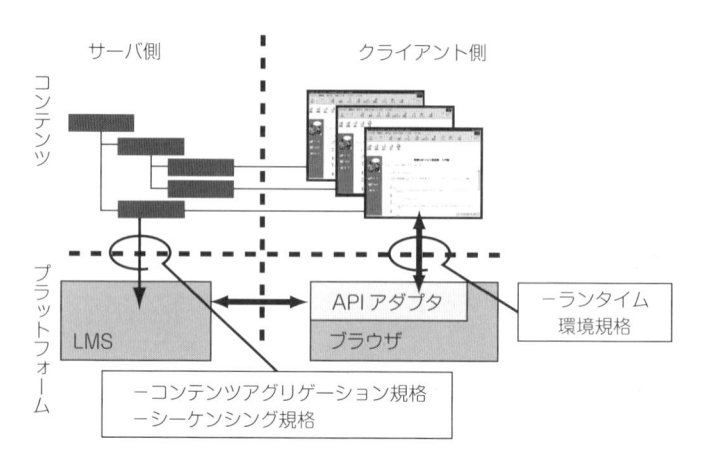

## 第Ⅱ部 技術ドリブンなシステム開発

**図7-2 SCORM規格の概要**

ォームは、それぞれサーバ側とクライアント側の構成要素からなる。

サーバ側コンテンツは、「コンテンツアグリゲーション規格」に従ってXMLで記述される階層型の教材構造定義ファイルで、これによって教科書の「章節項」に相当する構造を記述する。階層構造の各ノードをアクティビティと呼び、Learning Object Metadata（LOM）規格に従ってメタデータを付与することができる。階層の末端のアクティビティは、教科書の「ページ」に相当し、それぞれ学習者に提示されるクライアント側コンテンツに対応付けられている。

クライアント側コンテンツは、Webブラウザで表示されるHTMLや画像、音声などのマルチメディアデータである。クライアント側コンテンツのなかでも、「ランタイム環境規格」に従ってプラットフォームとの通信機能を有するものをSharable Content Object（SCO）と呼ぶ。この通信機能によって、学習者IDなどをプラットフォームからコンテンツに送ったり、演習問題の解答や成績などをコンテンツからプラットフォームに送ることができる。

さらに、学習者の理解状況に応じた適応動作を実現するために「シーケンシング規格」が規定されている。この規格により、クライアント側コンテンツから得られる演習問題などの解答結果に基づき、同じアクティビティを再度学習

させたり，より進んだ内容のアクティビティを学習させたりすることができる。このような動作を記述するためのシーケンシングルールは，教材作成時に教材構造定義ファイルに記述し，実行時には，プラットフォームがシーケンシングルールを解釈して，学習者に提示するアクティビティを決定する。

　SCORMの技術的な特徴は，上記の3つの規格により，コンテンツとプラットフォームを「分離」するための統一的なインターフェースを規定した点にある。これにより，ベンダの異なるプラットフォームを「交換」して，コンテンツを流通させることが可能になった。さらに，SCORMで特徴的なのは，プラットフォームの機能をできるだけ絞り込んで，さまざまな機能をコンテンツ側で実現するように設計されている点にある。具体的には演習問題などの出題・採点機能はプラットフォームに持たせず，プラットフォームはコンテンツが行った採点結果だけを受け取って記録するだけの機能しかもっていない。また，シーケンシングについても，「移動」や「飛びこし」といった比較的プリミティブな動作だけが定義されていて，複雑な動作はプリミティブな動作をコンテンツ側のシーケンシングルールで組み合わせて実現するようになっている。これは，SCORMの設計当時，先行して市販されていたベンダ各社の独自仕様LMSが，演習問題の出題形式や，「ヒント」，「復習」などの学習制御機能の多様さを誇っていたのと対照的である。このように，プラットフォームの機能を限定する狙いは，規格の統一性を保ちつつ，自由な機能モジュールの「追加」を可能とすることにある。仮に演習問題の形式や採点機能，「ヒント」，「復習」などの学習制御機能を，従来の独自仕様LMSのようにプラットフォーム側で規定してしまうと，これに収まらない新たな機能要求が出てきたときに，規格の改訂，プラットフォームの機能追加開発など大きな影響が発生する。つまり，機能モジュールの開発者が新たな機能を追加したいときに，「いちいち誰かに相談しなくてはならない」状況が生じるのである。逆にSCORMのようにプラットフォームの機能を限定しておけば，コンテンツ開発者は，誰に相談する必要もなく，コンテンツの演習問題や学習制御機能を自由に設計することが可能となる。

## 7.3.2 LD

　LD 規格（IMS 2003）は，さまざまな学習教授方略を記述，実行するために，オランダ公開大学（OUNL）で 1997 年から研究開発された EML（Educational Modeling Language）をベースとしている（Koper and Tattersall 2005）。OUNL では，大学の教育システムを革新するために e ラーニングを将来的な大学教育の核に据える，という目標を立てた。そのために，従来のさまざまな学習教授方略を計算機可読な形で記述し，オンラインで実行するための環境を構築しようとした。抽出された 100 以上の学習教授方略を統一的に記述可能な言語として開発されたのが EML であり，これを IMS が LD 規格として標準化した。

　さまざまな学習教授方略を記述するために，EML および LD では，「特定のグループに属して，特定の役割をもつ人々が，適切な資源とサービスからなる環境を使って学習活動に関与する」という見方を取っている。LD 規格では図 7-3 のように，演劇になぞらえて学習教授方略を記述する。ひとつの学習教授単位（UOL：Unit of Learning）は劇（Play）から構成され，劇が一連の幕（act）に分解され，幕には複数の役（role-part）が含まれる。個々の役には，学習活動（activity）と，その学習活動における学習者・講師などの役割（role）が関連付けられる。学習活動は，学習活動はさらに他の学習活動を含むような階層構造をもつことができる。また，学習活動は，学習オブジェクト（Learning Object），学習サービス（Learning Service）などの学習環境（Environment）に結び付けられている。学習オブジェクトは Web コンテンツなどの学習資源であり，学習サービスはメールや電子会議システムのような学習ツールである。

　LD 規格を実装したツールとしては，OUNL によって開発された CooperCore（Martens 2005），オーストラリア Macquarie 大学で開発された LAMS（Dalziel 2008），EU の TENCompetence プロジェクトで開発された ReCource（Sharples 2008）などがある。インストラクショナルデザインの知見に基づき，高位の設計要件から LD 規格で記述された教授方略を生成するような試みも行われている（林 2009）。

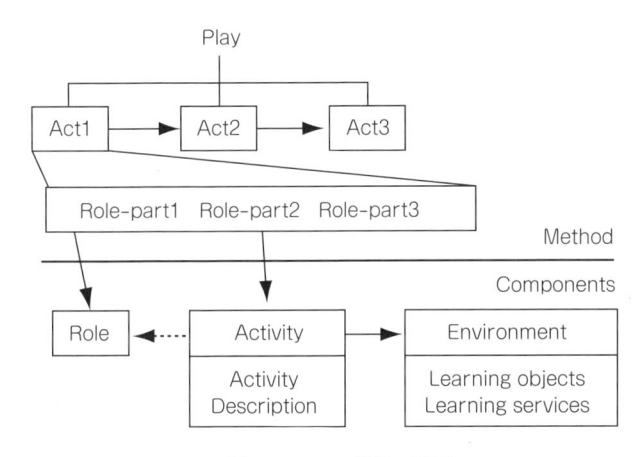

図 7-3　LD 規格の概要

### 7.3.3　新たな動向

　最近の LMS では，機能拡張のためのモジュールを追加するための標準的なインターフェースが用意されている場合が多い。しかし，このようなインターフェースは，LMS ごとに異なっていて，ある LMS 用に開発したモジュールを他に流用するということはできない。そこでパソコンの USB 規格のように，LMS と外部の追加モジュールや Web サービスとの間のインターフェースを標準化して，外部モジュールがどの LMS でも使えるようにしようという規格が，IMS で開発されている TI（Tools Interoperability）ガイドラインである（IMS 2006）。このためにガイドラインでは，外部モジュールの登録，起動，学習者情報・学習ログの受渡し，学習者認証などに関する仕様を定めている。

　より粒度の細かいモジュール化の試みとして，学習支援システムのモジュール化アーキテクチャを紹介する（Nakabayashi 2010）。前述の SCORM 2004 ではシーケンシング規格を導入しているが，その記述能力は限定的なもので，これまでに研究されてきたさまざまな学習者適応機能の一部を実現できるに過ぎない。また，機能追加のために SCORM を独自に拡張することは，標準規格による相互運用性を妨げることになる。そこで，教授戦略や学習者モデルを実装した「教材オブジェクト」というプログラム部品を，プラットフォームから

「分離」し「交換」,「追加」可能にしようというのがこの研究の発想である。個々の教材オブジェクトには特定の教授戦略が実装され,新たな学習者適応機能を追加する場合は,新たな教材オブジェクトを追加する。このために,教材オブジェクト間のインターフェースを予め定めておく。つまり,システムの機能を規定するのではなく,機能を有するモジュール間のインターフェースだけを標準化しておいて,機能の自由な追加を可能とするのである。このようなアーキテクチャで SCORM 2004 の機能が実現できることは実証されており,現在,LD 規格に基づく協調学習への適用が試みられている(Nakabayashi 2011)。

## 7.4 ICT 標準化の意義からみた教育工学における技術標準化の今後

ここまで,ICT 分野における技術標準化の役割と対比しながら,e ラーニング分野における技術標準化の動向を述べた。e ラーニングにおける技術標準化の対象は,コンテンツ,学習者情報など,「目に見えてわかりやすい」ものから,LD 規格や質保証などより抽象度の高い方向や,TI 規格などプラットフォームの複雑化に対応した方向に変化してきている。さらに今後は,モバイル機器や電子書籍など ICT の高度化に対応した標準化が求められていくであろう。

このとき,注意しなくてはならないのは,標準規格自体の機能は必ずしも価値をもたない,という点である。通常の研究や技術開発であれば,高度で高機能な方向を目指すことが一般に価値をもつ。しかし,技術標準化では,非常に単純なプロトコルを積み重ねたインターネットが大きな価値をもったり,従来の LMS に比べて機能を切り捨てた SCORM 規格が普及したりといったことが起きる。これは,標準化によって可能になるモジュールの「交換」,「追加」などによって生じるシステム全体の価値向上が標準化の本来の意義であり,標準化技術自体が必ずしも価値をもたないからである(Baldwin and Clark 2000;仲林 2010)。標準化技術は,「他の技術を可能とする enabler 技術」であり,それ自体は「目的を持たない汎用技術」(池田 2005)なのである。したがって,その研究開発においては必要性や評価指標,対象範囲を明確にすることが難しい場合が多いが,教育工学の分野においても,標準化技術自体の機能でなく,高品質

で多様な教育の提供に向けた技術進化のプラットフォームを標準化技術によって構築する，という視点が重要であろう．

　さらに，標準化による技術進化は組織の形態にまで影響を及ぼすことにも注意する必要がある．IBM System/360 のモジュール化アーキテクチャは，プラグコンパチブル周辺機器や IBM 互換機といった新たなビジネスを生み出し，そのシステムアーキテクチャと相似の構造をもつ巨大な企業群と市場が形成された (Baldwin and Clark 2000)．インテルは USB の技術標準化を推進することで，PC の拡張モジュールを開発するベンダを誘引し，彼らが開発する付加価値の高いモジュールによって，PC 自体の価値，そしてそこで使われる自社 CPU の価値を高め続けている．このような，参加メンバが競争と共創を通じて互いの価値を高めあうオープンなエコシステムの意識的な形成がインテルの成功をもたらしている (Gawer 2002)．教育の分野でも，ICT をプラットフォームとする大規模なオンライン大学の成功事例 (Christensen 2004) や，オープンテクノロジに支えられたオープンエデュケーションという考え方 (Iiyoshi 2008) が現れてきている．そこに示されている組織アーキテクチャは伝統的な教育機関とは大きく異なっている．技術を，既存組織の枠組みの中での単なるツールではなく，組織を変革するインフラストラクチャと捉えた時，技術標準化の意義や対象も明確になっていくのではないだろうか．

〈参考文献〉

ADL (2009) *Sharable Content Object Reference Model (SCORM) ®2004 4th Edition*, Advanced Distributed Learning Initiative.

Baldwin, C. Y. and Clark, K. B. (2000) *Design Rules, Vol. 1 : The Power of Modularity*, The MIT Press.

Christensen, C. M., Roth, E. A., Anthony, S.D. (2004) *Seeing What's Next : Using Theories of Innovation to Predict Industry Change*, Harvard Business Press

Dalziel, J. (2008) "Learning Design : Sharing Pedagogical Know-How," Iiyoshi, T. and Kumar, M. S. V. (eds.) (2008) *Opening Up Education : The Collective Advancement of Education through Open Technology, Open Content, and Open Knowledge*, MIT Press

Fallon, C. and Brown, S. (2003) *e-Learning Standards*, St. Lucie Press, Boca Raton.

Gawer, A and Cusumano, M.A. (2002) *Platform Leadership : How Intel, Microsoft, and Cisco Drive*

## 第Ⅱ部 技術ドリブンなシステム開発

*Industry Innovation*, Harvard Business School Press.
橋本毅彦（2002）『〈標準〉の哲学 スタンダードテクノロジーの300年』講談社.
林雄介, Bourdeau, J., 溝口理一郎（2009）「理論の組織化とその利用への内容指向アプローチ――オントロジー工学による学習・教授理論の組織化とTheory-awareオーサリングシステムの実現」『人工知能学会誌』24(5)：351-375.
Iiyoshi, T. and Kumar, M. S. V. (Eds.) (2008) *Opening Up Education：The Collective Advancement of Education through Open Technology, Open Content, and Open Knowledge*, MIT Press.
池田信夫（2005）『情報技術と組織のアーキテクチャモジュール化の経済学』NTT出版.
IMS（2003）*IMS Learning Design Version 1.0 Final Specification*, IMS Global Learning Consortium, Inc.
IMS（2006）*IMS Tools Interoperability Guidelines Version 1.0*, IMS Global Learning Consortium, Inc.
Koper, R. and Tattersall, C. (Eds.) (2005) *Learning Design*, Springer.
Martens, H. and Vogten, H. (2005) "A Reference Implementation of a Learning Design Engine," In Koper & Tattersall (2005).
仲林清（2002）「教育支援システムの技術標準化動向」『人工知能学会誌』17(4)：465-470.
仲林清（2008a）「eラーニングにおける技術標準化とオープン化」『日本教育工学会論文誌』31(3)：285-295.
仲林清（2008b）「連携を支える基盤――eラーニング技術標準化」『情報処理学会誌』49(9)：1050-1056.
仲林清（2010）「eラーニング技術標準化と学習教授活動のデザイ――オープンな教育エコシステムの構築を目指して」『人工知能学会誌』25(2)：250-258.
Nakabayashi, K., Morimoto, Y., Hata, Y. (2010) "Design and Implementation of an Extensible Learner-Adaptive Environment," *Knowledge Management & E-Learning：An International Journal（KM&EL）*, 2(3)：246-259.
Nakabayashi, K., Morimoto, Y., Aoki, K. (2011) "Applying an Extensible Learning Support System to Collaborative Learning Environments," *Workshop Proceedings of 19th Intentional Conference on Computers in Education*, 255-262
Sharples, P., Griffiths, D. and Scott, W. (2008) "Using Widgets to Provide Portable Services for IMS Learning Design," *Proceedings of $5^{th}$ International TENCompetence Open Workshop*, 57-60.

# 第8章

# 第Ⅱ部まとめ

緒方広明

　本章では，技術ドリブンなシステム開発に関連する潜在的なニーズと，そこで用いられる主な技術，また，その技術を用いたシステム開発事例について総括する。

## 8.1　モバイル・ユビキタス技術を用いたシステム開発（第2章）

① 潜在ニーズ

　人が学ぶ機会は，教室や学校の中だけにとどまらず，家庭や図書館，電車や公園など，様々な場所で学びやそれに関連する活動が生じる場合がある。例えば，家庭においては，料理や洗濯の方法などの多くの知識は，子供が親の作業を手伝いながら，親から子に伝えられることがある。また，語学学習においては，教室で学ぶだけでなく，街中で様々な人との会話を通じて，多くのことを学ぶ場合がある。この研究では，これらの活動を，情報システムや通信技術を用いて，より効果的，効率的に学習が行えるように支援しようというのが，この研究の潜在ニーズである。もちろん，従来から，学校教育においては，野外活動や屋外実験などが行われてきたが，今日のように，モバイル・ユビキタス技術が普及する以前は，潜在的なニーズはあったにもかからず，これらの活動を支援することは困難であった。特に，スマートフォンやタブレット端末の普及により，真にいつでもどこでも，教育・学習をサポートする研究や実践が容易に可能となった。

② 技　　術

　この研究における基盤技術には，WiFi，3G，WiMAX などのワイヤレス通信技術，スマートフォンやタブレットなどの携帯デバイス技術，RFID や温度，GPS などのセンサ技術，タッチパネルや Wii などのユーザインタフェース技術，液晶ディスプレイや有機 EL ディスクプレイ等のディスプレイ技術，iOS や Android などのアプリケーション技術などがある。もちろん，これらの技術は，まだまだ改良の余地があり，今後の発展が期待される。

③ システム開発

　以上で述べた技術を用いて，様々な分野で，モバイル・ユビキタス学習支援システムは開発されている。例えば，屋外での自然観察や科学・歴史などの教育，単語やイディオムなどの語学学習，博物館や美術館での学習支援などである。

　また，日々の日常生活において，学びが生じた場合，それを記録して再利用することは非常に重要である。これをモバイルデバイスを用いて支援することを目的として，SCROLL システムは開発された。このシステムでは，学習者の学習のログを記録して，学習者間で共有し，それを用いて，適切な場所やタイミングで，クイズを出して，記憶の定着を支援するシステムである。今後，このようにツールを用いて，実世界の体験による学習を支援する学習支援システムの研究は重要になるであろう。

## 8.2　コラボレーション支援技術を用いたシステム開発（第 3 章）

① 潜在ニーズ

　自分が分からないことを他人に教えてもらうことや，そこで分かったことを，逆に他人に教えることは，学習活動においては，自然に生じる現象である。従来の教育支援システムが，顕在ニーズとして従来から対象とされてきた，教師から学生に対する教育活動を対象としていたのに対して，この研究では，従来は潜在ニーズであった，学習者同士の教え合い（協調学習，CSCL

に焦点をあてて，支援の対象とする点で目的を異にする．

② 技　　術

　インターネットの普及により，物理的に離れた場所にいる学習者同士の協調学習が可能となった．例えば，友達同士の家を結んで，一緒に学ぶことも可能となった．このように複数の学習者がグループを形成して，学習を行うことを可能にしてきた技術としては，単にネットワークの普及だけなく，CSCW (Computer Supported Cooperative Work) やグループウェアの研究分野の進展がある．ここでは，協調作業が開始されるまでのプロセスを(1)コプレゼンス，(2)アウェアネス，(3)コミュニケーション，(4)コラボレーションの4つに分類している．特に，物理的に離れた場所にいる学習者同士が協調学習を行う環境では，遠隔にいる学習者の動作や理解状態がわかりにくく，学習がスムーズに行えないという，問題点がある．そこで，様々なアウェアネス支援の研究が活発にされてきた．例えば，タスク，ソーシャル，コンセプトアウェアネス等が提案されてきた．

③ システム開発

　協調学習支援システムは，学習者同士の議論の支援システム，グループの構成支援システムなどが開発されてきた．特に，アウェアネスの支援として，知識への気づきを支援する知識アウェアネス，発言に対するアウェアネス，貢献に対するアウェアネスなどを支援するシステムが開発されてきた．

## 8.3　WEB2.0技術を用いたシステム開発（第4章）

① 潜在ニーズ

　学生同士や教師同士が互いの知識や情報を共有して，教育・学習の向上のために，それらを利用したいというのが，この研究における潜在ニーズである．特に，Webインタフェースを通じて，スライドなどの電子教材の共有や講義映像などの情報を共有することにより，教育・学習の効果を高めることが期待

される。

## ② 技　術

　この研究を支える基盤記述としては，Webに関連する，HTML，XML，CSSなどがある。また，Web2.0の概念の提唱により，CGM（Consumer Generated Media）技術，SNSなどのソーシャルWebメディア技術が注目されるようになった。これらの技術により，Webのインタフェースを通じて，情報の共有が容易となった。また，近年は，クラウド技術によって，スマートフォンやノートパソコンなどの様々な機器を用いて，シームレスに情報の共有が可能になってきている。

## ③ システム開発

　以上のような技術によって，e-Learningは，講義情報の配信だけでなく，教師や学生間の情報共有，ソーシャルメディアとしての側面をもつようになってきた。例えば，e-Runningシステムでは，マラソンのスキル学習を対象として，同じコースを走った人のデータを共有し，モチベーションを高める支援を提供している。

## 8.4　データマイニング技術を用いたシステム開発（第5章）

## ① 潜在ニーズ

　従来から，教育や学習活動を通じて得られる様々なデータを分析して，将来の活動の役立てたいという潜在ニーズは，存在していたが，ハードディスクなどの記憶装置の低価格化や計算処理速度の高速化，データマイニング技術などの発展により，可能となった。

## ② 技　術

　データマイニング技術は，膨大なデータ集合の中から，有用なルールや情報を抽出することを目的に開発された。具体的には，利用者の購入履歴データ等

を用いられている．相関ルール，決定木，サポートベクターマシン，ベイズ手法イジアン・ネットワーク，クラスタリング，テキストマイニングなど様々な技術が開発されている．近年では，気象情報，インターネット情報，モバイル機器のセンサー情報など，日常生活で蓄積された膨大な情「報は「ビッグデータ」と呼ばれ，その分析方法が研究されている．

③ システム開発

　学習者が，学習・教育の支援システムを用いることにより，蓄積される学習履歴データの分析を目的として，データマイニング技術は，しばしば利用される．例えば，e-Learningシステムを利用した時間，掲示板への参加数，学習トピックス数などの履歴データを分析して，適切なアドバイスを自動生成して学習者に提示するシステム等が開発されている．

## 8.5　VR／ARを用いたシステム開発（第6章）

① 潜在ニーズ

　現実世界で教育や学習を行う場合は，その環境に制約されてしまう，または困難を伴うことがある．例えば，飛行機の操縦を訓練する場合，十分な技術を身につけるまで，実際の飛行機を操縦することは危険を伴うであろう．しかしながら，VR技術を用いた飛行機の操縦シミュレータを用いることにより，仮想的な閉じた世界の中で基本的な技術を身につけた後であれば，実際の飛行機を操縦することに対する安全性も高まるであろう．このように，現実世界での環境だけでは何らかの困難を伴う，または不十分となる可能性がある教育・学習活動を支援したいというのがこの研究の潜在ニーズである．

② 技　　術

　VR技術の例としては，三次元の仮想世界をユーザに提供するSecond Lifeや，没入型ディスプレイを用いたCAVEなど様々である．また近年は，現実世界の仮想世界の情報を重畳して表示するAR技術の研究も盛んである．例え

ば，現実世界に置かれたマーカ上に情報を提示するシステムを開発するためにARToolKit が提供されている．

③システム開発

VR 技術を用いたシステムとしては，例えば，物理法則を体験的に学習するために，仮想世界内の物体を操作可能なマイクロワールドが開発されている．また，仮想世界内でエージェントを用いて船のエンジン機関の操作を訓練システムや，Second Life を用いて，外国語教育を支援するシステムもいくつか報告されている．さらに，AR 技術を用いて，現実世界での力学運動の実験において，マーカを利用して機器に教育的な情報を重畳して提示するシステムも開発されている．

## 8.6 技術標準化とシステム開発（第 7 章）

① 潜在ニーズ

教育・学習過程において，様々なシステムを利用する場合，教材コンテンツ等のデータを継続的に効率よく利用したいというのが潜在ニーズである．そこで，多種多様なシステムと教材コンテンツなどのデータとを分離して，データの標準化が行われている．

② 技　術

本書では，e-Learning のコンテンツに関する規格である SCORM と学習設計に関する規格である LD について述べた．これらの規格に準拠していれば，それらに対応する様々な LMS を用いて，データを利用することができる．また，これらの規格の他にも協調学習に関連する規格などが提案されている．

③ システム開発

SCORM に対応したシステム例としては，Moodle，Sakai，ATutor などがある．標準化に対応したシステムの利用により，教師は，SCORM に対応した

教材をコンテンツ共有サイトから検索して，利用することが容易にできるようになる。また，教師がSCORMに対応したコンテンツを作成することにより，より多くのLMSで利用可能となる。このように，標準化によるメリットは多い反面，コンテンツ作成に標準化ための追加コストがかかる，新しい技術に対応できない場合がある等，デメリットもある。

　本章では，技術ドリブンな教育・学習支援システムに関して，(1)潜在ニーズ，(2)技術，(3)システム開発の観点から述べた。今後の研究の進展により，それぞれの潜在ニーズが，やがて顕在ニーズとなり，社会に大いに貢献できるようになれば幸いである。

## あとがき

　本書では，学習や教育の在り方を変える道具の実現を目指す，という観点からシステム開発に関するさまざまな研究を紹介した．利用可能な道具によって学習や教育の在り方が変わってきたのは明らかである．であるならば，新しい学習や教育の実現を目的とした新しい道具の開発，というものが成立しうるだろうというのが，これらの研究におけるシステム開発の位置づけである．このような位置づけのもとで行われている研究においては，工学的な発想や技術だけでなく，学習・教育についての知見・発想がきわめて重要な役割を果たすことになる．つまり，新しい学習・教育を可能とする道具を作りだすという研究課題は工学的であるとともに，教育的な研究であることが求められる，まさしく学際的に取り組むべき課題であるということができる．教育工学という研究分野はこのような学際的な研究を行う上で最適の場であるといえる．そして，情報基盤が整いつつあり，また，無線LAN環境やメディアタブレットなどのモバイル機器が普及しつつある今，それらをうまく生かした新しい学習・教育の姿を模索するシステム開発に関する研究が教育工学において果たすべき役割はますます大きくなってくるであろうと思われる．

　学際的な特性をもつがゆえに，システム開発に関する研究は教育工学会においてのみならず，他の関連するさまざまな学会，国際会議等においても盛んに行われている．すべてを記載することは難しいので，本書の執筆者らに関連が深いと思われるものをピックアップし下記する．本書と合わせてリファレンスが教育工学におけるシステム開発に対する理解や取り組みに資することを期待する．

矢野　米雄<br>
平嶋　　宗

〈国内学会・研究会〉
　教育システム情報学会
　人工知能学会学習科学と工学研究会
　電子情報通信学会教育工学研究会
　情報処理学会教育とコンピュータ研究会
　日本認知科学会

〈国際会議〉
　International Conference on Educational Data Mining: EDM
　International Conference on Artificial Intelligence in Education: AIED
　Conference on User Modeling, Adaptation and Personalization
　International Conference on Intelligent Tutoring Systems: ITS
　International Conference on Computers in Education: ICCE
　International Conference on Computer Supported Collaborative Learning: CSCL
　International Conference on Learning Sciences: ICLS
　International Conference on Advanced Learning Technologies: ICALT
　International Conference on Digital Game and Intelligent Toy Enhanced Learning: DIGITEL
　International Conference on Wireless, Mobile & Ubiquitous Technologies in Education: WMUTE
　World Conference on Educational Media and Technology: ED-MEDIA
　World Conference on Mobile and Contextual Learning: mLearn

〈国際学会・国際雑誌〉
　Asia-Pacific Society for Computers in Education
　International Artificial Intelligence in Education Society
　Association for the Advancement of Computing in Education
　International Educational Data Mining Society
　IEEE Transactions on Learning Technologies
　International Society of the Learning Sciences
　User Modeling and User-Adapted Interaction

# 索引（＊は人名）

## A-Z
adhoc frame based oriented  6
Ajax  159
AR  184
ARtoolKit  192
Bayesian-networks Augmanted Naïve-Bayes
　（BAN）  173
C4.5  170
CAI  110, 134, 139
＊Carbonell, J. R.  6
CAVE  187
Concept Awareness  148
Confidence（確信度）  168
CSCL  135, 147, 189
Educational Modeling Language（EML）  200
Error based Simulation（EBS）  68
Fadable Scaffolding  83
FIMA-Light  28, 37
Fuzzy 推論  110, 115
GMM  103
GUIDON  14, 23
HTML5  166
ICM  102
ID3  170
ILE  99
information structure oriented  14, 23
ITS  100
＊Keller, J. M.  27
Knowledge Awareness  148
Latent Dirichret Allocation  178
Learning Design（LD）  197, 200
Learning Manegement System（LMS）  197, 201
Learning Object Metadata（LOM）  198
LOGO  13
MDL  176
MIPS  57
MR  184
MYCIN  23
OMNIBUS オントロジー  28
Prompting  79

Rainforest  170
＊Reigeluth, C.M.  29, 109
RSS  158
Scaffolding  78
SCHOLAR  13, 14, 22
SCROLL  143
Sharable Content Object Reference Model
　（SCORM）  197
Sharable Content Object（SCO）  198
SMARTIES  28, 37
SNS  158, 164, 165
Social Awareness  148
SOPHIE  14, 24
STEAMER  14, 24
Support（支持度）  168
Task Awareness  148
tf-idf  177
TI（Tools Interoperability）  201
Tree Augmanted Naive-Bayes（TAN）  173
Virtual Reality  105
VR → Virtual Reality
WEB2.0  157
Web ベース  125
WEST  16
WHY  16
Workspace Awareness  148

## ア行
アウェアネス  148
アウェアネス・インタフェース  150
誤りの可視化  66, 124
誤りへの気づき  65
遺伝的アルゴリズム  110
＊今井功  69
インタビュー  50
映像解析技術  162
映像分析・加工  161
円卓場インタフェース  150
応答システム  3
オントロジー  121
オントロジー工学  28

215

## カ行

解法インデックス 59
学習・教授イベント 31
学習・知識アウェアネス 27
学習オブジェクト 116
学習課題系列 129
学習課題系列化法 108
学習活動概念 46
学習観 2
学習支援システム 5
学習者モデル 100
学習スキル 81
学習リソース 75
学習リソース空間 75
*ガニエ, R. M. 27, 109
*神邊篤史 189
画面構成理論 47
技術ドリブン 9
技術標準化 194
9教授事象 47
教育・学習情報システム 3
教育される主体 2
教育する主体 2
教材オブジェクト 202
教材の構造化法 108
教授・学習活動系列 114
教授活動概念 46
教授方略指標 109
教授方略モデル 108
協調学習 147, 190
空間の共有 149
クラウド 165
クラスタリング 174
グループ学習 190
*ケイ, A. 13
系列化基準 111
系列化戦略 111
決定木 170
顕在ニーズ指向 6
構成主義 15
構成主義的学習観 75
行動主義 15
誤概念 65

*後藤田中 162, 164
コヒーレンス性 109
コミュニティ 164

## サ行

最適化手法 116
作問 89
作問学習支援システム 94
*佐藤学 35
サポートベクターマシン 171
算数の文章題 56
視覚ディスプレイ 186
磁気センサー 187
時系列表示 163
シーケンシング規格 198
思考の再構成 35
自己調整 77
システム 2
社会的構成主義 15
授業改善 35
授業研究 36
授業実践 50
授業設計支援 35
状態遷移図 115
情報システム 3
情報量基準 176
触覚ディスプレイ 186
人工知能 14
数学的モデル 118
*杉本雅則 191
スキル学習 158, 163
スマートフォン 158, 163
設計意図 36
センサ 161
潜在ニーズ 120
潜在ニーズ指向 6
相関ルール 168
創造性 127
創造的認知アプローチ 88
ソクラテス式教授法 16
「素朴な」概念 69

人名索引・事項索引

タ行
タイムライン 163
多元的思考 35
*舘暲 184
多目的最適化問題 116
知識基盤社会 158
知識工学 14
知識伝達主義 15
知識モデル 118
知的学習支援システム 14
チャンネル 3
定性推論 14
テキストマイニング 177
デザインルール 195
データグローブ 187
同期 160

ナ行
ナイーブベイズ 172
内発的動機 183
認証連携 166
認知ツール 80
認知的葛藤 67
認知的徒弟制 81

ハ行
ハイパーリンク 159
外れ値／異常値 176
バーチャルリアリティ 184
発見学習 98, 99
発見的学習 183
場の共有 149
*パパート, S. 13
*濱中啓至 191
*原田哲也 189
反力デバイス 106
反例 67
非同期 160
非同期通信 157
非同期通信技術 159
標準化準拠 37
表象主義 15

*平嶋宗 65, 66, 69
*廣瀬通孝 185
復習課題系列 112
ブログ 158, 164
プロトコル 159
文脈的思考 35
ベイジアン・ネットワーク 173
ページナビゲーション 76
ポテンシャル性 109
*堀口知也 65, 69

マ行
マイクロワールド 98, 128, 189
マイクロワールドグラフ→GMW
『マインドストーム』(*MINDSTORMS*) 16, 24
マーカ 192
*松浦健二 160, 164
マッシュアップ 162, 165
「学び方」の学び 81
メタデータ 55, 122
メタ認知 163
メタ認知的活動 78
メンタルモデル 98
モジュール化 195
モジュール化アーキテクチャ 201
モジュール化オペレータ 195
モデルドリブン 9, 22, 120
問題 55
問題演習 55
問題制御 56
問題データベース構築システム 92

ヤ・ラ・ワ行
ユーザ指向 158
4つのP 86
力覚ディスプレイ 186
力覚デバイス 187
リソースナビゲーション 76
レンダリングエンジン 159
ワークシート 50

**執筆者紹介** (執筆順,執筆担当)

矢野 米雄　　(やの・よねお,編著者,徳島大学名誉教授)　序章・第Ⅰ部第9章
平嶋　　宗　　(ひらしま・つかさ,編著者,広島大学大学院工学研究科)
　　　　　　　序章・第Ⅰ部第1章・第3章・第9章
笠井 俊信　　(かさい・としのぶ,岡山大学大学院教育学研究科)　第Ⅰ部第2章
林　　雄介　　(はやし・ゆうすけ,名古屋大学情報基盤センター)　第Ⅰ部第2章
堀口 知也　　(ほりぐち・ともや,神戸大学大学院海事科学研究科)　第Ⅰ部第4章
柏原 昭博　　(かしはら・あきひろ,電気通信大学大学院情報理工学研究科)
　　　　　　　第Ⅰ部第5章
三輪 和久　　(みわ・かずひさ,名古屋大学大学院情報科学研究科)　第Ⅰ部第6章
小西 達裕　　(こにし・たつひろ,静岡大学情報学部)　第Ⅰ部第7章
松居 辰則　　(まつい・たつのり,早稲田大学人間科学学術院)　第Ⅰ部第8章
緒方 広明　　(おがた・ひろあき,徳島大学工学部)　第Ⅱ部第1章・第2章・第8章
小尻 智子　　(こじり・ともこ,関西大学システム理工学部)　第Ⅱ部第3章
林　　佑樹　　(はやし・ゆうき,成蹊大学理工学部)　第Ⅱ部第3章
松浦 健二　　(まつうら・けんじ,徳島大学情報化推進センター)　第Ⅱ部第4章
植野 真臣　　(うえの・まおみ,電気通信大学大学院 情報システム学研究科)
　　　　　　　第Ⅱ部第5章
松原 行宏　　(まつばら・ゆきひろ,広島市立大学情報科学部)　第Ⅱ部第6章
仲林　　清　　(なかばやし・きよし,千葉工業大学情報科学部)　第Ⅱ部第7章

```
本文デザイン　編集工房一生社
図作成　編集工房一生社・MSデザイン
DTP　編集工房一生社
編集協力　斎田和男
```

教育工学選書第4巻
教育工学とシステム開発

| 2012年10月30日　初版第1刷発行 | 〈検印省略〉 |

定価はカバーに
表示しています

|編著者|矢野米雄|
||平嶋宗|
|発行者|杉田啓三|
|印刷者|坂本喜杏|

発行所　株式会社　ミネルヴァ書房
607-8494　京都市山科区日ノ岡堤谷町1
代表電話　(075)581-5191番
振替口座　01020-0-8076番

©矢野・平嶋ほか，2012　　冨山房インターナショナル・新生製本

ISBN978-4-623-06364-2
Printed in Japan

## 教育工学選書

日本教育工学会監修

| | | |
|---|---|---|
| 第1巻 | 教育工学とはどんな学問か | 坂元　昂・岡本敏雄・永野和男　編著 |
| 第2巻 | 学びを支える教育工学の展開 | 赤堀侃司・山西潤一・大久保昇　著 |
| 第3巻 | 教育工学研究の方法 | 清水康敬・中山　実・向後千春　編著 |
| 第4巻 | 教育工学とシステム開発 | 矢野米雄・平嶋　宗　編著 |
| 第5巻 | 教育工学における教育実践研究 | 西之園晴夫・生田孝至・小柳和喜雄　編著 |
| 第6巻 | 授業研究と教育工学 | 水越敏行・吉崎静夫・木原俊行・田口真奈　著 |
| 第7巻 | 教育メディアの開発と活用 | 近藤　勲・黒上晴夫・堀田龍也・野中陽一　著 |
| 第8巻 | 教育工学における学習評価 | 永岡慶三・植野真臣・山内祐平　編著 |

ミネルヴァ書房
http://www.minervashobo.co.jp/